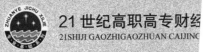

21世纪高职高专财经类
21SHIJI GAOZHIGAOZHUAN CAIJINGLEI

U0693985

报关与报检
实务（第3版）

Baoguan yu
Baojian Shiwu

熊正平 黄君麟 ◎ 主编
马艳秋 陈怡丹 ◎ 副主编

21SHIJI GAOZHIGAOZHUAN JINGLEI GUIHUA JIAOCAI

人民邮电出版社
北京

图书在版编目（CIP）数据

报关与报检实务 / 熊正平，黄君麟主编. —— 3版
. —— 北京：人民邮电出版社，2020.1（2021.1重印）
21世纪高职高专财经类规划教材
ISBN 978-7-115-52410-2

Ⅰ. ①报… Ⅱ. ①熊… ②黄… Ⅲ. ①进出口贸易—
海关手续—中国—高等职业教育—教材②国境检疫—中国
—高等职业教育—教材 Ⅳ. ①F752.5②R185.3

中国版本图书馆CIP数据核字(2019)第240632号

内 容 提 要

本书以报关人与报检人的视角，遵循报关与报检各环节的操作顺序，从实用出发，介绍了报关与报检的基本内容，系统阐述了报关与报检的基本理论和方法，特别是对进出口贸易管制、进出口商品归类、出入境货物报检、出入境运输工具和集装箱报检、进出口税费计算、一般进出口货物报关、保税货物报关、特殊形式下进出口货物报关、进出口货物报关单及其填报等进行了专门的论述。

读者扫描本书的二维码可查看随时更新的报关与报检相关的法律法规、单证实物高清图片以及各章补充习题及实训等内容。

本书配套的电子课件、电子教案、授课计划、视频案例、习题答案、模拟试卷等资料索取方式参见"更新勘误表和配套资料索取示意图"。

本书可作为高职高专院校、成人高校的国际商务专业、国际货运与报关专业、国际贸易专业、物流管理专业及其他相关专业的教学用书，也可作为报关与报检从业人员的业务参考及培训用书。

◆ 主　　编　熊正平　黄君麟
　　副 主 编　马艳秋　陈怡丹
　　责任编辑　万国清
　　责任印制　周昇亮
◆ 人民邮电出版社出版发行　　北京市丰台区成寿寺路 11 号
　　邮编　100164　电子邮件　315@ptpress.com.cn
　　网址　http://www.ptpress.com.cn
　　天津翔远印刷有限公司印刷
◆ 开本：787×1092　1/16
　　印张：13.75　　　　　　　2020 年 1 月第 3 版
　　字数：335 千字　　　　　 2021 年 1 月天津第 4 次印刷

定价：43.00 元

读者服务热线：(010)81055256　印装质量热线：(010)81055316
反盗版热线：(010)81055315
广告经营许可证：京东市监广登字 20170147 号

第3版前言

本书自 2013 年第 1 版和 2017 年第 2 版出版以来，由于在内容上注重理论与实际的结合，体现了高等职业教育"职业知识"+"职业技能"的教学理念，得到了许多高职高专院校师生的好评。

2018 年 4 月 20 日，出入境检验检疫系统正式并入海关，统一以海关的名义对外开展工作。为更好地适应扩大了的海关业务以及一年多来通关业务操作上的一些变化，我们根据海关对报关和报检的相关新规定，在保留第 2 版"理论知识+案例分析+实际操作"编写特色的基础上，对本书进行了再次修订。

本版与第 2 版相比最主要的变化有以下两点：一是根据 2018 年 4 月以来海关总署的法律法规文件，在增加新内容的同时删除了过时的内容，并介绍了最新的通关规范内容；二是为适应不断变化的海关政策，在本书内设置了更多的二维码链接相关法律法规，未来我们会及时更新一些关键知识点所配二维码的后台文档，读者扫描这些二维码即可查看与这些知识点相关的最新政策。

本书共分 10 章，包括：进出口贸易管制；报关和海关；进出口商品归类；出入境货物报检；出入境运输工具、集装箱报检；进出口税费计算；一般进出口货物报关；保税货物报关；特殊形式下进出口货物报关；进出口货物报关单及其填报。

本书由熊正平和黄君麟担任主编，马艳秋、陈怡丹担任副主编。具体分工如下：陈怡丹编写第一章和第七章；马艳秋编写第二章和第六章；熊正平编写第三章至第五章；黄君麟编写第八章至第十章。

我们在本书的编写过程中参阅了很多文献，并得到了有关领导、专家的支持，在此一并表示衷心的感谢！

熊正平　黄君麟

2019 年 10 月

目　录

第一章

进出口贸易管制

【学习目标】

知识目标：了解我国进出口贸易管制的目的及管制目标的实现途径；掌握我国进出口贸易管制的内容、对象与方式；清楚我国进出口贸易管制过程中所涉及的货物类别、商品范围及报关规则。

技能目标：具备办理进出口贸易有关手续的实际能力；能在通关实践中严格遵守各项进出口贸易管制制度。

【引　例】

海关总署署长：坚决打击走私　禁止洋垃圾入境

2019 年 3 月 5 日上午，在第十三届全国人民代表大会第二次会议结束后，海关总署署长表示，2018 年海关部门在打击洋垃圾走私方面主要做了三个方面的工作：第一方面，过去一年我们实施了五轮强有力的专门针对固体废物走私的打击行动——"蓝天 2018"，取得了非常大的威慑效果；第二方面就是强化监管，我们在口岸上对固体废物进口实施了最严格的查验；第三方面就是强化源头监管和后续的稽查。下一步，海关总署将坚决打击洋垃圾的走私，启动"蓝天 2019"专项行动。

思考讨论：

1．我国为什么要对走私入境固体废物的行为进行打击？

2．什么是进出口贸易管制？我国进出口贸易管制的内容有哪些？管制的程度如何？

3．我国进出口贸易管制应用的是什么手段？采取了哪些管制措施？

对进出口货物（技术）的贸易管制也称**进出口货物（技术）的国家管制**，是指一国政府从国家的宏观经济利益和国内外政策需要出发，在遵循国际贸易有关规则的基础上，**为对本国的对外贸易活动实施有效管理而实行的各种贸易政策、制度或措施的总称，简称"贸易管制"**。

进出口贸易管制是一国对外贸易管理形式之一，是政府的一种强制性行政行为，属于非关税措施。它涉及的法律、行政法规、部门规章都是强制性的法律文件。因此，对外贸易经营者或代理人在报关活动中必须严格遵守这些法律、行政法规、部门规章，并按照相应的管理要求办理进出口手续，以维护国家利益不受侵害。

第一节 我国进出口贸易管制概述

法律法规
《对外贸易法》

一、我国进出口货物（技术）贸易管制的内容

我国进出口贸易管制制度的内容体系可简要概括为"备""证""检""核""救"五个字。

1. 备

备，即对外贸易经营资格的备案登记。依照《中华人民共和国对外贸易法》（简称《对外贸易法》[①]）的规定，法人、其他组织或个人在从事对外贸易经营活动前，必须按照国家的有关规定，依法定程序在国务院商务主管部门备案登记，取得对外贸易经营权后，方可在国家允许的范围内从事对外贸易活动。对外贸易经营者未按照规定办理备案登记（登记表见实物展台及示例1.1）的，海关不予办理进出口货物的验放手续。

实物展台
对外贸易经营者备案登记表

截至本书出版时，属于进口国营贸易经营资格管理的货物有9种，包括小麦、玉米、大米、食糖、烟草、原油、成品油、化肥、棉花等。对外贸易经营者进口上述货物须先取得进口国营贸易经营资格或非国营贸易允许量，再申领自动进口许可证。

截至本书出版时，属于出口国营贸易经营资格管理的货物有9种，包括玉米、大米、钨及钨制品、锑及锑制品、煤炭、原油、成品油、棉花、白银等。对外贸易经营者出口上述货物须先取得出口国营贸易经营资格或非国营贸易允许量，再申领自动出口许可证。

实战操作
对外贸易经营者备案登记的程序

2. 证

证，即货物、技术进出口的许可证件。它主要是指进出口许可证件，即法律、行政法规规定的各种具有许可进出口性质的证明、文件。进出口许可证件是我国实行进出口许可制度中的重要内容。进出口许可制度不仅是我国贸易管制的核心管理制度，也是我国贸易管制的主要实现方式之一。**进出口许可证件是货物或技术进出口的记录文件**，既是我国**贸易管制的最基本手段**，同时又是我国有关行政管理机构执行**贸易管制与监督职能的重要依据**。此外，国家有关主管部门对于出口文物、进出口黄金及其制品、进口音像制品、进出口濒危野生动物、进出口药品药材和进口废物等特殊进出口商品的批准文件或许可文件，同样是我国有关行政管理机构行使贸易管制职能的主要依据。

3. 检

"检"，即出入境检验检疫制度。出入境检验检疫制度是指由海关依据我国有关法律和行政法规及我国政府所缔结或者参加的国际条约、协定，对出入境货物、物品及其包装物、交通运输工具、运输设备和出入境人员实施检验检疫、监督管理的法律依据和行政手段的具体体现的总和。出入境检验检疫制度包括进出口商品检验检疫管理制度、进出境动植物检疫管理制度、卫生检疫监督管理制度和食品安全监督管理制度。

---

① 本书涉及我国众多国家机构、法律法规和相关证书，为简洁起见，如无特殊情况均使用简称。

小知识

检验与检疫

检验是指通过观察和判断，辅以测量、测试、度量所进行的符合型评价。世界贸易组织《技术性贸易壁垒协定》对检验的用语是"合格评价"，是指在合格评定中通过测量、测试、度量等手段，判定某个产品、过程或者服务符合规定要求的程度。

检疫是以法律为依据，包括 WTO 通行规则和国家法律与法规规定，由国家授权的特定机关对有关生物及其产品和其他相关商品实施科学检验、鉴定与处理，以防止有害生物在国内蔓延和国际间传播的一项强制性行政措施，或者说是为了防止人类疾病的传播所采取的防范管理措施。

示例 1.1

对外贸易经营者备案登记表

备案登记表编号： 进出口企业代码：

经营者中文名称			
经营者英文名称			
社会统一信用代码		经营者类型 （由备案登记机关填写）	
住　　所			
经营场所（中文）			
经营场所（英文）			
联系电话		联系传真	
邮政编码		电子邮箱	
工商登记注册日期		工商登记注册号	

依法办理工商登记的企业还须填写以下内容

企业法定代表人姓名		有效证件号	
注册资金			（折美元）

依法办理工商登记的外国（地区）企业或个体工商户（独资经营者）还须填写以下内容

企业法定代表人/ 个体工商负责人姓名		有效证件号	
企业资产/个人财产			（折美元）

备注：

填表前请认真阅读背面的条款，并由企业法定代表人或个体工商负责人签字、盖章。

备案登记机关

签　章

年　月　日

4. 核

"核"，即对进出口**企业结汇、用汇的监督管理**。对外贸易经营者在对外贸易经营活动中，应依照国家有关规定结汇、用汇。国家外汇管理局依据《外汇管理条例》及其他有关规定，对包括经常项目外汇业务、资本项目外汇业务、金融机构外汇业务、人民币汇率生成机制和外汇市场等领域实施监督管理。国家外汇管理局对外汇的监督方式主要有企业名录登记管理、非现场核查、现场核查和分类管理四种。

5. 救

救，即贸易管制中的**救济措施**。根据世界贸易组织的有关规定，任何一个世贸组织成员都可以为维护自身经济贸易利益、防止或阻止本国产业受到侵害和损害而采取保护性措施。在对进出口贸易实行管制的过程中，我国根据国际公认的规则所采取的贸易救济措施主要包括反倾销、反补贴和保障措施。

二、禁止进出口货物（技术）的管理

根据贸易管制程度的不同，进出口货物贸易管制可分为禁止进出口货物（技术）的管理、限制进出口货物（技术）的管理和自由进出口货物（技术）的管理。

对列入国家公布禁止进出口目录以及国家法律、法规明令禁止或停止进出口的货物、技术，**任何对外贸易经营者不得经营、报检、报关。**

我国政府明令禁止进出口的货物（技术）包括列入国务院商务主管部门会同国务院其他有关部门制定、调整并公布的禁止进出口货物、技术目录的商品。

（一）禁止进口货物（技术）的管理

1. 列入《禁止进口货物目录》和《禁止进口固体废物目录》的商品

《禁止进口货物目录》（**第一批**）是为了保护我国的**自然生态环境和生态资源**，从我国的国情出发，履行我国所缔结或参加的与保护世界自然生态环境相关的一系列国际条约和协定而发布的。如国家禁止进口属破坏臭氧层物质的"四氯化碳"及属于世界濒危物种管理范畴的"麝香""犀牛角"和"虎骨"。

法律法规
《禁止进口货物目录》

禁止进境物品

《禁止进口货物目录》（**第二批**）均为旧机电产品，是国家对涉及生产安全（压力容器类）、人身安全（电器、医疗设备类）和环境保护（汽车、工程及车船机械类）的旧机电产品实施的禁止进口管理。

《禁止进口固体废物目录》由原来《禁止进口货物目录》第三、四、五批合并修订而成，涉及对环境有污染的14类125件固体废物，包括废动植物产品，矿渣矿灰及残渣，硅废碎料，废药物，杂项化学品废物，塑料废碎料及下脚料，废橡胶，废皮革，回收（废碎）纸及纸板，废特种纸，废纺织原料及制品，玻璃废物，金属和含金属废物，废电池，废弃机电产品和设备及其未经分拣处理的零部件和拆散、破碎、破碎件等，废石膏，废石棉，其他未列名固体废物等。

《禁止进口货物目录》（**第六批**）是为了**保护人的健康，维护环境安全，**淘汰

落后产品，履行《关于在国际贸易中对某些危险化学品和农药采用事先知情同意程序的鹿特丹公约》和《关于持久性有机污染物的斯德哥尔摩公约》而颁布的，其中包括长纤维青石棉、二噁英等。

2. 国家有关法律、法规明令禁止进口的商品

依据《进出境动植物检疫法》禁止进境的货物。

法律法规
《进出境动植物
检疫法》

国家有关法律、法规明令禁止进口的商品有以下几类：①来自动植物疫情流行的国家和地区的有关动植物及其产品和其他检疫物；②动植物病源（包括菌种、毒种等）及其他有害生物、动物尸体、土壤；③带有违反"一个中国"原则内容的货物及其包装；④以氯氟羟物质为制冷剂、发泡剂的家用电器产品和以氯氟羟物质为制冷工质的家用电器用压缩机；⑤滴滴涕、氯丹；⑥莱克多巴胺和盐酸莱克多巴胺等。

3. 因其他各种原因停止进口的商品

依据海关规章《停止进口或不得进口的货物》。

因其他各种原因停止进口的商品有以下几类：①以 CFC-12 为制冷工质的汽车及以 CFC-12 为制冷工质的汽车空调压缩机（含汽车空调器）；②右置方向盘的汽车；③旧服装；④Ⅷ因子制剂等血液制品；⑤氯酸钾；⑥硝酸铵；⑦100W 及以上普通照明白炽灯。

4. 禁止进口技术管理

根据《禁止进口、限制进口技术管理办法目录》的有关规定，国务院商务主管部门会同国务院其他有关部门制定、调整并公布禁止进口的技术目录。属于禁止进口的技术，不得进口。

《禁止进口、限制进口技术管理办法目录》所列明的禁止进口的技术涉及钢铁冶金、有色金属冶金、化工、石油炼制、石油化工、消防、电工、轻工、印刷、医药、建筑材料生产等技术领域。

（二）禁止出口货物（技术）的管理

我国明令禁止出口的货物主要有列入《禁止出口货物目录》的商品和国家有关法律、法规明令禁止出口的商品。

1. 列入《禁止出口货物目录》第一至第五批的商品

列入《禁止出口货物目录》第一至第五批的商品有以下几类。

（1）《禁止出口货物目录》（第一批），是为了保护我国自然生态环境和生态资源，从我国国情出发，履行我国所缔结或者参加的、与保护世界自然生态环境相关的一系列国际条约和协定而发布的。如国家禁止出口属于破坏臭氧层物质的四氯化碳、三氯三氟乙烷，禁止出口属于世界濒危物种管理范畴的犀牛角、虎骨、麝香，禁止出口有防风固沙作用的发菜和麻黄草以及涵养水土的原木等植物。

（2）《禁止出口货物目录》（第二批），主要是为了保护我国的森林资源、防止乱砍滥伐而发布的，如木炭等。

法律法规
《禁止出口货物
目录》

（3）《禁止出口货物目录》（第三批），是为了保护人类的健康，维护环境安全，淘汰落后产品，履行《关于在国际贸易中对某些危险化学品和农药采用事先知情同意程序的鹿特丹公约》和《关于持久性有机污染物的斯德哥尔摩公约》而颁布的，如长纤维青石棉、二噁英等。

（4）《禁止出口货物目录》（第四批），主要包括硅砂、石英砂及其他天然砂（对港、澳、台地区出口天然砂实行出口许可证管理）等商品。

（5）《禁止出口货物目录》（第五批），包括无论是否经化学处理过的腐叶、腐根、树皮、树根等森林凋落物以及沼泽（湿地）中，地上植物枯死、腐烂堆积而成的有机矿体。

2. 国家有关法律、法规明令禁止出口的商品

依据我国相关法规以及我国缔结或者参加的国际条约、协定的规定，不得出口的货物。

国家有关法律、法规明令禁止出口的商品包括：未定名的或者新发现并有重要价值的野生植物，原料血浆，商业性出口的野生红豆杉及其部分产品，劳改产品，以氯氟烃物质为制冷剂、发泡剂的家用电器产品和以氯氟烃物质为制冷工质的家用电器用压缩机，滴滴涕、氯丹等。

3. 禁止出口技术管理

依据《禁止、限制出口技术管理办法目录》有关规定，不得出口的技术。

列入《禁止、限制出口技术管理办法目录》的技术，涉及渔、牧、农副食品加工、工业制造、测绘、集成电路制造、机器人制造、卫星应用、计算机网络、空间数据传输、中医医疗等几十项技术。

三、限制进出口货物（技术）的管理

为维护国家安全和社会公共利益，保护人民的生命健康，履行我国所缔结或者参加的国际公约和协定，国务院商务主管部门会同国务院其他有关部门，依照《对外贸易法》的规定，制定、调整并公布了限制进出口货物（技术）目录。海关依照国家有关法律、法规对限制进出口的货物（技术）实施监督管理。

国家实行限制进出口的货物和技术，必须依照国家有关规定，其**进出口必须经国务院商务主管部门或者经国务院商务主管部门会同国务院其他有关部门许可。**

（一）限制进口货物（技术）的管理方式

限制进口货物（技术）管理按照限制方式可划分为许可证管理和关税配额管理。

1. 许可证管理

许可证管理是指在一定时期内根据国内政治、工业、农业、商业、军事、技术、卫生、环保、资源保护等领域的需要，以及为履行我国所加入或缔结的有关国际条约的规定，以经国家各主管部门签发许可证的方式来实现对各类限制进口货物（技术）的管理。

许可证管理的主管部门是商务部和其他政府行政职能部门。商务部管理的范围主要包括：部分进口货物和技术，12类重点旧机电产品，两用物项和技术进口。

其他政府行政职能部门管理的商品主要包括：濒危野生动植物种进口、密码产品和含有密码技术的设备进口、限制进口类可用作原料的固体废物进口、药品进口、美术品进口、民用爆炸物品进口、音像制品进口、黄金

实物展台
替代种植返销国内
产品进口批准证

及其制品进口、农药进口、兽药进口、有毒化学品进口等。

进口配额许可证管理由生态环境部、商务部、海关总署制定并调整《中国进出口受控消耗臭氧层物质名录》，由生态环境部、商务部有关部门公布年度进出口额度。进口单位年度消耗臭氧层物质进口申请获准的，由国家消耗臭氧层物质进出口管理机构签发消耗臭氧层物质进出口审批单，进出口单位持审批单向商务主管部门申领进出口许可证。

进口配额许可证管理的主管部门是生态环境部、商务部、海关总署。管理范围主要是公布于《中国进出口受控消耗臭氧层物质名录》（目前共六批）的消耗臭氧层物质。

国务院商务主管部门或者国务院其他行政职能部门在各自的职责范围内，根据国家有关法律、法规及国际公约的有关规定，制定、调整各自的许可证的审批、发放程序及资格条件。进出口贸易经营者凭进出口许可证管理部门签发的进出口许可证，向海关办理通关验放手续。

2. 进口关税配额管理

实物展台
《农产品进口关税配额证》

进口关税配额管理是指一定时期内（一般是 1 年），国家对部分商品的进口制定关税配额税率并规定该商品进口数量总额的管理方式。在限额内，经国家有关主管部门批准后允许按照关税配额税率进口，如超出限额，则按照配额外税率征税。关税配额管理的具体方式有全球配额和国别配额，其管理范围包括部分进口农产品和部分进口化肥。

进口关税配额管理的主管部门是商务部、国家发改委。

农产品进口关税配额证见实务展台和示例 1.2。

示例 1.2

中华人民共和国农产品进口关税配额证

NO:

1. 最终用户注册地区		2. 关税配额证编号
3. 最终用户名称		4. 关税配额证有效期 　　　　　　　　至
5. 贸易方式		6. 商品名称
7. 安排数量	8. 其中国营贸易	9. 发证日期
10. 报关口岸		
11. 备注		12. 签章 　　　　　经办人签字

13. 最终用户进口填写栏：

报关日期	报关口岸	进口商	商品税号	进口数量（吨）	单价（美元/吨）	经办人签字

（二）限制出口货物（技术）的管理方式

依照国家有关规定，实行限制出口的货物（技术），其出口必须经国务院商务主管部门或者经国务院商务主管部门会同国务院其他有关部门许可。我国限制出口货物（技术）的管理方式可分为出口配额管理和许可证管理。

1. 出口配额管理

限制出口配额管理的主要部门是商务部及其他经济管理部门。

出口配额管理是指在一定时期内，为建立公平竞争机制，增强我国商品在国际市场上的竞争力，保障最大限度地收汇，保护我国产品的国际市场利益，国家**对部分商品的出口数量直接加以限制**的管理措施。我国出口配额管理的形式有出口配额许可证管理和出口配额招标管理。

出口配额许可证管理是国家对部分商品的出口，在一定时期内（一般是 1 年）**规定数量总额**，按照**按需分配**的原则，经国家有关主管部门批准**获得配额**的允许出口，否则不准出口的管理措施。出口配额许可证管理是通过直接分配的方式，由国务院商务主管部门或者国务院其他有关部门在各自的职责范围内，根据申请者的请求，结合其进出口实绩、能力等条件，按照效益、公正、公开和公平竞争的原则进行分配（配额的分配方式和办法由国务院规定），国家出口配额主管部门对获得配额的申请者发放配额证明。申请者取得配额证明后，到国务院商务主管部门及其授权发证机关，凭配额证明申领出口许可证，凭此办理出口通关手续。出口配额许可证管理的商品包括：部分农产品；部分活禽、畜；部分资源性产品、贵金属；消耗臭氧层物质（出口配额由生态环境部管理）。

出口配额招标管理是国家对部分商品的出口，在一定时期内（一般是 1 年）**规定数量总额**，按照**招标分配**的原则，经招标**获得配额**的限制出口商品允许出口，否则不准出口的管理措施。国家出口配额主管部门对中标者发放配额证明。中标者取得配额证明后，到国务院商务主管部门及其授权发证机关，凭配额证明申领出口许可证，凭此办理出口通关手续。目前，出口配额招标管理的主要商品是部分我国生产且国际市场需求量较大的农副产品及资源性产品。

2. 出口许可证管理

限制出口许可证管理的主管部门是商务部及其他政府职能部门。

许可证管理是指在一定时期内，根据国内政治、军事、技术、卫生、环境、资源保护等领域的需要，以及为履行我国所加入或缔约的有关国际条款规定，经国家行政许可并**签发许可证**以限制出口的管理措施。出口许可证管理商品的范围主要包括部分农产品、濒危物种、两用物项和技术、黄金及其制品等。

四、自由进出口货物（技术）的管理

除上述国家禁止、限制进出口货物外的其他货物，均属于自由进出口范围。这些货物本身不属于国家限制进出口货物的范围，但基于监测进出口货物的需要，国家对部分属于自由进出口的货物实行**自动进出口许可管理**，对所有自由进出口的技术实行**技术进出口合同登记管理**。

1．货物自动进出口许可管理

自动进出口许可管理是在任何情况下对**进出口申请一律予以批准**的进出口许可制度。这种进出口许可实际上是一种在进出口前的自动登记性质的许可制度，通常用于国家对进出口货物的统计和监督。货物自动进出口许可管理是我国进出口许可管理制度中的重要组成部分，也是目前世界各国普遍使用的一种进出口管理制度。

目前，我国自动进口许可证管理的货物包括自动进口许可证管理和非限制进口类固体废物管理两大类。自动进口许可证管理货物的经营者应当在办理海关报关手续前，向国务院商务主管部门或其他经济管理部门提交自动进口许可申请，**凭相关部门发放的自动进口许可**的批准文件，向海关**办理报关手续**。

自由进出口货物的经营者，具有进出口经营权并已在海关备案的，即可正常申报进出口，并向海关办理通关手续。

实物展台
自动进口许可证

2．技术进出口合同登记管理

属于自由进出口的技术，经营者应当向国务院商务主管部门或者其委托机构办理合同备案登记。国务院商务主管部门应当自收到规定的文件之日起3个工作日内，对技术进出口合同进行登记，颁发技术进出口合同登记证，经营者凭技术进出口合同登记证，办理外汇、银行、税务、海关等相关手续。

第二节　我国进出口贸易管制的手段

我国进出口贸易管制的手段主要有进出口关税配额管理、许可证管理、特殊贸易货物管理和出入境检验检疫管理四种。

一、进出口关税配额管理

我国长期以来采取的是配额管理与许可证管理相结合的做法，即配额许可证管理措施，需要配额管理的商品必须申领许可证。我国实行进出口关税配额管理的商品包括农产品（小麦、玉米、稻谷和大米、棉花等）和工业产品（化肥等）。

进出口关税配额管理指的是国家在一定时期内对于某种商品的**进出口数量或金额直接加以限制**的管理措施。在规定的期限和配额以内的货物可以进出口。

关税配额属于限制进口，实行关税配额证管理的主管部门是商务部和国家发改委。所有贸易方式进口关税配额范围的商品均列入关税配额证管理范围。

实行关税配额证管理的农产品**进口关税配额为全球关税配额**，其主管部门是商务部及国家发改委。商务部、国家发改委按规定的期限对外公布每种农产品下一年度的关税配额总量、关税配额申请条件及国务院关税税则委确定的关税配额农产品税则号列和适用税率。农产品进口关税配额证实行"一证多批"制，自签发之日起3个月内有效，最迟不得超过当年的12月31

日。即最终用户需分多批进口的，在有效期内，凭农产品进口关税配额证可多次办理通关手续，直至海关核注栏填满为止。对于当年 12 月 31 日前从始发港出运，需要次年到货的，关税配额持有者需于当年 12 月 31 日前持装船单证及有效的农产品进口关税配额证到商务部委托机构申请延期，延期的农产品进口关税配额证有效期最迟不超过次年 2 月 28 日。

实行关税配额证管理的工业品主要是化肥。化肥进口关税配额为全球配额，商务部负责全国化肥关税配额证管理工作，商务部的化肥进口关税配额证管理机构负责管辖范围内化肥关税配额的发证，统计、咨询和其他授权工作。关税配额内的化肥进口时，海关凭进口单位提交的化肥进口关税配额证明，按配额内税率征税，并验放货物。化肥进口关税配额证明有效期为 3 个月，最迟不得超过当年的 12 月 31 日。延期或者变更的，需要重新办理，旧证撤销同时换发新证，并在备注栏注明原证号。

二、许可证管理

许可证管理指的是对外贸易经营者进口或者出口国家规定**限制进出口**的货物，必须事先**征得国家有关主管部门的许可，取得进口或者出口许可证，持证向海关办理申报和验放手续。**

商务部统一管理、指导全国发证机构的进出口许可证签发工作，商务部配额许可证事务局、商务部驻各地特派员办事处和商务部授权的地方主管部门发证机构负责在授权内签发"进口许可证"和"出口许可证"。进出口许可证是国家许可对外贸易经营者进口或者出口某种货物的证明，也是海关对进出境货物监管的重要依据，不得买卖、转让、涂改、伪造和变造。商务部会同海关总署制定、调整和发布年度《进口许可证管理货物目录》及《出口许可证管理货物目录》。

（一）进口许可证管理

1. 实施进口许可证管理的货物（2019 年）

实施进口许可证管理的货物有以下两类。

（1）消耗臭氧层物质，包括三氯氟甲烷（CFC-11）、二氯二氟甲烷（CFC-12）、二氯四氟乙烷或它们的混合物等商品。国务院环境保护部门根据消耗臭氧层物质淘汰进展情况在每年的 12 月 20 日前公布下一年度的进出口配额。进出口经营者应在每年 10 月 31 日前向国家消耗臭氧层物质进出口管理机构申请下一年度的进出口配额，并申领进出口受控消耗臭氧层物质审批单。国家消耗臭氧层物质进出口管理机构会对符合条件的进出口经营者进行公示。申请获准的进出口经营者应当持进出口审批单向所在地省级商务主管部门所属的发证机构申领消耗臭氧层物质进出口许可证。消耗臭氧层物质进出口审批单实行一单一批制。审批单有效期为 90 日，不得超期或者跨年度使用。

（2）重点旧机电产品，包括化工设备、金属冶炼设备、工程机械、起重运输设备、造纸设备、电力电气设备、食品加工及包装设备、农业机械、纺织机械、印刷机械、船舶、硒鼓、X 射线管 13 大类 69 个商品编号的旧产品。国家对重点旧机电产品实行许可证管理，商务部许可证事务局负责签发许可证。

2. 进口许可证报关规范

（1）进口许可证的有效期为 1 年，当年有效。特殊情况需要跨年度使用时，有效期最长不超过次年 3 月 31 日，逾期自行失效，海关不予放行。

（2）经营者不得擅自更改进口许可证正面的内容。如需更改进口许可证的内容，经营者应当在许可证有效期内向原发证机关提出更改申请，并将许可证交回原发证机关，由原发证机关重新换发许可证。进口许可证签证机关与海关对进口许可证实施联网核查。

（3）进口许可证管理实行"一证一关"（即一个进口许可证只能在一个海关报关）管理。一般情况下，进口许可证为"一批一证"（即进口许可证在有效期内只能使用一次）。

 思考与讨论①

　　光大设备制造有限公司进口了一批设备，委托海天国际货运代理有限公司办理进口报检、报关。报关人员报检时提供的单据及信息均为新设备，而出入境检验检疫局检验人员检验发现进口的设备多为旧设备。

　　请问：

　　（1）光大设备制造有限公司和海天国际货运代理有限公司是否都应承担法律责任？为什么？

　　（2）根据对外贸易管制制度，国家对该批货物实行的是什么管理制度？

（二）出口许可证管理

实行出口许可证管理的商品是指国家授权商务部会同海关总署等有关部门制定并公布的实行出口许可证管理的商品。

1. 实行出口许可证管理的商品（2019 年）

实行出口许可证管理的商品每年由商务部、海关总署公布。出口许可证管理方式主要有出口配额管理和出口许可证管理。

（1）出口**配额**管理的商品，包括玉米、大米、小麦、玉米粉、大米粉、小麦粉、甘草及甘草制品、蔺草及蔺草制品、棉花、锯材、活牛（对港澳）、活猪（对港澳）、活鸡（对港澳）、煤炭、原油、成品油、白银、磷矿石。经营者出口上述货物需按规定申请取得配额（全球配额或国别、地区配额），凭配额证明文件申领出口许可证。其中，出口蔺草及蔺草制品、甘草及甘草制品的，需凭配额招标中标证明文件申领出口许可证。

（2）出口**许可证**管理的商品，包括活牛（对港澳以外市场）、活猪（对港澳以外市场）、活鸡（对港澳以外市场）、冰鲜牛肉、冻牛肉、冰鲜猪肉、冻猪肉、冰鲜鸡肉、冻鸡肉、矾土、稀土、焦炭、石蜡、钨及钨制品、碳化硅、消耗臭氧层物质（由生态环境部实行配额管理）、铂金（以加工贸易方式出口）、部分金属及制品、钼及钼制品、汽车（包括成套散件）及其底盘、摩托车（含全地形车）及其发动机和车架、天然砂（含标准砂）、柠檬酸、维生素 C、青霉素工业盐、硫酸二钠等。其中，对港、澳、台地区出口天然砂实行出口许可证管理，对标准砂实行全

---

① 本书部分题目超出本书正文内容的范围，请自行通过网络或其他途径查询相关资料后解答。

球出口许可证管理。

2. 出口许可证报关规范

（1）出口许可证的有效期不得超过6个月。有效期的截止日期不得超过当年12月31日。（出口许可证应当在有效期内使用，逾期自行失效，海关不予放行。）

（2）经营者不得擅自更改出口许可证内容。如需更改出口许可证内容，经营者应当在许可证有效期内向原发证机关提出更改申请，并将许可证交回原发证机关，由原发证机关重新换发许可证。出口许可证签证机关与海关对出口许可证实施联网核查。

（3）出口许可证管理实行"一证一关"制和"一批一证"制。对于不属于"一批一证"的货物，签证机关在签发出口许可证时应在备注栏内填注"非一批一证"。"非一批一证"的出口货物可多次报关使用，但最多不超过12次，由海关在许可证背面"海关验放签注栏"内逐批签注，核减出口货物数量。实行"非一批一证"制的货物包括：外商投资企业出口许可证管理的货物；补偿贸易项下出口许可证管理的货物；其他在《出口许可证管理货物目录》中规定实行"非一批一证"的出口许可证管理的货物。消耗臭氧层物质的出口许可证实行"一批一证"制，这种出口许可证在有效期内只能使用一次。

（4）为维护正常的经营秩序，国家对部分出口货物实行指定出口报关口岸管理。出口此类货物，经营者均须到指定的口岸报关出口。

报关时实行"一批一证"的进出口的大宗、散装货物的溢装数量不得超过出口许可证所列出口货物数量的5%（原油、成品油3%）。对实行"非一批一证"制的大宗、散装货物，在每批货物出口时，在许可证上逐笔签注核减出口的数量；最后一批货物出口时，其溢装数量按该许可证实际剩余数量的5%（原油、成品油3%）内计算免征数额。

> **视野拓展**
>
> 读者可在海关总署网站的相关栏目通过关键词查询进出口管理相关文件，看看是否有新政策。

（三）自动进口许可证管理

自动进口许可证是指国家对部分自由进口的货物，对外贸易经营者一**经向政府有关主管部门提出申请，即应当获得批准**，并不得附加任何其他限制条件。自动进口许可证是对自由进口货物实行有效监测的手段。

1. 自动进口许可证管理的商品（2019年）

实施自动进口许可证管理的商品分为两个管理目录。

目录一包括牛肉、猪肉、羊肉、鲜奶、奶粉、木薯、大麦、高粱、大豆、油菜籽、植物油（棕榈液油、低芥子酸菜籽油等）、食糖、玉米酒糟、豆粕、烟草、二醋酸纤维丝束、原油、成品油、化肥、烟草机械、移动通信产品、卫星广播、电视设备及关键部件、汽车产品、飞机、船舶等。

目录一的商品由商务部授权的**地方商务主管部门发证机构或者商务部配额许可证事务局负责发证**。

目录二包括由商务部委托地方商务主管部门或地方、部门机电办发证的货物：肉鸡、植物油（豆油、橄榄油等）、铜精矿、煤、铁矿石、铝土矿、成品油、氧化铝、化肥、钢材、工程机械、船舶、医疗设备等。

2. 免交自动进口许可证的商品

经营者进口列入《自动进口许可管理货物目录》的商品，在办理报关手续时须向海关提交自动进口许可证，但下列情形免交自动进口许可证。

（1）加工贸易项下进口并复出口的（原油、成品油除外）。

（2）外商投资企业作为投资进口或者投资总额内生产自用的（旧机电产品除外）。

（3）货样广告品、实验品进口，每批次价值不超过 5 000 元人民币的。

（4）进入保税区、出口加工区等海关特殊监管区域及进入保税仓库、保税物流中心的属自动进口许可管理的货物。

（5）暂时进口的海关监管货物。

（6）加工贸易项下进口的设备监管期满后留在原企业使用的。

（7）国家法律法规规定其他免领自动进口许可证的。

3. 自动进口许可证报关规范

（1）自动进口许可证管理项下的货物原则上实行"一批一证"管理，自动进口许可证有效期为 6 个月，但仅限公历年度内有效。实行"一批一证"的进口的大宗、散装货物的溢装数量不得超过进口许可证所列进口货物数量的 5%（原油、成品油、化肥、钢材的溢装数量不得超过进口许可证所列货物进口数量的 3%）。

（2）对于确实不能一次性清关的部分货物，也可实行"非一批一证"管理。

（3）商务主管部门发证机构与各海关实施自动进口许可证联网核查，海关验核商务主管部门签发的自动进口许可证纸面证书和自动进口许可证电子数据，接受企业报检、报关。

（四）进出口许可证的申请、签发

我国的进出口许可证的审核和签发由**商务部统一负责，实行分级管理**。经营者申领进出口许可证要按照国家进出口许可证管理商品分级发证目录的要求向各级发证机关申请办理。

中央、国务院各部委及其所属企业，由其主管部门向**商务部许可证事务局**申领。**商务部授权其驻各地特派员办事处**签发沿海开放城市及在其联系地区内有关单位的部分进出口许可证。**商务部授权**各省、自治区、直辖市、计划单列市的商务厅（局）签发本地区部分出口货物许可证和部分进口货物许可证。

办理进出口许可证的基本程序如下。

（1）申请。申领单位须向发证机关提出书面申请函件申领进口或出口许可证，并应按照商务部规定的要求填写"进口许可证申请表"或者"出口许可证申请表"，在申请表中写明申领单位名称、进口或出口商品名称、进口或出口成交价格、贸易方式、进口国别（地区）或输往国别（地区）、出运或到运口岸等内容。

（2）审核、输入计算机系统。发证机关收到申领单位有关申请材料后审核。填好的进出口许可证申请表，由申领单位加盖公章后送交发证机关。经审核符合要求的，发证机关将申请表各项内容输入计算机系统。

（3）发证。发证机关自收到申请之日起 3 个工作日内发放进出口许可证，特殊情况下最多不超过 10 个工作日。进出口许可证一式四联，第一、第二、第三联交申领单位，申领单位凭此向海关办理货物进出口报检、报关和银行结汇手续。

三、特殊贸易货物管理

对一些特殊贸易货物，国家单独制定了相关的管理办法，主要有固体废物的进口、濒危物种和野生动植物进出口、药品进出口、黄金及制品进出口、音像制品进口等。

（一）固体废物进口管理

固体废物是指《固体废物污染环境防治法》管理范围内的废物，即在**生产建设、日常生活和其他活动中产生**的污染环境的废弃物质，包括工业固体废物（在工业、交通等生产活动中产生的固体废物）、城市生活垃圾（在城市日常生活中或者为城市日常生活提供服务的活动中产生的固体废物，以及法律、行政法规规定视为城市生活垃圾的固体废物）、危险废物（列入国家危险废物名录或者根据国家规定的危险废物鉴别标准和鉴别方法认定的具有危险特性的废物）以及液态废物和置于容器中的气态废物。

国务院生态环境主管部门对全国固体废物污染环境防治工作实施统一监督管理。国务院发展改革、工业和信息化、自然资源、住房城乡建设、交通运输、农业农村、商务、卫生健康、海关等主管部门在各自职责范围内负责固体废物污染环境防治的监督管理工作。自 2021 年 1 月 1 日起实行的《关于全面禁止进口固体废物有关事项的公告》主要涉及的事项有以下几项：

（1）禁止以任何方式进口固体废物。禁止我国境外的固体废物进境倾倒、堆放、处置。

（2）生态环境部停止受理和审批限制进口类可用作原料的固体废物进口许可证的申请；2020 年已发放的限制进口类可用作原料的固体废物进口许可证，应当在证书载明的 2020 年有效期内使用，逾期自行失效。

（3）海关特殊监管区域和保税监管场所［包括保税区、综合保税区等海关特殊监管区域和保税物流中心（A/B 型）、保税仓库等保税监管场所］内单位产生的未复运出境的固体废物、海关特殊监管区域和保税监管场所外开展保税维修和再制造业务单位生产作业过程中产生的未复运出境的固体废物，按照国内固体废物相关规定进行管理。需出区进行贮存、利用或者处置的，应向所在地海关特殊监管区域和保税监管场所地方政府行政管理部门办理相关手续，海关不再验核相关批件。

《关于规范再生黄铜原料、再生铜原料和再生铸造铝合金原料进口管理有关事项的公告》（2020 年第 43 号）规定，符合再生黄铜原料（GB/T 38470—2019，商品编码 7404000020）、再生铜原料（GB/T 38471—2019，商品编码 7404000030）、再生铸造铝合金原料（GB/T 38472—2019，商品编码 7602000020）标准的再生黄铜原料、再生铜原料、再生铸造铝合金原料不属于固体废物，可自由进口。

技能训练 1.1

　　东风废物利用有限公司向黄埔海关申报进口橡胶废碎料一批，共计 200 吨，成交价格为 CIF 黄埔 USD150 000。经核查后黄埔海关没有验放该批货物。

　　请问： 海关的做法合理吗？请你以报关人员的身份向东风废物利用有限公司做出正确的解释。

　　分析：

（二）野生动植物种进出口管理

　　国家林业、渔业管理部门是野生动植物种进出口管理的主管部门，该部门内设**国家濒危物种进出口管理办公室，**会同海关总署，依法制定或调整《进出口野生动植物种商品目录》，并依法对《进出口野生动植物种商品目录》所列受保护的珍贵、濒危野生动植物或其产品实施时证书管理。野生动植物进出口证书包括允许进出口证明书和物种证明，由国家濒管办或其办事处根据国家濒管办公布的管辖区域核发，是海关验放该类货物的重要依据。

　　允许进出口证明书是经营者用来证明经营《进出口野生动植物种商品目录》物种合法进出口的证明文件。物种证明是经营者用来证明经营《进出口野生动植物种商品目录》中适用允许进出口证明书管理以外的其他列入该目录的野生动植物及相关货物或物品、含野生动植物成分的纺织品合法进出口的证明文件。

　　海关在查验国家濒危物种进出口管理办公室核发的**允许进出口证明书和物种证明与实际无误后才会放行。**

　　经营者凭允许进出口证明书或物种证明载明的进出口口岸办理报检、报关手续。允许进出口证明书实行"一批一证"制，有效期不超过 180 天。一次性使用的物种证明有效期自签发之日起不得超过 180 天。多次性使用的物种证明有效期不得超过 360 天，多次使用的物种证明只适用于同一物种，同一货物类型在同一报关口岸多次进出口的野生动植物及其产品。对于非法从事野生动植物或其产品、濒危物种或其产品进出境的经营者，海关依照《海关法》的有关规定行使处罚权，其中情节严重、触犯刑法的，由海关依法移送司法机关追究其刑事责任。

> **视野拓展**
>
> 　　读者可在中国林业网（国家林业和草原局官网）输入关键词，查询国家对濒危野生动植物管理的最新政策。

（三）药品进出口管理

　　国家药品监督管理局是药品进出口管理的主管部门，会同海关总署制定、修订、公布进口药品目录，以签发许可证的形式对其进出口加以管制。目前，我国公布的药品进出口管理目录有《进出口药品目录》《生物制品目录》《精神药品管制品种目录》《麻醉品管制品种目录》《兴奋剂目录》。

进出口药品管理是我国进出口许可管理制度的重要组成部分。药品属于国家限制进出口管理范畴，对其进出口实行分类和目录管理，所有药品进口须经国务院药品监督管理部门组织审查，经审查确认符合质量标准、安全有效的，方可批准进口，并发放进口药品注册证书。进口药品口岸检验机构按照《中华人民共和国药典》（2015年版）的相应要求对进口药品进行检验，不符合要求的不得进口。

药品必须经由国务院批准的允许药品进口的口岸进口。截至本书出版时，可进口药品的口岸有北京、天津、上海、大连、青岛、成都、武汉、重庆、厦门、南京、杭州、宁波、福州、广州、深圳、珠海、海口、西安、南宁等19个城市所在地直属海关所辖关区口岸。

（四）黄金及其制品进出口管理

黄金及其制品进出口管理范围包括未锻造金、半制成金和金制成品。

中国人民银行是黄金及其制品进出口管理的国家主管部门，中国人民银行会同海关总署制定了《黄金及黄金制品进出口管理办法》并联署调整、公布《黄金及其制品进出口管理商品目录》。中国人民银行根据国家宏观经济调控需求，可以对黄金及制品进出口的数量进行限制性审批，对黄金及制品进出口实行准许证制度。列入《黄金及其制品进出口管理商品目录》的黄金及制品进出口通关时，当事人必须事先到中国人民银行及其授权机构办理"黄金及其制品进出口准许证"，作为办理进出口报关手续的依据，海关凭证验放。

（五）音像制品进口管理

国家对出版、制作、复制、进口、批发、零售音像制品，实行许可制度。音像制品成品进口由经批准的音像制品成品进口经营单位经营，未经批准，任何单位或者个人不得从事音像制品成品进口业务。各级海关在其职责范围内负责音像制品的监督管理工作。

进口用于出版的音像制品，以及进口用批发、零售、出租等音像制品成品，应当报主管部门进行内容审查，经审查批准取得进口音像制品批准单后方可进口，进口单位持进口音像制品批准单及向海关办理进口报关手续。

进口音像制品批准单内容不得更改，如需更改，应重新办理。进口音像制品批准单一次报关使用有效，不得累计使用。其中，属于音像制品成品的，批准单当年有效；属于用于出版的音像制品，批准单有效期为一年。

国家禁止进口有下列内容的音像制品：反对宪法确定的基本原则的；危害国家统一、主权和领土完整的；泄露国家秘密、危害国家安全或者损害国家荣誉和利益的；煽动民族仇恨、民族歧视，破坏民族团结，或者侵害民族风俗、习惯的；宣扬邪教、迷信的；扰乱社会秩序、破坏社会稳定的；宣扬淫秽、赌博、暴力或者教唆犯罪的；侮辱或者诽谤他人、侵害他人合法益的；危害社会公德或者民族优秀文化传统的；有法律、行政法规和国家规定禁止和其他内容的。

技能训练 1.2

　　某大学的图书馆打算从美国进口一批用于教学的音像制品。请你为该大学提出正确的建议，并帮助该大学顺利完成该项进口任务。

　　分析：

四、出入境检验检疫管理

（一）出入境检验检疫管理原则

　　（1）不符合我国强制性要求的入境货物，一律不得销售、使用。

　　（2）对涉及安全卫生及检疫产品，必须对国外生产企业的安全卫生和检疫条件进行登记。

　　（3）对不符合安全卫生条件的商品、物品、包装和运输工具，有权禁止进口，或视情况在进行消毒、灭菌、杀虫或采取其他排除安全隐患的措施等无害化处理，重验合格后方准进口。

　　（4）对于应经检验检疫机构实施注册登记的向中国输出有关产品的外国生产加工企业，必须取得注册登记证后方准向中国出口其产品。

　　（5）有权对进入中国的外国检验机构进行核准。

（二）出入境检验检疫管理方法

　　（1）涉及法定检验检疫要求的进口商品申报时，企业可以通过"单一窗口"（包括通过"互联网+海关"接入"单一窗口"）报关报检合一界面向海关一次申报。如需使用"单一窗口"单独报关、报检界面或者报关报检企业客户端申报的，企业应当在报关单随附单证栏中填写报检电子回执上的检验检疫编号，并填写代码"A"。

　　（2）涉及法定检验检疫要求的出口商品申报时，应当填写报检电子回执上的企业报检电子底账数据号，并填写代码"B"。

　　（3）对于特殊情况按以下方式处理：①对入境动植物及其产品，在运输途中需提供运递证明的，出具纸质"入境货物调离通知单"。②对出口集中申报等特殊货物，或者因计算机、系统等故障问题，根据需要出具纸质"出境货物检验检疫工作联系单"。③海关统一发送一次放行指令，海关监管作业场所经营单位凭海关放行指令为企业办理货物提离手续。

本 章 小 结

　　我国进出口贸易管制制度的内容体系为"备""证""检""核""救"五个字。

　　根据贸易管制程度的不同，进出口贸易管制又分为禁止进出口货物（技术）的管理、限制进出口货物（技术）的管理和自由进出口货物（技术）的管理。对列入国家公布禁止进出口目录以及国家法律、法规明令禁止或停止进出口的货物、技术，任何对外贸易经营者不得经营、报检、报关。依照国家有关规定，国家实行限制进出口的货物和技术，其进出口必须经国务院商务主管部门或者经国务院商务主管部门会同国务院其他有关部门许可。国家对部分属于自由进出口的货物实行自动进出口许可管理，对所有自由进出口的技术实行技术进出口合同登记管理。

我国进出口货物贸易管制的手段主要有进出口关税配额管理、许可证管理、特殊贸易货物管理和出入境检验检疫管理四种。

基础与能力训练

一、单选题

1. 我国出入境检验检疫的主管部门是（　　）。
   A. 国家林业和草原局 　　　　　　　　B. 海关总署
   C. 国家市场监督管理总局 　　　　　　D. 国家税务总局

2. 自动进出口许可证的主管部门是（　　）。
   A. 商务部 　　　　B. 海关总署 　　　　C. 国务院 　　　　D. 检察院

3. 我国对外贸易管制是一种综合管理制度，（　　）不在其构成范围内。
   A. 海关监管制度 　　　　　　　　　　B. 关税制度
   C. 贸易救济制度 　　　　　　　　　　D. 进口报关制度

4. 反补贴、反倾销是针对（　　）不公平贸易而采取的措施。
   A. 进口产品激增的情况 　　　　　　　B. 价格歧视
   C. 国别歧视 　　　　　　　　　　　　D. 数量

5. （　　）不属于我国贸易管制的法律体系。
   A. 由国家权力机关制定的法律规范
   B. 由国务院制定的法律规范
   C. 由省、自治区、直辖市制定的地方性行政法律规范
   D. 由国务院有关部委制定的法律规范

6. （　　）是限制出口货物管理的方式之一。
   A. 许可证管理 　　B. 配额管理 　　C. 自动出口管理 　　D. 禁止出口管理

7. 下列关于国家对限制进口货物管理的表述，错误的是（　　）。
   A. 必须依照国家有关规定取得国务院有关部门许可，方可进口。
   B. 关税配额内的货物，按照配额内税率缴纳关税
   C. 关税配额外的货物，按照配额外税率缴纳关税
   D. 实行配额或者非配额限制的进口货物，采用配额许可证管理

8. 我国对对外贸易经营者实行（　　）管理。
   A. 国营贸易 　　B. 备案登记 　　C. 行政审批 　　　D. 行政许可

9. 多次使用的物种证明有效期自签发之日起，不得超过（　　）天。

    A. 90   B. 180   C. 270   D. 360

10. 国家对部分属于自由进口的货物实行（　　）。

    A. 自动进口许可管理   B. 进口合同登记管理

    C. 进口许可证管理   D. 自由进口管理

二、多选题

1. 下列属于国家禁止出口的商品是（　　）。

    A. 犀牛角、虎骨、麝香   B. 硅砂、石英砂

    C. 劳改产品、木炭   D. 商业性出口的红豆杉

2. 下列属于国家禁止进口的商品是（　　）。

    A. 四氯化碳   B. 犀牛角、虎骨

    C. 氯酸钾、硝酸铵   D. 旧衣服

3. 我国限制进口货物管理按照其限制方式可分为（　　）。

    A. 许可证管理   B. 关税配额管理

    C. 绝对配额管理   D. 货物自动进口许可管理

4. 经营黄金及其制品合法进出口的监管证件是（　　）。

    A. 黄金产品出口准许证   B. 中国人民银行授权书

    C. 黄金及其制品进出口准许证   D. 黄金产品进口准许证

5. 我国对外贸易管制制度是由（　　）等一系列管理制度构成的综合管理制度。

    A. 进出口许可制度   B. 海关监管制度

    C. 出入境检验检疫制度   D. 出口退税制度

6. 列入我国《禁止出口货物目录》的商品有（　　）。

    A. 麝香   B. 麻黄草   C. 木炭   D. 硅砂

7. 实行进口许可证管理的货物是（　　）。

    A. 监控化学品   B. 易制毒化学品

    C. 消耗臭氧层物质   D. 重点旧机电产品

8. 国家限制进出口货物采取的主要措施是（　　）。

    A. 进口关税配额管理   B. 出口配额限制管理

    C. 进出口许可证管理   D. 自由进出口管理

9. 由国家濒危办公布的管辖区域核发的野生动植物种进出口证书包括（　　）。

    A. 允许进出口证明书   B. 进出口证明书

    C. 允许进出口物种证明   D. 物种证明

10. 列入（　　）内的固体废物，禁止进口。

    A.《禁止进口固体废物目录》

    B.《废物进口环境保护管理暂行规定》

    C.《限制进口类可用作原料的废物目录》

    D.《固体废物污染环境防治法》

三、判断题

1．我国对于旧衣服采取的管理方式是限制进口。（　　）

2．实行限制出口的货物（技术），按照其限制方式可分为出口配额限制和出口非配额限制。（　　）

3．出口配额招标管理是通过直接分配方式进行分配的。（　　）

4．对外贸易管制能有效地保护本国市场和本国的经济利益，在一定程度上也会加强世界各国间的经济交流，促进国际贸易的发展。（　　）

5．我国对对外贸易经营者的管理实行登记和核准制。（　　）

6．关税配额管理是一种相对数量的限制。（　　）

7．对于限制出口的货物（技术），实行许可证管理。（　　）

8．我国对于实行出口配额限制的出口货物，经营者需凭配额证明到国务院商务主管部门或其授权发证机关申领出口许可证。（　　）

9．自动进口许可证管理是在任何情况下对进口申请一律予以批准的进口许可制度。（　　）

10．出口许可证的有效期不得超过6个月，有效截止日期可跨年连续计算。（　　）

四、名词解释

1．进出口贸易管制　　2．关税配额管理　　3．出口配额限制　　4．配额管理

5．许可证管理　　6．自动进口许可证　　7．固体废物

五、简答题

1．简述对外贸易管制的目的与内容。

2．我国对外贸易管制的手段有哪些？

3．简述我国限制进口货物的管理方式。

4．简述我国限制出口货物的管理方式。

5．简述我国禁止进口货物的管制方式。

6．简述我国禁止出口货物的管制方式。

7．什么是许可证管理？简述进口货物（技术）许可证管理的内容。

8．什么是固体废物？我国对固体废物进口管理的办法是什么？

实物展台
出口许可证

六、实训项目

（一）查阅相关资料，回答以下问题：

1．申领进口许可证应向发证机关提供哪些材料？

2．申领出口许可证应向发证机关提供哪些材料？

3．简述进出口许可证的申领程序。

（二）查阅进出口许可证的相关资料，掌握进出口许可证的填写方法。

上海某进出口公司向日本某商人出口一批木质板材，合同号为 06-H-28-1000。规格为 20×3000mm，厚度大于6mm，总数量为15m²，每平方米价格为350.00美元，10月份装运，采用不可撤销即期信用证付款。出口许可证号为 06-AC-38000，商品编码为 4407999099。根据上述条件在示例1.3的表中填写出口许可证的相关内容。

 **示例 1.3**

中华人民共和国出口许可证

EXPORT LICENCE OF THE PEOPLE'S REPUBLIC OF CHINA

NO.

1. 出口商： Exporter	3. 出口许可证号： Export licence No.
2. 发货人： Consignor	4. 出口许可证有效截止日期： Export licence expiry date
5. 贸易方式： Terms of trade	8. 进口国（地区）： Country/Region of purchase
6. 合同号： Contract No.	9. 付款方式： Payment conditions
7. 报关口岸： Place of clearance	10. 运输方式： Mode of transport

11. 商品名称： Description of goods	商品编码： H. S. code

12. 规格、等级 Specification	13. 单位 Unit	14. 数量 Quantity	15. 单价（CNY） Unit price	16. 总值（CNY） Amount	17. 总值折美元 Amount in USD
18. 总计 Total					

19. 备注： Supplementary details	20. 发证机关签章： Issuing authority's stamp & signature （发证机关盖章） 21. 发证日期： Licence date

中华人民共和国商务部监制（2007）

补充习题及实训

扫描二维码做更多的练习，巩固本章所学知识与技能。

报关和海关

第二章

【学习目标】

知识目标： 了解报关的基本概念；了解报关单位的注册登记程序和应承担的法律责任；清楚报关人员的备案程序、职责、权利义务与行为规范；熟知海关的性质、任务、权力。

技能目标： 具备熟练解读报关内容的能力；具备办理报关单位注册登记及报关人员备案手续的能力。

【引　例】

海关总署、国家市场监督管理总局推进"多证合一"改革

为进一步优化营商环境，海关总署、国家市场监督管理总局联合发布 2019 年第 14 号公告，决定自 2019 年 2 月 1 日起将"报关单位注册登记证书"（进出口货物收发货人）纳入"多证合一"改革。公告指出，申请人办理工商注册登记时，需要同步办理"报关单位注册登记证书"（进出口货物收发货人）的，应按照要求勾选进出口货物收发货人的备案登记，并补充填写相关备案信息。市场监管部门按照"多证合一"流程完成登记，并在国家市场监督管理总局层面完成与海关总署的数据交换。海关确认接收到企业工商注册信息和商务备案信息后即完成企业备案，企业无须再到海关办理备案登记手续。

思考讨论：

1. 为什么国家要对报关单位进行登记注册？

2. 报关人员在进出境货物以及物品的检验检疫和通关中起什么作用？

3. 作为国门卫士的海关具有哪些权力？海关对哪些货物会加强监管？

《海关法》规定："进出境运输工具、货物、物品，必须通过**设立海关的地点**进境或者出境。"

报关是进出境运输工具负责人、进出口收发货人、进出境物品的所有人或者他们的代理人向海关办理运输工具、货物、物品进出境手续及相关海关事务的过程。

报检是当事人根据法律、行政法规的规定、对外贸易合同的约定或证明履约的需要，向海关申请检验、检疫、鉴定，以获得检验检疫证单的过程。

海关是进出境的监督管理机关，是对报关人的报关行为进行监督制约的国家行政执法机关。

第一节 报关单位与报关人员

在国际贸易和国际交往中，通过设立海关的地点进出境并依法办理通关手续是国际通行规则，也是进出境运输工具负责人、进出口货物收发货人和进出境物品的所有人应尽的义务。

由于办理进出境货物的通关手续需要由熟悉国际贸易业务、精通海关法律法规和海关业务制度流程的专业人员办理，在社会实践过程中，逐渐出现了专门办理通关手续的专业技能服务人员。因此，报关是与进出境运输工具、货物和物品的进出境密切相关的职业服务行为。

 小知识

货物、物品

日常生活中人们对货物和物品的称呼似乎并没有太大的差别，但在海关通关管理中，它们是不同的。

货物通常是对企事业单位而言的，一般数量较大，按照贸易合同经营，具有营利的目的。

物品更多是针对个人而言的，其进出境一般具有自用性，不以营利为目的，其数量在合理范围内。

2018 年 4 月 20 日，海关总署发布了《关于企业报关报检资质合并有关事项的公告》（海关总署公告 2018 年第 28 号），将检验检疫自理报检企业备案与海关进出口货物收发货人备案合并为海关进出口货物收发货人备案。企业备案后同时取得报关和报检资质。将检验检疫代理报检企业备案与海关报关企业（包括海关特殊监管区域双重身份企业）注册登记或者报关企业分支机构备案合并为海关报关企业注册登记和报关企业分支机构备案。企业注册登记或者企业分支机构备案后，同时取得报关和报检资质。将检验检疫报检人员备案与海关报关人员备案合并为报关人员备案。报关人员备案后同时取得报关和报检资质。

一、报关单位注册登记

报关单位是指依法在海关注册**登记**的报关企业和进出口货物收发货人。

《海关法》规定："进出口货物收发货人和报关企业办理报关手续，必须依法**经海关注册登记**。未依法经海关注册登记的企业不得从事报关业务。"法律明确规定了对向海关办理进出口货物报关手续的进出口货物收发货人、报关企业实行备案登记管理制度。因此，依法向海关办理注册登记是法人、其他组织或者个人成为报关单位的法定要求。

报关单位对其所属报关人员的报关行为应当承担相应的法律责任。

（一）进出口货物收发货人

进出口货物收发货人（自理报检、报关单位）是指依法**直接进口或出口货物**的中华人民共和国关境内的法人、其他组织或者个人。进出口货物收发货人自行办理报检、报关手续称为自理报检、报关。进出口货物收发货人只能办理本单位进出口货物的报检、报关业务，不能代理其他单位进出口货物的报检、报关。

1. 进出口货物收发货人的注册登记

根据我国海关目前的规定，自理报检、报关单位经审批取得了相应的经营权后，还须到所在地海关办理注册登记，获得报检、报关权。

进出口货物收发货人申请办理注册登记，应当提交下列文件材料：报关单位情况登记表、营业执照复印件、对外贸易经营者备案登记表或者外商投资企业（含港澳台侨投资企业）批准证书复印件、其他与注册登记有关的文件材料。

申请材料齐全、符合法定形式的申请人，由注册地海关核发"报关单位注册登记证书"（简称"注册登记证书"），该证书长期有效。"报关单位注册登记证书"的格式参见实物展台和示例2.1。

示例 2.1

中 华 人 民 共 和 国 海 关 报关单位注册登记证书	重 要 提 示 报关单位应当在每年的 6 月 30 日前向海关提交《报关单位注册信息年度报告》，不再另行通知。

海关注册编码：
社会统一信用代码：
企业名称：
 	
企业住所：
 	
企业经营类别：
注册登记日期：
法定代表人：
有效期：
 	
       注册海关：
       核发日期：
	
	中华人民共和国海关总署监制

进出口货物收发货人的企业名称、企业性质、企业住所、法定代表人（负责人）等海关注册登记内容发生变更的，应当自变更生效之日起 30 日内，持变更后的营业执照副本或者其他批准文件以及复印件，到注册地海关办理变更手续。所属报关人员发生变更的，进出口货物收发货人应当在变更事实发生之日起 30 日内，持变更证明文件等相关材料到注册地海关办理变更手续。

实物展台
报关单位注册登记证书

2. 无对外贸易经营权企业从事非贸易进出口业务的临时注册登记

下列未办理对外贸易经营者备案登记的，按照国家有关规定需要从事非贸易性进出口活动的，应当向海关办理临时注册登记手续：①境外企业、新闻单位、经贸机构、文化团体等依法在中国境内设立的常驻代表机构；②少量货样进出境的单位；③国家机关、学校、科研院所等组织机构；④临时接受捐赠、礼品、国际援助的单位；⑤其他可以从事非贸易性进出口活动的单位。

临时注册登记单位在向海关申报前，应当持本单位出具的委派证明或者授权证明以及非贸易性活动证明材料向所在地海关办理备案手续。特殊情况下临时注册登记单位也可以向拟进出境口岸或者海关监管业务集中地海关办理临时登记手续。经海关注册登记后，这些单位就成了特殊的收发货人，获得临时报检、报关权，其报检、报关范围仅限于本单位的非贸易性物品的报检、报关。

对于临时注册登记单位，海关可以向其出具临时注册登记证明，但是不予核发注册登记证书。临时注册登记证明**有效期最长为 1 年**，有效期届满后，经营者应当重新办理临时注册登记手续。

 技能训练 2.1

大学毕业的王美丽应聘到一家专门从事普洱茶出口的昆明茶花进出口公司从事报关工作。请问昆明茶花进出口公司首次报关应办理哪些手续？王美丽应如何取得报关员资格？

分析：

（二）报关企业概述

报关企业（代理报检、报关单位）是指按照规定**经海关准予注册登记**，接受进出口货物收发货人的**委托，以委托人的名义或者以自己的名义**，向海关办理代理报检、报关业务，从事报检、报关服务的中华人民共和国关境内的**企业法人**。其主要包括经营国际货物运输代理业务、兼营进出口货物代理报关业务的国际货物运输代理公司和主营代理报关业务的报关公司或报关行。

专业报关企业开展的主要业务类型有代理报关、报检、查验、换单，代为办理海关征免税证明、加工贸易备案与核销等。

1. 报关企业必须具备的条件

目前，我国从事报关服务的企业主要分为两类：一类是经营国际货物运输代理、国际运输工具代理等业务，兼营进出口货物代理报关业务的国际货物运输代理公司等；另一类是主营代理报关业务的报关公司或报关行。

报关企业必须具备的条件：经营规模、管理人员素质、守法程度、管理制度符合海关规定的设立条件；经海关备案登记行政许可；已向海关办理备案登记。

2. 报关企业的备案登记

根据《海关法》的规定，进出口货物收发货人、报关企业办理报关手续前，应当经**所在地直属海关或者其授权的隶属海关**办理备案登记。因此，向海关办理备案登记手续是报关企业向海关报检、报关的前提条件。

对于报关企业，海关要求其必须具备规定的设立条件并取得海关报关备案登记许可。对报关企业备案登记的具体要求如表 2.1 所示。

表 2.1　报关企业备案登记要求

应具备的条件	① 具备境内企业法人资格；②法定代表人无走私记录；③无因走私违法行为被海关撤销注册登记许可记录；④有符合从事报关服务所必需的固定经营场所和设施；⑤海关监管所需要的其他条件
申请地点	所在地直属海关或者其授权的隶属海关
应提交的材料	① 报关单位情况登记表；②企业法人营业执照副本或者企业名称预先核准通知书复印件；③报关服务营业场所所有权证明、租赁证明；④其他与申请注册登记许可相关的材料

注意：申请人按上述规定提交复印件的，应当同时向海关交验原件

注册地海关依法对报关企业申请备案登记材料是否齐全、是否符合法定形式进行核对。申请材料齐全、符合法定形式的申请人由注册地海关核发注册登记证书。

报关企业的注册登记证书**有效期为 2 年**。被许可人需要延续备案登记许可有效期的，应当办理注册登记许可延续手续。报关企业的企业名称、法定代表人发生变更的，应当持报关单位情况登记表、注册登记证书、变更后的工商营业执照或者其他批准文件及复印件，以书面形式到注册地海关办理变更手续。

报关企业所属报关人员备案内容发生变更的，应当在变更事实发生之日起 30 日内，持变更证明文件等相关材料到注册地海关办理变更手续。

报关单位应在**每年 6 月 30 日前**向海关提交《报关单位注册信息年度报告》(在中国电子口岸网站完成填报)，逾期未完成年报的可能会影响通关。

3. 报关企业的法律责任

报关企业的代理报检、报关活动可采用以其委托人的名义（直接代理）或以报关企业自己的名义（间接代理）两种不同的形式。报关企业采用不同的形式其所承担的法律责任也不同。

🔖 小知识

报关与通关

报关与通关既密切联系，又有明显的区别。通关是指进出境运输工具负责人、进出口货物收发货人、进出境物品的所有人或者他们的代理人向海关办理报关对象进出境手续，以及海关依法对其进行监督管理，核准其进出境的管理过程。两者相同之处在于都是针对运输工具、货物、物品的进出境而言，不同之处表现在两者的考察角度和活动内容不同。

考察角度：报关是从海关管理相对人角度来考察的；通关是从报关管理者角度来考察的。

活动内容：报关只限于海关管理相对人向海关办理报关对象的进出境手续；通关不仅包括海关管理相对人向海关办理进出境及相关手续，还包括海关对出入境运输工具、货物、物品依法进行监督管理，核准其进出境的管理过程。

（1）直接代理报检、报关。直接代理是报检、报关企业**以委托人的名义**办理报检、报关手续，属于委托代理行为，报关企业与委托人的关系是代理人与被代理人（或称委托人）的关系。代理人代理权的取得、行使和效力是基于委托人授权的。因此，除委托人应遵守海关的各项规定外，报关企业在行使代理权时，也应当遵守海关对其委托人的各项规定。

（2）间接代理报检、报关。间接代理是指报关企业接受其委托人的委托，**以报关企业自己的名义**办理报检、报关手续。海关视同报关企业自己报检、报关，其法律后果将直接由报关企业承担。

> **实战操作**
> 电子版报关委托
> 协议签约操作步骤

（三）报关企业备案登记

1. 报关、报检资质办理

（1）2018 年 6 月 1 日之前已向海关或检验检疫机构办理备案登记手续的报关、报检单位，其报关、报检资质仍然有效。

（2）自 2018 年 6 月 1 日后，原已办理备案登记手续的报检、报关单位在向海关的"单一窗口"或"互联网+海关"进行报关、报检信息补录登记后，可同时获得报关、报检资质。

（3）2019 年 2 月 1 日以后办理备案登记手续的报关单位可以在"多证合一"的形式下，在办理工商注册登记时办理报检、报关单位备案登记手续，办理后可获得报关、报检资质。

2. 报关、报检资质证书发放

自 2019 年 2 月 1 日起，海关不再核发"报关单位注册登记证书"。进出口货物收发货人和报关单位需要获取书面备案登记信息的，可以通过"单一窗口"在线打印备案登记回执，并到所在地海关加盖海关印章。

（1）办理步骤。申请人办理工商注册登记时，同步办理"报关单位注册登记证书"（进出口货物收发货人）的，按照要求勾选进出口货物收发货人的备案登记选项，并补充填写相关备案信息。市场监管部门按照"多证合一"流程完成登记，并在总局层面完成与海关总署的数据交换。海关确认接收到企业工商注册信息和商务备案信息后即完成企业备案，企业无须再到海关办理备案登记手续。

（2）结果查询。企业可以通过海关的"单一窗口"（标准版）—"企业资质"或通过"互联网+海关"—"企业管理"查询备案登记结果。"多证合一"改革实施后，企业未选择"多证合一"方式提交申请的，仍可通过"单一窗口"或"互联网+海关"，提交备案登记申请。

技能训练 2.2

请将进出口货物收发货人与报关企业的差异，填入表 2.2 的空白处。

表 2.2　进出口货物收发货人与报关企业的差异

项目	进出口货物收发货人	报关企业
主营业务		
报关范围		
经营审批		
报关注册登记许可		
报关注册登记		

二、报关人员备案

报关人员是具有报关、报检专业知识，专门向社会提供通关服务的从业人员。

报关人员必须受雇于某个企业。由于只有获得对外贸易经营权的企业和报关企业才可以向海关办理报关纳税手续，因此，报关人员只能受雇于一个有对外贸易经营权的企业或者报关企业，并代表该企业办理报关、报检手续。

报关单位所属人员从事报关、报检业务的，报关单位应当到海关"单一窗口"—"企业资质"界面办理报关人员备案手续，申请成功后由海关核发报关人员备案证明。

实战操作
报关人员备案
操作步骤

注意： 只有在海关注册登记的报关单位才能为其报关从业人员向海关申请办理备案手续。海关不接受以个人名义提出的报关人员备案申请。

（一）报关人员的权利

报关人员有以下几项权利。

1. 报关、报检权

作为从事报关、报检业务的专门人员，报关人员有权以所属报关单位的名义执业，办理报关、报检业务。报关人员可以办理的业务如下。

（1）如实申报进出口货物的商品编码、商品名称、规格型号、实际成交价格、原产地及相应优惠贸易协定代码等检验检疫申请、报关单有关项目，并办理填制检验检疫申请、报关单、提交检验检疫申请、报关单等与申报有关的事项。

（2）申请办理缴纳税费和退税、补税事宜。

（3）申请办理加工贸易合同备案（变更）、深加工结转、外发加工、内销、放弃核准、余料结转、核销及关税监管等事宜。

（4）申请办理进出口货物减、免税等事宜。

（5）协助海关办理进出口货物的卫生检验检疫、查验、结关。

2. 监督权

报关人员有权对违反国家规定，逃避海关监管的行为进行举报，有权对海关及其工作人员的违法、违纪行为进行控告、检举。

3. 查询权

报关人员有权向海关查询其办理的报关、报检业务情况。

（二）报关人员的义务

1. 依法报关、报检

报关人员应当遵守海关有关法律法规，依法办理报关、报检业务。

2. 合理审查

报关人员应当熟悉所申报货物的基本情况，对申报内容和有关材料的真实性、完整性进行审查，提供齐全、正确、有效的单证，准确、清楚地填制进（出）口货物检验检疫申请和进（出）口货物报关单。

3. 配合执法

配合海关为实施检验检疫而进行的现场验（查）货、抽（采）样及检验检疫处理等事宜。海关查验进出口货物时，报关人员应按时到场，负责搬移货物、开拆和重封货物的包装；配合海关对走私违规案件的调查；协助海关落实对报关单位管理的具体措施。对经海关放行的进出口货物加强批次管理，不得错发、漏发致使货证不符。

> **思考与讨论**
>
> 作为报关员，应掌握和具备哪些知识与技能？

4. 协助工作

报关人员需配合本企业办理进出境检疫物的检验检疫审批，配合检验检疫进程，了解检验检疫结果，适时做好除害处理，领取相关检验检疫证书；完整保存各种原始检验检疫申请、报关单证、票据、函电等资料；协助报关单位办理货物进出口通关事宜。

> **技能训练 2.3**
>
> 在上海海关注册登记并取得报关权的上海天凡进出口公司与美国某公司签订了进口 1 000 吨玉米的合同，贸易条件为 CIF SHANGHAI。但由于运输船只遭遇台风，偏离航线而被迫停靠厦门。考虑到停靠厦门再运往上海会耽搁很长的时间，上海天凡进出口公司与美国公司商定在厦门交货并通知运输公司卸货，其报关人员到厦门为这批货物报关时却遭到厦门海关的拒绝。请问这是为什么？应如何解决？
>
> 分析：

第二节　海关与海关监管物

一、海关的性质和任务

法律法规
《海关法》

（一）海关的性质

《海关法》第二条规定："中华人民共和国**海关是国家的进出关境监督管理机关**。"这一规定明确了海关的性质，其包括以下三层含义。

（1）海关是**国家行政机关**。海关是国家行政机关之一，从属于国家行政体制，是我国最高国家行政机关——国务院的直属机构。海关对内对外代表国家行使行政管理权。

（2）海关是**国家行政监督管理机关**。海关依照有关法律、行政法规并通过法律赋予的权力，制定具体的行政规章和行政措施，对特定领域的活动开展行政监督管理，以保证其遵守国家的法律规范。海关实施监督管理的范围是进出关境及与之有关的活动，海关监督管理的对象是所有进出境的运输工具、货物、物品。我国《海关法》所指的关境范围是除享有单独关境地位的地区以外的中华人民共和国全部领土，包括领陆、领空和领水，是立体的空间。台湾、香港、澳门为我国的单独关税地区。

（3）海关的监督管理是**国家行政执法活动**。海关通过法律赋予的权力，对特定范围内的社会经济活动进行监督管理，并对违法行为依法实施行政处罚，以保证这些社会经济活动符合国家有关的法律法规要求。

 小知识

关境与国境

国境是一个国家行使主权的领土范围。关境是指同一海关法规和关税制度可以全面实施的境域，即国家（地区）行使海关主权的执法空间。

一般情况下，一国的关境与其国境的范围是一致的，关境等同于国境。但在某些特殊情况下关境与国境不一致：①关境大于国境。如在缔结关税同盟的国家之间，相互不征收进出境货物的关税，此时关境包括几个缔约国的领土，关境大于其缔约国各自的国境；②关境小于国境。这种情况多由历史或地理原因形成。如在设有自由区、自由港、保税区的国家，这些自由港、自由区及保税区不属于该国的关境范围，此时关境小于国境；③单独关境，是指一国与毗邻国家之间共同拥有的而又独自对外的关境区域，或在一国领土范围内，在一定条件下实行独自对外的海关法规和关税制度的关境区域，亦称单独关税区。

中国香港是《关税及贸易总协定》的成员之一。在我国，香港、澳门和台澎金马（台湾、澎湖、金门、马祖）是三个单独关境区。

（二）海关的任务

《海关法》第二条规定：海关依照本法和其他有关法律、行政法规，监管进出境的运输工具、货物、行李物品、邮递物品和其他物品（以下简称进出境运输工具、货物、物品），**征收关税**和**其他税、费，查缉走私**，并**编制海关统计和办理其他海关业务**。

1. 监管

监管是海关最重要的任务。海关监管是指海关**在规定的时间期限和特定的范围内**，依法对进出关境的货物、物品和运输工具进出境活动所实施的行政执法活动。

我国海关对进出境货物的监管实行稽查制度。海关稽查制度是指在进出口货物放行之后的规定时间内，海关对进出口企业的会计账簿、会计凭证、报关单证以及其他有关资料和有关进出口货物进行核查，监督企业进出口活动的真实性和合法性的一项监管制度。

法律法规
《海关稽查条例》及《〈海关稽查条例〉实施办法》

2. 征税

征税既包括征收关税，也包括征收其他税、费。**征收关税是指对贸易性货物征收进出口关税**以及对**非贸易性**的行李、邮递物品征收**进出口关税**。其他税、费是指海关代国家税务总局征收的进口环节增值税、消费税以及代交通运输部征收的船舶吨税。海关通过执行国家制定的关税政策，对进出口货物征收关税，征税是执行国家对外贸易管制的重要辅助手段。

3. 检验检疫

实施出入境检验检疫是世界各国海关通行的做法。各国法律及国际条约（包括条约、公约、合约、协定、规则、声明）都赋予出入境检验检疫以公认的法律职责。

国家在涉及人类健康、动植物健康安全、商品质量控制、环境保护等各类商品、出入境人员、交通运输工具等方面先后制定了《商检法》、《动植物检疫法》、《卫生检疫法》和《食品安全法》等法律。检验检疫的职责由《中华人民共和国宪法》、有关法律和最高国家行政机关的行政法规赋予海关执行有关法律和管理出入境检验检疫工作的权力。

4. 查缉走私

查缉走私简称缉私。缉私是监管、征税两项基本工作的延伸，当进出境活动的当事人出现逃避监管和偷漏关税的行为时，海关必须开展打击走私犯罪活动，以确保前两项工作的有效进行。

走私指进出境活动的当事人有意逃避海关监管，违反《海关法》的行为。它以逃避监管、偷逃关税、牟取暴利为目的。走私会扰乱经济秩序，对国家的危害性极大，必须予以严厉打击。

查缉走私是指海关依照法律赋予的权力，在**监管场所**和**"设关地"**附近的沿海沿边规定地区，为发现、制止、打击、综合治理走私活动而进行的一种管理活动，是海关为保证完成监管和征税等任务而采取的保障措施。

法律法规
《〈海关稽查条例〉实施办法》所涉及法律文书格式

 **小知识**

走私行为与走私罪

进出境活动的当事人违反《海关法》及有关法律、行政法规，逃避海关监管，偷逃应纳税款，逃避国家有关进出境的禁止性或者限制性管理，有下列情形之一的，是走私行为：运输、携带、邮寄国家禁止或者限制进出境货物、物品或者依法应当缴纳税款的货物、物品进出境的；未经海关许可并未缴纳应纳税款、交验有关许可证件，擅自将保税货物、特定减免税货物以及其他海关监管货物、物品、进境的境外运输工具，在境内销售的；有逃避海关监管，构成走私的其他行为的。走私行为尚不构成犯罪行为。

走私罪是指单位或个人违反海关法律法规，逃避海关监管，运输、携带、邮寄国家禁止进出口货物、物品或者依法应当向国家缴纳税款的货物、物品进出境，数额较大、情节严重的犯罪行为。与一般的走私行为相比，走私罪必须是情节严重，走私物品的性质、方式及偷逃税额构成《刑法》所规定的犯罪行为。走私罪的主体包括自然人和法人。

5. 编制海关统计

编制海关统计是指海关依法对进出口货物贸易的统计。凡能引起我国境内物质资源储备增加或减少的进出口货物，均列入海关统计。部分不列入海关统计的货物和物品，根据我国对外贸易管理和海关管理的需要，实施单项统计。

二、海关的权力

国家赋予海关的权力包括行政许可权、税费征收权、进出境监管权、行政强制权、行政处罚权、走私犯罪侦查权、佩带和使用武器权、其他行政管理权。

（一）行政许可权

海关的行政许可权包括：报关企业注册登记；暂时进出口货物的核准；出口监管仓库、保税仓库的设立审批；海关监管货物仓储审批；保税物流中心设立审批等。

（二）税费征收权

税费征收权是指海关依法对**进出境货物、物品和运输工具**征收关税及其他税、费的职权。根据法律、行政法规及有关规定，海关对特定地区、特定企业或有特定用途的进出口货物减征或免征关税，以及对经海关放行后的有关进出口货物、物品发现少征或漏征税款的，依法补征、追征税款。

（三）进出境监管权

进出境监管权是海关所具有的**对货物、物品、运输工具进出境活动**实施监督管理的职权，主要包括以下几项。

（1）检查权。除法律另有规定外，在海关监管区内检查进出境运输工具；在海关监管区和海关设关附近沿海沿边规定地区，检查有走私嫌疑的运输工具和有藏匿走私货物、物品的场所，检查走私嫌疑人的身体，检查与进出口活动有关的生产经营情况和货物。

 小知识

表2.3　海关行使检查权的授权限制

实施对象	区域	授权限制
进出境运输工具	"两区"内	海关有关部门可直接行使检查权
	"两区"外	
有走私嫌疑的运输工具	"两区"内	海关有关部门可直接行使检查权
	"两区"外	须经直属海关关长或者其授权的隶属海关关长批准
有藏匿走私货物、物品嫌疑的场所	"两区"内	海关有关部门可直接行使检查权
	"两区"外	须经直属海关关长或者其授权的隶属海关关长批准；当事人在场，当事人不在场须有见证人在场；不能对公民住所实施检查
走私嫌疑人	"两区"内	海关有关部门可直接行使检查权
	"两区"外	无授权，不能行使检查权

海关行使检查权的授权限制参见表2.3，表中的授权限制只包括一般性授权和一事一授权。"两区"是指海关监管区和海关设关附近沿海沿边规定地区。

（2）查验权。海关有权查验进出境货物、物品。海关查验货物认为必要时，可以径行提取货样。

（3）查阅、复制权。海关有权查阅进出境人员的证件，查阅、复制与进出境运输工具、货物、物品有关的合同、发票、账册、单据、记录、文件、业务函电、录音录像制品和其他有关资料。

（4）查问权。海关有权查问违反《海关法》或相关法律法规的嫌疑人，调查其违法行为。

（5）查询权。海关有权查询案件涉嫌单位和涉嫌人员在金融机构、邮政企业的存款、汇款。

（6）稽查权。自进出口货物放行之日起 3 年内或者在保税货物、减免税进口货物的海关监管期限内及其后的 3 年内，海关有权对与进出口货物直接有关的企业、单位的会计账簿、会计凭证、报关单证以及其他有关资料和有关进出口货物实施稽查，监督其进出口活动的真实性和合法性。

（7）扣留权。对违反《海关法》或者其他有关法律、行政法规的进出境运输工具、货物和物品以及与之有关的合同、发票、账册、单据、记录、文件、业务函电、录音录像制品和其他资料，海关有权扣留；在海关监管区和海关附近沿海沿边规定地区对有走私嫌疑的运输工具、货物、物品和走私犯罪嫌疑人，经直属海关关长或者其授权的隶属海关关长批准，可以扣留；在海关监管区和海关附近沿海沿边规定地区以外，对其中有证据证明有走私嫌疑的运输工具、货物、物品，可以扣留。海关对查获的走私罪嫌疑案件，应扣留走私犯罪嫌疑人，移送走私犯罪侦查机构。

（四）行政强制权

海关行政强制权是《海关法》及相关法律、行政法规得以贯彻实施的重要保障，具体包括以下几项。

1. 滞报、滞纳金征收权

海关对超期未报关的货物征收滞报金；对于逾期缴纳进出口税费的货物，征收滞纳金。

2. 提取货样、施加封志权

根据《海关法》的规定，海关查验货物认为必要时，可以径行提取货样；海关对有违反《海关法》或其他法律、行政法规嫌疑的进出境货物、物品、运输工具，以及所有未办结海关手续、处于海关监管状态的进出境货物、物品、运输工具，有权施加封志，任何单位或个人不得损毁封志或擅自提取、转移、动用在封的货物、物品、运输工具。

3. 提取货物变卖、先行变卖权

进口货物超过 3 个月未向海关申报，海关可以依法提取，变卖处理；进口货物收货人或其所有人声明放弃的货物，海关依法有权提取，变卖处理；海关依法扣留的货物、物品不宜长期保留的，经直属海关关长或其授权的隶属海关关长批准，可以依法先行变卖等。

4. 强制扣缴和变价抵缴关税权

进出口货物的纳税义务人、担保人超过规定期限未缴纳税款的，经直属海关关长或者其授权的隶属海关关长批准，海关可以书面通知其开户银行或者其他金融机构从其存款账户内扣缴税款；可以将应税货物依法变卖，以变卖所得抵缴税款；海关可以扣留并依法变卖其价值相当于应纳税款的货物或者其他财产，以变卖所得抵缴税款。

5. 税收保全权

进出口货物纳税义务人在海关依法责令其提供纳税担保，而纳税义务人不能提供纳税担保的，经直属海关关长或者其授权的隶属海关关长批准，海关可以书面通知纳税义务人开户银行或者其他金融机构暂停支付纳税义务人相当于应纳税款的存款；扣留纳税义务人价值相当于应纳税款的货物或者其他财产。

6. 抵缴、变价抵缴罚款权

根据《海关法》的规定，当事人逾期不履行海关处罚决定又不申请复议或者向人民法院提起诉讼的，海关可以将其保证金抵缴，或者将其被扣留的货物、物品、运输工具依法变价抵缴。

7. 连续追缉权

进出境运输工具或者个人违抗海关监管逃逸的，海关可以连续追至海关监管区和海关附近沿海沿边规定地区以外，将其带回处理。这里所称的逃逸，既包括进出境运输工具或者个人违抗海关监管，自海关监管区和海关附近沿海沿边规定地区向内（陆地）一侧逃逸，也包括向外（海域）一侧逃逸。

8. 其他特殊行政强制权

其他特殊行政强制权包括处罚担保、税收担保和其他海关事务担保。

（1）处罚担保。根据《海关法》及有关行政法规的规定，海关依法扣留有走私嫌疑的货物、物品、运输工具，如果无法或不便扣留的，或者有违法嫌疑但依法不应予以没收的货物、物品、运输工具，当事人申请先予放行或解除扣留的，海关可要求当事人或者运输工具负责人提供等值担保，未提供等值担保的，海关可以扣留当事人等值的其他财产；受海关处罚的当事人在离境前未缴纳罚款或未缴清依法被没收的违法所得和依法被追缴的货物、物品、走私运输工具的等值价款的，应当提供相当于上述款项的担保。

（2）税收担保。根据《海关法》的规定，进出口货物的纳税义务人在规定的缴纳期限内有明显转移、藏匿其应税货物以及其他财产迹象的，海关可以责令纳税义务人提供担保；经海关批准的暂时进口或暂时出口的货物、特准进口的保税货物，收发货人须缴纳相当于税款的保证金或者提供担保后，才可准予暂时免纳关税。

（3）其他海关事务担保。在确定货物的商品归类、估价和提供有效报关单证或者办结其他海关手续之前，收发货人要求放行货物的，必须提供与其依法应履行的法律义务相适应的担保。

（五）行政处罚权

海关有权对尚未构成走私罪的违法当事人处以行政处罚。包括对走私货物、物品及违法所得处以没收，对有走私行为和违反海关监管规定行为的当事人处以罚款，对有违法的报关单位和报关人员处以警告以及处以暂停或取消报关资格的处罚等。

（六）走私犯罪侦查权

（1）<u>侦查权</u>。海关有权侦查有走私犯罪嫌疑的人员、货物、物品和行为。

（2）<u>拘留权</u>。海关有权对有走私犯罪嫌疑的人员予以拘留，进行审查。

（3）<u>执行逮捕权</u>。海关有权对经确认有重大走私犯罪嫌疑的当事人执行逮捕，以进一步审查其行为。

（4）<u>预审权</u>。海关有权对走私犯罪嫌疑人进行初步审讯，确定有关犯罪事实与证据，为移送检察机关提起诉讼作准备。

（七）佩带和使用武器权

<u>海关为履行职责，可以配备武器</u>。海关工作人员佩带和使用武器的规定，由海关总署会同公安部制定，报国务院批准。武器和警械的使用范围为执行缉私任务时；使用对象为走私分子和走私嫌疑人；使用条件必须是在不能制服被追缉逃跑的走私团体或遭遇武装掩护走私，不能制止以暴力劫夺查扣的走私货物、物品和其他物品，以及以暴力抗拒检查、抢夺武器和警械、威胁海关工作人员生命安全非开枪不能自卫时。

（八）其他行政管理权

海关拥有的其他行政管理权包括以下几种。

（1）<u>行政裁定权</u>。包括对对外贸易经营者的申请审查，对进出口商品的归类、进出口货物原产地的确定、禁止进出口措施和许可证件的适用等海关事务的行政裁定的权力。

（2）<u>行政命令权</u>。如对违反海关有关法律规定的企业责令限期改正、责令货物退运等。

（3）<u>行政奖励权</u>。包括对举报或者协助海关查获违反《海关法》案件的有功单位和个人给予精神或者物质奖励的权力。

（4）<u>对与进出境货物有关的知识产权实施保护权</u>。根据《海关法》规定，海关依照法律、行政法规的规定，有权对进出境货物有关的知识产权实施保护。

技能训练 2.4

试说出下面案例中海关相应的权力。

天津高依公司从比利时进口了钼矿砂 100 吨，这批货物从天津口岸进境后办转关大连手续至大连加工厂做进料加工。

（1）天津至大连的转关运输：＿＿＿＿＿＿＿＿＿＿＿＿＿＿＿＿＿＿＿＿＿＿＿＿＿

＿＿＿＿＿＿＿＿。

（2）天津高依公司委托大连报关行办理进口报关业务：＿＿＿＿＿＿＿＿＿＿＿＿＿＿

＿＿

＿＿＿＿＿＿＿＿＿＿＿＿＿＿＿＿＿＿＿＿＿＿＿＿＿＿＿＿＿＿＿＿＿＿＿＿＿＿＿。

（3）转关延误，海关征收滞报金：_____。

（4）海关布控查验货物：_____。

（5）企业申报商品编码为 2613.9000，海关裁定商品编码为 2613.1000：_____。

（6）海关调阅有关合同、检验单，向报关员及相关人员询问有关情况：_____

_____。

（7）进料加工余料由企业自行内销，被海关处罚：_____。

三、海关监管货物

海关监管货物是指<u>自进境起到办结海关手续前</u>的进口货物，<u>自当事人向海关申报起到出境</u><u>止</u>的出口货物，以及<u>自进境起到出境止</u>的过境、转运和通运货物等应当接受海关监管的货物，按货物进出境的不同目的可分为<u>一般进出口货物、保税货物、特定减免税货物、暂时进出口货物，以及过境、转运、通运货物和其他货物等六类</u>。

1. 一般进出口货物

<u>一般进出口货物是指从境外进口，办结海关手续直接进入境内生产或流通领域的进口货物，以及按境内商品申报，办结出口手续到境外生产、消费领域流通的出口货物。</u>

一般进出口货物的监管期限为：进口货物，自货物进境时起到海关放行止；出口货物，自当事人向海关申报起到出境止。

2. 保税货物

<u>保税货物是指经海关批准未办理纳税手续而进境，在境内储存、加工、装配后复运出境的货物。</u>此类货物又分为保税加工货物和保税物流货物两类。

保税货物的监管期限为：自货物进入关境起，到出境最终办结海关手续，或转为实际进口最终办结海关手续止。

3. 特定减免税货物

<u>特定减免税货物是指经海关依据有关法律准予免税进口的，用于特定地区、特定企业、有特定用途的货物。</u>

特定减免税货物的监管期限为：自货物进入关境起，到监管期满，海关解除监管或办理补证、纳税手续止。

4. 暂时进出境货物

<u>暂时进出境货物是指经海关批准，凭担保进境或出境，在境内或境外使用后，原状复运出境或进境的货物，</u>主要包括：在展览会、交易会展示和使用的货物、货样；文化、体育交流活动使用的表演、比赛用品；进行新闻报道使用的仪器、设备及用品等。

暂时进出境货物的监管期限为：进境货物，自进入关境起到复运出境，或转为实际进口办理补证、纳税止；出境货物，自出境起到复进入关境，或转为实际出口止。

5. 过境、转运和通运货物

过境、转运和通运货物指由境外启运，通过中国境内继续运往境外的货物。

过境、转运和通运货物的监管期限为：进境货物，自进入关境起到复出境，或最终办结海关手续止；出境货物，自出境起到复进入关境，或最终办结海关手续止。

6. 其他货物

其他货物是指尚未办结海关手续的进出境货物，包括溢卸货物、误卸货物、退运货物、租赁货物、进出境修理货物及无代价抵偿货物等。

> **视野拓展**
>
> 报关与报检相关政策、法规会随着进出口环境的变化而调整，建议读者养成随时登录海关总署官网—信息公开—海关政策栏目查询新规范的好习惯。

思考与讨论

昆明海关查获了一批从缅甸私自入境到昆明销售的青蟹。请问：海关对该批进境货物有权拍卖吗？当事人的走私行为是否构成走私罪？走私行为和走私罪有何区别？

本 章 小 结

报关单位是指依法在海关注册登记的报关企业和进出口货物收发货人。进出口货物收发货人和报关企业必须依法在海关注册登记。未依法在海关注册登记的企业不得从事报关、报检业务。报关人员必须由报关单位到海关办理报关人员备案手续后才能从事报关、报检工作。

海关是国家的进出关境监督管理机关。海关的任务是征收关税和其他税费、检验检疫、查缉走私，并编制海关统计和办理其他海关业务。海关的权力包括行政许可权、税费征收权、进出境监管权、行政强制权、行政处罚权、走私犯罪侦查权、佩带和使用武器权和其他行政管理权。

基础与能力训练

一、单选题

1. 2018 年 4 月 20 日后新登记注册的报关单位应在（ ）办理注册登记手续。

    A．报检地   B．报关地

    C．中国国际贸易单一窗口   D．A、B、C 都可以

2. 2018 年 4 月 20 日前已在海关和原检验检疫部门办理了报关和报检注册登记或者备案的企业，（ ）再到海关办理相关手续，原报关和报检资质继续有效。

    A．可以   B．不可以   C．无须   D．需要

3. 从 2018 年 4 月 20 日起，报关人员和报检员的备案合并为（ ）。

    A．报检人员备案   B．关务人员备案   C．关检人员备案   D．报关人员备案

4. 根据《海关法》的规定，中华人民共和国海关属于（　　　）。

    A. 司法机关　　　　B. 税务机关　　　　　C. 监察机关　　　　D. 监督管理机关

5. 海关（　　　）需要经海关关长批准才能行使检查权。

    A. 在其监管区内检查走私嫌疑人

    B. 在其监管区外检查公司住所

    C. 在其监管区内检查藏匿走私货物的场所

    D. 在其监管区外检查有走私嫌疑的运输工具

6. 从2019年2月1日起，向海关办理报关资质备案的单位，除可在海关"单一窗口"办理备案登记手续外，还可选择在（　　　）时候办理。

    A. 报关　　　　　　B. 报检　　　　　　　C. 工商注册　　　　D. 获得进出口贸易权

7. 我国的关境范围是指（　　　）。

    A. 中华人民共和国全部领域，包括香港、澳门和台湾

    B. 享有单独关境地位的地区，包括领水、领陆、领空

    C. 除香港、澳门和台澎金马单独关税区以外的我国全部领域

    D. 享有国家特殊优惠地区以外的我国全部领域

8. 海关机构的设置为（　　　）。

    A. 国务院、海关总署、全国海关三级

    B. 海关总署、直属分署和隶属海关三级

    C. 海关总署、广东分署、上海和天津特派员办事处和全国海关四级

    D. 海关总署、广东分署、上海和天津特派员办事处、直属分署和隶属海关五级

9. 下列关于报关行为规范的表述，正确的是（　　　）。

    A. 报关企业应在海关规定的业务范围内进行报关活动

    B. 报关企业可以为其他企事业单位办理报关纳税事宜

    C. 报关人员的报关行为所引起的法律和经济责任由报关人员自行承担

    D. 禁止报关企业开展异地报关业务

10. 根据我国缉私体制，不具有查缉走私权力的单位是（　　　）。

    A. 海关　　　　　　B. 公安部门　　　　　C. 检察部门　　　　D. 税收部门

二、多选题

1. 申请进出口货物收发货人备案的，需要提交（　　　）。

    A. 法人身份证　　　　　　　　　　　B. 营业执照复印件

    C. 对外贸易经营者备案登记表复印件　　D. 职工名册

2. 对海关权力的监督中，立法监督指的是（　　　）对海关的监督。

    A. 全国人大　　　B. 全国人大常委会　　C. 地方各级人大　　D. 地方政府

3. 报关的范围包括（　　　）。

    A. 进出境货物　　　　　　　　　　　B. 进出境物品

    C. 进出境运输工具　　　　　　　　　D. 享有豁免权人员的公务用品

4. 报关、报检可分为（　　　）。

    A. 代理报关、报检　　　　　　　　　B. 进出境货物的报关、报检

    C．进出境物品的报关、报检 　　　　　　D．进出境运输工具的报关、报检

5．下列属于行政检查权的是（　　　）。

    A．检查权　　　　B．查验权　　　　　　C．查阅、复制权　　D．查问权

6．根据海关对报关企业和报关人员的有关管理规定，（　　　）的行为不符合海关关于报关资格和报关范围的规定。

    A．进出口货物收发货人代理其他企业（单位）报关、报检

    B．进出口货物收发货人委托代理报关企业报关、报检

    C．报关企业受外商投资企业的委托报关、报检

    D．报关企业为本企业进出口的货物报关、报检

7．（　　　）是报关行为的承担者，即报关人。

    A．进出境运输工具负责人　　　　　　　B．进出口货物的收发货人

    C．进出境物品的所有人　　　　　　　　D．以上三种人的代理人

8．以下各选项，属于海关任务的是（　　　）。

    A．监督管理　　　　B．征税　　　　　　C．查缉走私　　　　D．编制海关统计

9．根据《海关法》的规定，海关一般在（　　　）设关。

    A．对外开放的口岸　　　　　　　　　　B．沿海城市

    C．海关业务集中的地点　　　　　　　　D．贸易市场集中的地点

10．我国的单独关境地区有（　　　）。

    A．经济特区　　　　B．香港特区　　　　C．澳门特区　　　　D．台澎金马地区

三、判断题

1．企业向海关申请注册登记是其取得报关、报检资格的法定条件。（　　　）

2．进出口货物收发货人自己能办理本单位进出口货物的报关、报检业务，也能代理其他单位报关、报检。（　　　）

3．未经海关注册登记和未取得报关、报检从业资格而从事报关、报检业务的，由海关予以取缔，没收违法所得，可以并处罚款。（　　　）

4．报关人员在填写报关单时有申报不实行为，其责任应由报关人员本人承担，其所在报关单位不对此类报关行为负法律责任。（　　　）

5．我国海关现行的领导体制是垂直领导。（　　　）

6．根据《海关法》的规定，国家在对外开放的口岸和海关监管业务集中的地点设立海关。（　　　）

7．根据《海关法》的规定，在海关监管区和海关附近沿海沿边地区，海关有权检查、扣留有走私嫌疑的运输工具、货物、物品以及走私嫌疑人员。（　　　）

8．缉私是海关的四项基本任务之一，是监管、征税两项基本任务的延伸。（　　　）

9．根据《海关法》的规定，进口货物的收货人、出口货物的发货人、进出境物品的所有人都是关税的纳税人。（　　　）

10．对尚未构成走私罪的违法当事人处以行政处罚属海关的行政强制权。（　　　）

四、名词解释

1．保税货物　　　　　2．特定减免税货物　　　　3．进出口货物收发货人

4．报关企业   5．海关   6．走私

7．查缉走私   8．一般进出口货物

五、简答题

1．海关性质的三层含义是什么？

2．报关企业备案登记的要求是什么？

3．海关监管货物有哪些？为什么海关要对监管货物进行监管？

4．简述海关的性质与任务。

5．海关的权力有哪些？

六、实训项目

查阅相关资料，了解代理报关企业备案程序，掌握代理报关委托协议书的格式及委托报关协议的签署。

花雨国际货运公司主要从事货运业务，现公司领导想发展从事替客户代理报关的业务。请你为花雨国际货运公司提出具体的操作建议，并为公司草拟一份与×××公司的代理报关委托书及委托报关协议。

1．首先，想成为一家报关企业，公司必须获得海关备案登记许可，并符合以下条件：

_____

_____

_____。

2．若符合上述条件，公司则应当到_____向海关提出报关企业

_____的申请。提出申请时公司应向海关提交以下材料：_____

_____

_____。

3．若公司申请备案登记的材料齐全、符合法定形式，则由注册地海关发给_____，该公司就可以凭此办理报关业务了。

4．草拟花雨国际货运公司与×××公司的代理报关委托协议书及委托报关协议。

补充习题及实训   扫描二维码做更多练习，巩固本章所学知识。

第三章

进出口商品归类

【学习目标】

知识目标：熟悉《商品名称及编码协调制度》和我国海关进出口商品分类目录；清楚商品归类总规则的条文内容和总规则的应用规则；掌握商品归类的各种法律依据和申报要求。

技能目标：具有熟练运用进出口商品归类总规则对进出口商品进行正确归类的能力；具有根据我国海关商品归类的有关依据和申报要求正确进行归类申报要素填报的能力。

【引　例】

海关总署公告 2018 年第 183 号

为便于进出口货物收发货人及其代理人正确申报商品归类事项，保证商品归类的统一，根据《海关进出口货物商品归类管理规定》（海关总署令第 158 号）有关规定，海关总署决定发布2018 年商品归类决定，自 2019 年 1 月 1 日起执行。有关商品归类决定所依据的法律、行政法规以及其他相关规定发生变化的，商品归类决定同时失效。

思考讨论：

1．海关为什么要对商品归类发布公告？

2．什么是进出口商品归类？它在国际贸易中有什么作用？

3．进出口商品应如何归类？归类时应遵循什么原则？

4．我国是如何规范和管理进出口商品归类的？

海关在对进出口商品管理的过程中，是按照其所属类别分别适用不同的监管条件和关税税率的。同时，不同商品的类别也是海关统计中一项重要的统计指标。因此，报关人员需要按照进出口商品的性质、用途、功能或加工程度等将其归入某一类，这种为海关管理的不同目的进行的进出口商品类别划分就是进出口商品归类。进出口商品归类是报关人员必须掌握的基本技能之一，是海关对进出口商品监管、征税及统计的基础，归类正确与否直接关系到进出口货物的顺利通关，与报关人、报关单位的利益密切相关。报关人员必须掌握商品归类的规律和技巧，具备在《商品名称及编码协调制度》中快速查找商品税号和商品编码的能力。

第一节　商品名称及编码协调制度

《海关进出口货物商品归类管理规定》第二条对"商品归类"的定义：<u>商品归类是指在《商品名称及编码协调制度公约》</u>（简称《公约》）<u>商品分类目录体系下，以《进出口税则》为基础，按照《进出口税则商品及品目注释》《进出口税则本国子目注释》以及海关总署发布的关于商品归类的行政裁定、商品归类决定的要求，确定进出口货物商品编码的活动。</u>

世界海关组织（WCO）主持制定的《公约》于 1988 年 1 月 1 日生效，旨在保证其附件——《商品名称及编码协调制度》（简称《协调制度》）的顺利实施。《公约》第三条要求各缔约方"必须保证从本公约在本国生效之日起使其税则目录及统计目录与协调制度取得一致"。我国于 1992 年加入《公约》。

一、《协调制度》概述

<u>《协调制度》（The Harmonized Commodity Description and Coding System，H.S.）是在《海关合作理事会商品分类目录》（CCCN）和联合国《国际贸易标准分类目录》（SITC）的基础上，由世界海关组织参照国际上主要国家的税则、统计、运输等分类目录而编制的一个多用途的国际贸易商品分类目录。</u>

1. 《协调制度》的特点

《协调制度》相对其他制度有以下特点。

（1）<u>完整性</u>。每一种商品都不能排斥在该目录范围之外。加之对归类总规则中规则四"最相类似"原则的综合运用，这就保证了该目录涵盖了所有商品。

（2）<u>系统性</u>。《协调制度》将商品按人们所了解的自然属性、生产部类和不同用途来分类排列，同时，还兼顾了商业习惯和实际操作的可行性，因此便于理解、归类、查找和记忆。

（3）<u>通用性</u>。该目录在国际上影响很大，目前已为上百个国家（地区）所采用。采用同一分类目录的国家（地区）的进出口商品相互之间具有可比性。另外，该目录适用性强，它既适合于作为海关税则目录，又适合于作为对外贸易统计目录，还可作为国际运输、保险、生产、贸易等部门的商品分类目录。

（4）<u>准确性</u>。《协调制度》目录所列品目的概念清楚，互相之间不存在交叉或重复；另外，加上归类总规则以及类注、章注、子目注释的具体说明，使各条品目的范围都非常清楚。

2. 商品名称及编码表

《协调制度》按照生产部类、自然属性和不同功能用途等将商品分为 **22 类**、**98 章**。章下分为目和子目，商品编码前两位数字代表"章"，第三位、第四位数字代表"目"，第五位、第六位数字代表"子目"，第七位、第八位数字代表"本国子目"。

例：改良种用绵羊的商品归类编码：0104.1010。

编码：	01	04	1	0	1	0
位数：	12	34	5	6	7	8
含义：	章	目	一级子目	二级子目	三级子目	四级子目

归类总规则规定：前 4 位数字的商品编码所对应的商品名称栏目称为**品目条文**，后 4 位数字的商品编码所对应的商品名称栏目称为**子目**。商品编码第五位数字代表子目，表示它所在品目下所含商品一级子目的顺序号，第六位数字代表二级子目，表示它在一级子目下所含商品二级子目顺序号，第七位、第八位数字依次类推。

《协调制度》在商品编码表中的商品名称前分别用"－""－－""－－－""－－－－"代表一级子目、二级子目、三级子目、四级子目。商品编码表的实例如表 3.1 所示。

表 3.1 商品编码表（部分）

商品编码	商品名称	商品编码	商品名称
01.01	马、驴、骡：	01.04	绵羊、山羊：
	－改良种用：		－绵羊
0101.2100	－－－马	0104.1010	－－－改良种用
0101.3010	－－－驴	0104.1090	－－－其他
	－其他：		－山羊：
0101.2900	－－－马	0104.2010	－－－改良种用
0101.3090	－－－驴、骡	0104.2090	－－－其他

3. 类注释、章注释及子目注释

从总体结构上讲，《协调制度》主要是由品目和子目构成，为了避免各品目和子目所列商品发生交叉归类，在许多类、章下加有**类注、章注**和**子目注释**，即设在类、章之首，用来解释子目的文字说明，并用专用术语来定义或区分某些商品的技术标准及界限。注释单独或综合运用的方式如下。

实物展台
定义法举例　列举法举例

（1）**定义法**：以定义形式来划分税目范围及对某些货品的含义作出解释。例如，第 72 章的章注一（五）对不锈钢的定义为：按重量计含碳量在 1.2% 及以下、含铬量在 10.5% 及以上的合金钢，不论是否含有其他元素，凡符合以上定义的就归入不锈钢。

（2）**列举法**：列举典型商品名称或允许加工方式，说明商品含义，便于用类比的方法进行商品归类。例如，第 39 章的章注二（本章不包括）的第 17 条，第 90 章的物品（如光学元件、眼镜架及绘图仪器）。

（3）**详列法**：通过详列具体商品名称来规定允许加工方式，限定品目或子目的商品范围。例如，第 30 章的章注四规定了只能归入税号 3006 的物品，一共详列了 11 种商品来限定该税目号的范围。第 7 章的章注二逐一列举了 0709、0710、0711 及 0712 各品目包括的蔬菜名称，从而限定了此处蔬菜的品种范围；第一类的类注二详列了加工产品的手段，明确了允许商品加工的全部方式，起到了限定商品范围的作用。

（4）**排他法**：用排他性条款列出若干不能归入本类、章、品目及子目的商品名称，或不允许采用的加工方式，杜绝商品误归类现象的发生。如第十一类纺织原料及纺织制品的类注一列出了 21 种不能归入该类的货品；第 67 章的章注一详列了不得归入该章的商品。

实物展台
详列法举例　排他法举例

思考与讨论
申报对商品编码不符合要求，会引起什么问题呢？

二、《协调制度》的归类总规则

归类总规则是《协调制度》中所规定的最为基本的商品归类原则，它规定了 6 条基本原则，报关人员在使用归类总规则时应注意以下两点：一是**按顺序使用每条规则**。当规则一不合适时才用规则二、规则三，依次类推。二是在**使用规则二至规则四时要注意类注、章注和品目是否有特别的规定或说明**。如有规定，报关人员应按品目或注释的规定进行归类，而不使用规则二至规则四。如商品按这个归类规则和方法**不能确定应归税目**，报关人员可向海关请示和咨询。

（一）规则一

【条文原文】

类、章及分章的标题，仅为查找方便而设。具有法律效力的归类，应按品目条文和有关类注或章注确定，如品目、类注或章注无其他规定，按以下规则确定。

【条文解释】

规则一有三层含义：一是"类、章及分章的标题，仅**为查找方便而设**"，不具有法律效力；二是"**具有法律效力的**归类应按品目条文和有关**类注**或**章注**确定"，具有法律效力；三是按品目条文、注释、归类总原则的归类顺序归类，只有在前级依据无法确定该商品归类时，才能使用下一级依据，各级依据矛盾时，以前级为准。

例：印有风景画纸质标签的归类。

该商品看似应该作为纸质品可归入第 48 章的同时，又可作为印刷品归入第 49 章。第 48 章的章注十二规定，除品目 48.14 及 48.21 的货品外，印有图案、文字或图画的纸、纸板、纤维素絮纸及其制品，如果所印图案、文字或图画作为其主要用途，应归入第 49 章。品目 48.21 的条文为"纸或纸板制的各种标签，不论是否印刷"，可见纸制标签与品目 48.21 条文相符，是品目 48.21 的货品，故应归入品目 48.21，不归入第 49 章。该商品的归类使用了相关章注、品目条文，因此，归类依据为规则一。

可以肯定的是，规则一说明了品目、类注和章注与其他归类规则的关系，即明确在商品归类时，品目条文及任何相关的类、章注释是最重要的，是首先要遵循的规定。只有在品目和类、章注释无其他规定的条件下，方可依据规则二至规则四进行归类。不可因为某商品符合某一类、章及分章的标题就确定归入该类、章及分章，而应该依据税（品）目条文和类注、章注及规则一以下的各条规则。

（二）规则二

【条文原文】

1. 品目所列货品，应视为包括该项货品的不完整品或未制成品，只要进口或出口的该项不完整品或未制成品具有完整品或制成品的基本特征；还应视为包括该货品的完整品或制成品（或按本款可作为完整品或制成品归类的货品）在进口或出口时的未组装件或拆散件。

2. 品目中所列材料或物质，应视为包括该种材料或物质与其他材料或物质混合或组合的物品。品目所列某种材料或物质构成的货品，应视为包括全部或部分由该种材料或物质构成的货品，由一种以上材料或物质构成的货品，应按规则三归类。

【条文解释】

（1）规则二专为扩大品目条文的范围而设，适用于品目条文、章注、类注无其他规定的场合。

（2）规则二 1 将制成的某些货品的品目范围扩大为：**不仅包括完整的货品，而且还包括该货品的不完整品或未制成品，只要报验时它们具有完整品或制成品的基本特征就应视为完整的货品。**

"不完整品"是指缺少一些非关键部分的货品，如未安装座位与缺个车门的汽车。不完整品的"基本特征"主要看其关键部件是否存在。对于冰箱，若压缩机、蒸发器这些关键部件存在，则可以判断为具有冰箱的基本特征。

"未制成品"是指已具有制成品的形状特征，但还不能直接使用，还需要继续加工的货品。未制成品的"基本特征"主要看其是否具有制成品的特征。例如，齿轮的毛坯，如果其外形基本上与齿轮制成品一致，则可以判断为具有齿轮的基本特征。

未组装件或拆散件的"基本特征"主要看其是否能通过简单组装即可装配起来。

（3）规则二 2 是针对**混合及组合的材料或物质**构成的货品而设的，目的在于将任何列出某种材料或物质的品目扩大为该种材料或物质与其他材料或物质的混合品或组合品**等同于**单一材料或物质构成的货品。

例如，涂蜡的热水瓶软木塞子（已加入了其他材料或物质），仍应归入品目 4503。但是，本款规则绝不意味着将品目范围扩大到不按照规则一的规定，将不符合品目条文的货品也包括进来，即由于添加了另外一种材料或物质，使货品丧失了原品目所列货品特征的情况。如加入了杀鼠剂的稻谷，实际已经是一种用于杀灭老鼠的毒饵，就不能再按品目 1006 的"稻谷"归类。

（4）只有在规则二 1 无法解决时，方能运用规则二 2。例如，品目 1503 的品目条文规定为"液体猪油，未经混合"，那么混合了其他油的液体猪油就不能运用规则二 2 归入品目 1503。

（三）规则三

【条文原文】

当货品按规则二 2 或由于其他原因看起来可以归入两个或两个以上品目时，应按以下规则归类：

1. 列名比较具体的品目，优先于列名一般的品目。但是如果两个或两个以上品目都仅述及混合或组合货品所含的某部分材料或物质，或零售的成套货品中的某些货品，即使其中某个品目对该货品描述得更为全面、详细，这些货品在有关品目的列名应视为同样具体。

2. 混合物、不同材料构成或不同部件组成的组合物以及零售的成套货品，如果不能按照规则三 1 归类时，在本款可适用的条件下，应按构成货品基本特征的材料或部件归类。

3. 货品不能按照规则三 1 或 2 归类时，应按号列顺序归入其可归入的最末一个品目。

【条文解释】

在运用规则三时，必须按其中 1～3 款的顺序逐条运用。

1. 规则三 1

按照"具体列名"原则**列出品名要比列出的类名更具体。**

（1）具体名称与类别名称相比，前者更具体，因此，按商品**具体名称列目的税号优先于按商品类别列目的税号。**

例：进口电子表用集成电路的商品归类。

税则上有两个税号与其有关，一个是税号 8521，是按微电子电路这个具体的商品名称列目；另一个是 9111，是按钟表零件这样一类商品名称列目。显然，微电子电路的税号更具体，该商品应归入品目 8521。如果两个税号属同一商品，可比较它们的内涵和外延，一般说来内涵越大、外延越小，就越具体。

（2）**一个税目所列名称更为明确地包括某一货品，则该税目要比所列名称不完全包括该货品的其他税目更为具体。**

例：飞机用钢化玻璃的商品归类。

该商品看起来可归入两个品目，一是按飞机零件归入品目 8803，二是按钢化玻璃归入品目 7007，但相对来说，钢化玻璃比飞机零件描述更为具体明确，因此，该商品应归入品目 7007。

（3）**与商品关系密切的税号优先于与其仅有间接关系的税号。**

例：进口汽车柴油机的活塞的商品归类。

与该商品有关的税号一个是柴油机专用零件品目 8406，另一个是汽车专用零件品目 8706。活塞是柴油机的零件，柴油机是汽车的零件，那么活塞就是汽车零件的零件，但上述两个零件是不同层次的，活塞与汽车是间接关系，因此该商品应归入品目 8406。

2. 规则三 2

规则三 2 所讲的混合物、组合物是已改变了原来的特征，并由几个各自独立的部件构成的组合，其功能是相互补充，形成一个新的功能，从而构成的一个整体。使用本规则的关键是确定货品的主要特征，一般来说，可在对商品的外观形态、使用方式、主要用途、购买目的、价值比例、贸易习惯、商业习惯、生活习惯等诸因素进行综合分析后来确定。

规则三 2 所讲的**零售成套货品**是指为了某种需要或者开展某项活动，将可归入不同品目的两种或两种以上货品包装在一起，**无须重新包装就可以直接零售的成套货品。**构成"零售成套货品"的商品必须满足的条件：一是零售包装；二是由归入不同税目号的货品组成；三是这些货品在用途上是相互补充、配合使用的。

例：篷房的商品归类。

篷房是由以高强度铝合金为主体框架，配以玻璃墙、玻璃门、布墙以及遮光、防水、阻燃的双面 PVC 涂层聚酯纤维布为篷顶组成的临时性或半永久性的建筑，常用于大型户外活动、展览等。该商品具备房屋特征，符合"活动房屋"的定义，因此应归入子目 9406.9000。

3. 规则三 3

不能按照规则三 1 或规则三 2 归类的货品，按照**"从后归类"**的原则按规则三 3 归类。

例如，奶糖与巧克力糖混合而成的一袋 500g 的糖果。由于奶糖与巧克力糖重量相等，奶糖品目号为 1704，巧克力品目号为 1806，按"从后归类"的原则，该商品应归入品目 1806。

（四）规则四

【条文原文】

根据上述规则无法归类的货品，应归入与其最相类似的品目。

【条文解释】

本规则适用于货品在不能按规则一至规则三归类的情况下，应归入**最相类似**的货品的品目中。由于规则一至规则三能解决大多数的归类问题，而且基本上《进出口税则》中每章都设有"其他未列名货品"的品目，每个品目下基本都设有"其他"子目，所以规则四极其罕用。

应用规则四归类时，第一步要用进口的货品与其相近似的货品逐一比较，从而确定其相近似的货品；第二步确定哪一个税号对该项类似货品最为适用。然后，将进口货品归入该税号之内。

（五）规则五

【条文原文】

除上述规则外，本规则适用于下列货品的归类：

1. 制成特殊形状仅适用于盛装某个或某套物品并适合长期使用的，如照相机套、乐器盒、枪套、绘图仪器盒、项链盒及类似容器，如果与所装物品同时进口或出口，并通常与所装物品一同出售的，应与所装物品一并归类。但本款不适用于本身构成整个货品基本特征的容器。

2. 除规则五1规定的以外，与所装货品同时进口或出口的包装材料或包装容器，如果通常是用来包装这类货品的，应与所装货品一并归类。但明显可重复使用的包装材料和包装容器不受本款限制。

【条文解释】

规则五是专门解决货品包装物归类的条款。

1. 规则五1

规则五1仅适用于同时符合以下规定的容器。

（1）制成特定形状或形式，**专门盛装**某一物品或某套物品的，即专门按所要盛装的物品进行设计的容器。

（2）使用期限与所盛装的物品相比是相称的，适合**长期使用**的容器。在物品不使用期间（例如储藏期间），这些容器还能起到保护物品的作用。

（3）与所装物品**一同报验**的，不论其是否为了运输方便而与所装物品分开包装。

（4）通常与所装物**一同出售**的，单独报验的容器则应归属于物品。

要注意本款规则不适用于本身构成了物品基本特征的容器。例如，装有茶叶的银质茶叶罐，银罐本身价值昂贵，已构成整个货品的基本特征，应与所装物品分别进行归类。

2. 规则五2

规则五2实际上是对规则五1规定的补充，它仅适用于规则五1以外的**明显不能重复使用**的包装材料及包装容器。这些材料和容器都是货物的一次性包装物，向海关报验时，它们必须是包装着货物的，当被拆开后，包装材料和容器一般不能再作原用途使用，例如，包装大型机器设备的木板箱，装着玻璃器皿的纸板箱等，均应与所装物品一并归类。

但本款不适用于明显可以重复使用的包装材料或包装容器，如用来装液化煤气的煤气罐。

规则五解决的是包装材料或包装容器何种情况下单独归类，何种情况下可与所装物品一并归类的问题。重点要注意包装材料或包装容器与所装物品一并归类的条件（与所装货品同时进口或出口）。

例：纺织材料制筷子包、小手袋及牙签包的商品归类。

这些商品由100%涤机织面料制成，用于装筷子、装牙签、收纳杂物，可放入背包内随身携带，可重复使用。这三种商品类似于容器，可重复使用。这些商品应按容器归入品目4202。

（六）规则六

【条文原文】

货品在某一品目项下各子目的法定归类，应按子目条文或有关的子目注释以及以上各条规则来确定，但子目的比较只能在同一数级上进行。除本商品目录条文另有规定的以外，有关的类注、章注也适用于本规则。

【条文解释】

规则六是专门解决子目归类的条款。

只有货品在归入了适当的品目后，再考虑将它归入合适的4位数级子目或6位数级子目，并在任何情况下，优先考虑4位数级子目后再考虑6位数级子目的范围或子目注释。此外，规则六注明，只有属于同一级别的子目才可作比较并进行归类选择，以决定哪个子目较为合适，比较方法为同级比较、层层比较。但应注意：子目归类首先按子目条文和子目注释确定；如无法确定，则采用上述五条归类总规则；有关类注、章注也适应用于各级子目。

确定子目时，首先确定一级子目，其次确定二级子目，再次确定三级子目，最后确定四级子目。确定子目时，应遵循**"同级比较"**的原则，即一级子目与一级子目比较，二级子目与二级子目比较，依次类推。

例：中华绒毛蟹种苗的商品归类。

如表3.2所示，该商品在归入品目0306项下子目时，应按以下步骤进行（部分商品名称与编码见表3.2）：首先确定一级子目，即将两个一级子目"冻的"与"未冻的"进行比较后归入"未冻的"；其次确定二级子目，即将二级子目"龙虾""大螯虾及小龙虾""蟹""其他"进行比较后归入"蟹"；再次确定三级子目，即将两个三级子目"种苗"与"其他"进行比较后而归入"种苗"。最后"中华绒毛蟹种苗"正确的归类（重点是子目）是0306.2410。注意：不能将三级子目与四级子目"中华绒毛蟹"比较而归入子目0306.2491"中华绒毛蟹"，因为二者不是同级子目，不能比较。

表 3.2 商品编码表（部分）

商品编码	商品名称	商品编码	商品名称
03.06	带壳或去壳的甲壳动物……	03.06	带壳或去壳的甲壳动物……
	－冻的：		－未冻的：
0306.1100	——龙虾		——大螯虾及小龙虾
0306.1200	——大螯虾		——龙虾
	——蟹		——蟹
0306.1410	———梭子蟹	0306.2410	———种苗
0306.1490	———其他		———其他
	——挪威海螯虾	0306.2491	————中华绒螯蟹
	——冷水小虾		————梭子蟹

技能训练 3.1

请你对汽车环境风洞阳光模拟系统进行商品归类分析。该系统主要组成包括：28 套灯头（每套包含 1 个灯泡、1 个反光罩、1 个安装支架、1 个驱动器）、1 套移动翻转架（带升降、移动、翻转以及对应灯头的 28 个云和隧道模拟系统）、1 个控制柜（包含 28 套交流稳压电子电源和 PLC 控制系统，控制电脑和软件）、3 个配电柜、3 套 Kipp & Zonen SMP11 光度计、1 套自动标定系统（包含额外 4 个光度计和 1 个标定架）、1 套备件包（包含 28 个灯泡、2 个驱动器、1 个 EPS）。

分析：

三、《协调制度》编码的分类特点

《协调制度》编码（H.S.编码）的分类有以下特点。

1. 以商品所属的社会生产分工为类

《协调制度》一般把同一工业部门或相关工业部门的商品归为一类。例如，第二类（第 6 章～第 14 章）为植物产品；第六类（第 28 章～第 38 章）为化学工业及相关工业的产品；第十一类（第 50 章～第 63 章）为纺织工业产品。但有些章也可自立为一类，例如，第 15 章（第三类）是油脂工业产品，第 93 章（第十九类）是军工业品，第 97 章（第二十一类）为艺术品。

2. 以商品的自然属性（原料性商品）或所具有的功能和用途（制成品）为章

一般来说，不同原料的商品列入不同的章。例如，机织织物按其原料的不同分别归入第

50 章（丝织物）、第 51 章（毛织物）、第 52 章（棉织物）、第 53 章（麻织物）以及第 54 章（人造丝织物）；金属制品也按其原料的不同分别归入第 73 章（钢铁制品）、第 74 章（铜制品）、第 75 章（镍制品）、第 76 章（铝制品）、第 78 章（铅制品）、第 79 章（锌制品）、第 80 章（锡制品）。

相同原料制成的商品一般编排在同一章内。例如，塑料及其制品在第 39 章，橡胶及其制品在第 40 章，玻璃及其制品在第 70 章。

3. 以商品的原料到成品的加工程度、深度依次排列

同一章内的商品按照原料到成品的加工程度依次排列。加工程度越深，商品的品目号排得越后。例如，第 44 章的"木和木制品"的排列顺序为木料 4401、原木 4403、粗加工的木棍 4404、锯木 4407、制胶合板用的薄板 4408、胶合板 4412、木制品 4415～4421，共分为 21 个品目号。

章与章之间的编排也是加工程度越复杂的商品越往后排。例如，活动物排在第 1 章，鲜肉排在第 2 章，肉类制品排在第 16 章；活树排在第 6 章，木材排在第 44 章，木制玩具排在第 95 章，木制工艺品排在第 97 章。

技能训练 3.2

某耳鼻喉检查台型号为 NET-600，配有控制台、喷枪、吸引、喉镜预热器、紫外线消毒装置、治疗灯、压力泵、污物桶、抽屉柜等标准配置件，另有 NET-1400 病人座椅、台车、医生座椅选配件（不含耳鼻喉内窥镜及内窥镜影像系统）。该检查台用于对患者耳、鼻、喉部位疾病的检查及治疗。请对该耳鼻喉检查台进行归类分析。

分析：

---

4. 以商品的用途划分

对于由多种原料组成的商品或加工程度较高的工业品，不可能刻板地把所有的商品都按原料分类。因此，许多章是按商品的用途划分的，这时就不必再考虑其所使用的材料了。例如，羽绒衣、羽绒被、羽毛球及羽毛掸，就没有按其所使用的原料归入第 67 章（羽毛，羽绒制品），而是按它们各自的用途分别归入第 62 章（机织服装）、第 94 章（床上用品）、第 95 章（体育用品）以及第 96 章（杂项制品）。此外，像第 57 章的地毯、第 64 章的鞋类以及第 95 章的玩具，归类时也都没有考虑商品所使用的原料。

5. 章次多依照动物商品、植物商品、矿物商品的次序排列

活动物以及动物产品在第一类，植物产品在第二类，矿物产品在第三类。例如，第十一类纺织原料及纺织制品中第 50 章、第 51 章为动物纤维及制品，第 52 章、第 53 章分别为植物纤维及制品。同类商品按具体列名、一般列名和未列名的顺序排列；同一商品按整机在前、零件

或配件在后的顺序排列。

6．照顾商业习惯和实际操作可行性排列

对某些进出口数量较多，又难以按生产行业分类的商品，专列类、章和商品品目按照商业习惯和实际操作可行性排列。例如，第二十类第94章的活动房屋。

可以看出，商品分类总的原则是按商品的原料来源，结合其加工程度、用途以及所在的工业部门来编排。这里，原料来源为编排的主线条，加工程度及用途为辅线条。主辅线条相辅相成，再加上"法定注释"，就能帮助报关人员在《协调制度》所涉及的成千上万种商品中迅速、准确地确定报关商品所处的位置。

思考与讨论

根据商品归类规则，结合本章的内容说说六条规则的用途和商品归类时六条规则的应用顺序。

第二节　我国海关进出口商品分类目录

我国进出口商品分类目录是以《协调制度》为基础，结合我国进出口货物实际情况编制而成的。

一、目录概况

进出口商品分类目录是进出口商品归类的主要依据。我国进出口商品分类目录分为22类，98章。目录前六位数字及其商品名称与《协调制度》完全一致，第七、八两位数字是根据我国关税、统计和贸易管理的需要进行细分的，后来又根据需要对部分税号进一步分出了第九、十位数字的编码。

我国进出口商品分类目录对商品的分类和编排是有一定规律的：从类来看，基本上是按社会生产的分工来划分的；从章来看，基本上是按商品的属性或功能、用途来划分的，且每章中各税目的排序一般是按照动物、植物、矿物质产品或原材料、半制成品、制成品的顺序来编排的。

二、进出口商品各类、章的主要内容

第一类（第1章～第5章）：活动物；动物产品。本类包括所有活动物以及未加工或仅经过有限加工的动物产品，共5章，分为三部分：①活动物（第1章、第3章）；②食用动物产品（第2章、第4章）；③非食用动物产品（第5章）。某些加工程度高的动物产品及作为一些生产行业原材料的动物产品，不归入本类。归入本类的动物产品与归入其他类的动物产品，主要是根据加工程度来区分的，而各章根据不同动物产品的加工程度，都有不同的标准。因此，对动物产品进行归类时，应根据有关各章的注释和税目条文的规定来确定。

第二类（第6章～第14章）：植物产品。本类包括大多数未加工或仅做了有限加工的植物产品，共 9 章，分为三部分：①活植物（第 6 章）；②食用植物产品（第 7 章～第 12 章）；③非食用植物产品（第 13 章、第 14 章）。

第三类（第 15 章）：动、植物油、脂及其分解产品；精制的食用油脂；动、植物蜡。本类既包括原材料，经部分加工或完全加工的产品，也包括处理油脂物质和动、植物蜡所产生的残渣。

第四类（第 16 章～第 24 章）：食品；饮料、酒及醋；烟草及烟草代用品的制品。本类包括的加工程度超过第一类和第二类允许的范围，通常供人食用的动物或植物产品，还包括动、植物原料配制的饲料以及烟草及烟草代用品的制品。共 9 章，分为五部分：①主要以动物产品为原料的食品（第 16 章）；②主要以植物产品为原料的食品（第 17 章～第 21 章）；③饮料、酒及醋（第 22 章）；④食品工业残渣及废料配制的动物饲料（第 23 章）；⑤烟草及其制品（第24 章）。

第五类（第 25 章～第 27 章）：矿产品。本类包括从陆地或海洋中直接提取的原产状态或只经过洗涤、粉碎或机械物理方法精选的矿产品及残渣、废料，而其加工后的制品则归入后面的类、章。

第六类（第 28 章～第 38 章）：化工工业及其相关工业的产品。本类包括化学工业产品及以化学工业产品为原料作进一步加工的相关工业产品，共 11 章，分为两部分：①无机化学及有机化学品（第 28 章、第 29 章）；②各种制成品，是非单独的已有化学定义的化学品（少数除外）（第 30 章～第 38 章）。

第七类（第 39 章、第 40 章）：塑料及其制品、橡胶及其制品。本类包括的都是高分子量聚合物，但不包括所有的聚合物。

第八类（第 41 章～第 43 章）：生皮、皮革、毛皮及其制品；鞍具及挽具；旅行用品、手提包及类似品；动物肠线（蚕胶丝除外）制品。

第九类（第 44 章～第 46 章）：木及木制品；木炭；软木及软木制品；稻草、秸秆、针茅或其他编结材料制品；篮筐及柳条编结品。

第十类（第 47 章～第 49 章）：木浆及其他纤维状纤维素浆；回收（废碎）纸或纸板；纸、纸板及其制品。

第十一类（第 50 章～第 63 章）：纺织原料及纺织制品。本类由 14 条类注、两条子目注释和 14 章构成。除注释规定的商品外，其余各种纺织原料及制品均归入本类。应用本类须注意以下几点：①马毛粗松螺旋花线（税目号 51.10）和含金属纱线（税目号 56.06），均应作为单一的纺织材料对待；②同一章或同一税目号所列的不同的纺织材料应作为单一的纺织材料对待；③在机织物归类中，金属线应作为一种纺织材料；④当归入第 54 章及第 55 章的货品与其他章的货品进行比较时，应将这两章作为单一的章对待。

第十二类（第 64 章～第 67 章）：鞋、帽、伞、杖、鞭及其零件；已加工的羽毛及其制品；人造花；人发制品。

第十三类（第 68 章～第 70 章）：石料、石膏、水泥、石棉、云母及类似材料的制品；陶瓷产品；玻璃及其制品。

第十四类（第 71 章）：天然或养殖珍珠、宝石或半宝石、贵金属、包贵金属及其制品；仿首饰；硬币。

第十五类（第 72 章~第 83 章）：贱金属及其制品。本类包括贱金属、金属陶瓷及其制品，其中的第 77 章为空章。"贱金属"是指铁及钢、铜、镍、铝、铅、锌、锡、钨、钼、钽、镁、钴、铋、镉、钛、锆、锑、锰、铍、铬、锗、钒、镓、铪、铟、铌、铼和铊。"金属陶瓷"是指金属与陶瓷成分以极细微粒不均匀结合而成的产品。"金属陶瓷"包括硬质合金（金属碳化物与金属烧结而成）。

第十六类（第 84 章、第 85 章）：机器、机械器具、电气设备及其零件；录音机及放声机，电视图像、声音的录制和重放设备及其零件、附件。本类分为各种机器及机械器具和电气设备两部分。商品归类的重点是在了解商品结构、性能、用途及简单工作原理的基础上，注意区分相似商品（或品目）的归类情况。

第十七类（第 86 章~第 89 章）：车辆、航空器、船舶及有关运输设备。

第十八类（第 90 章~第 92 章）：光学、照相、电影、计量、检验、医疗或外科用仪器及设备、精密仪器及设备；钟表；乐器；上述物品的零件、附件。

第十九类（第 93 章）：武器、弹药及其零件、附件。

第二十类（第 94 章~第 96 章）：杂项制品。本类杂项制品是指前述各类、章、品目号未包括的货品。

第二十一类（第 97 章）：艺术品、收藏品及古物。

第二十二类（第 98 章，该章为空章）：特殊交易品及未分类商品。

三、进出口商品归类的依据和基本操作程序

我国的进出口商品归类是以《协调制度》为体系，以《进出口税则》和《海关统计商品目录》为依据的。《协调制度》与《进出口税则》目录层级对照关系见表 3.3。

表 3.3　《协调制度》与《进出口税则》目录层级对照关系表

《协调制度》			《进出口税则》		
商品编码	商品名称	编码层级	商品编码	商品名称	编码层级
02.07	品目 01.05 所列家禽的鲜、冷、冻肉及食用杂碎：	品目	02.07	品目 01.05 所列家禽的鲜、冷、冻肉及食用杂碎：	税目
0207.1	一鸡：		0207.1	一鸡：	
0207.11	——整只，鲜或冷的		0207.1100	——整只，鲜或冷的	
0207.12	——整只，冻的		0207.1200	——整只，冻的	
0207.13	——块及杂碎，鲜或冷的		0207.13	——块及杂碎，鲜或冷的	
			0207.131	———块	
			0207.1311	————带骨的	
			0207.1319	————其他	
			0207.132	———杂碎	
			0207.1321	————翼（不包括翼尖）	
			0207.139	————其他	

（一）进出口商品归类依据

进出口商品的归类应当遵循客观、准确、统一的原则。具体的商品归类依据如下。

（1）《进出口税则》和《海关统计商品目录》的归类总原则、类注、子注释、税目条文。

（2）海关总署下发的关于商品归类的行政规定。包括海关总署发布的文件、归类问答书、预归类决定、归类技术委员会决议及海关总署转发的世界海关组织归类决定等。

（3）《进出口税则——统计目录商品及品目注释》。其他部委、部门发布的文件和出版物中以《协调制度》编码表示的商品归类与海关的规定不符的，应以海关的归类为准。

（4）在进出口商品归类过程中，海关可以要求进出口货物的收发货人提供商品归类所需的有关资料，并将其作为商品归类的依据；必要时海关可以组织化验、检验，并将海关认定的化验、检验结果作为商品归类的依据。

 技能训练3.3

请你为含铁80%、铜15%、银3%、金2%的金属合金（未经加工锻造、非货币用）进行归类并对商品编码进行分析。

分析：

（二）进出口商品归类的基本操作程序

商品归类是一项技术性很强的工作，因此，申报的货物品名、规格、型号等，必须满足归类的要求。

1. 归类准备

报关人员应向海关提供所需要的归类商品货物形态、性质、成分、加工程度、结构原理、功能、用途等详细的技术性指标和技术参数。

2. 归类操作

第一步：确定品目。明确待归类商品的基本特征（决定商品属于不同的类、章的特征）——查阅类、章标题，列出可能归入的类、章标题——查阅相应类、章中的注释和品目条文（有时相应注释或品目条文又会提及其他需要查找的类、章），如含有该商品的则确定品目，如未包括该商品则按规定运用归类总规则二至五确定该商品的品目。

第二步：确定子目。查阅所属品目的一级子目条文和适用的注释——如含有该商品归类规定则确定为一级子目（五位数级）——如未包括该商品则按规定运用作适当修改后的归类总规则一至五确定一级子目。依次重复前述操作程序,确定二至四级子目(六至八位数),最终完成归类操作。

　　按照有关规定需要化验的商品,必须由海关送验,然后再由海关根据化验结果作出归类决定。对一时难以确定归类的商品,凡不涉及许可证管理的,经海关批准,经营者可以向海关交付保证金后,先予放行;属于许可证管理的商品,则应按有关法律、法规、规章的规定办理。

本 章 小 结

　　《协调制度》是一个多用途的国际贸易商品分类目录。它具有完整性、系统性、通用性和准确性的特点,它按照生产部类、自然属性和不同功能用途等把商品分为 22 类、98 章。

　　《协调制度》主要由品目和子目构成,为避免各品目和子目所列商品之间发生交叉归类,在许多类、章下加有类注、章注和子目注释,即设在类、章之首,用于解释子目的文字说明,并用专用术语来定义或区分某些商品的技术标准及界限。

　　《协调制度》规定了六条商品归类的总规则。

基础与能力训练

一、请查出下列物品在《协调制度》中的编码

1. 新鲜苹果

2. 硝酸钾肥料

3. 大理石毛料

4. 涪陵榨菜
（小袋包装）

5. 血压计

6. 体温表

7. 无子小葡萄干

8. 金鸡牌鞋油

9．家用电加热杯　10．40ft 的冷藏集装箱　11．蓝牙耳机　12．手提式电动剪草机

二、名词解释

> 海关归类信息可在海关总署网站"在线服务→在线查询"栏目中查询。

1．商品名称及编码协调制度　　2．进出口商品归类

3．归类总规则一　　　　　　　4．归类总规则二

5．归类总规则三　　　　　　　6．归类总规则四

7．归类总规则五　　　　　　　8．归类总规则六

三、简答题

1．归类总规则一说明了哪三个问题？

2．使用归类总规则二要注意哪些问题？

3．总规则三 2 中所讲的零售成套货品必须同时符合哪些条件？

4．总规则五适用于哪些货品的归类？

5．在使用归类总规则的六条规则时要注意哪些问题？

6．总规则四为什么应用得非常少？

7．总规则三 2 中所讲的混合物、组合物必须同时符合哪些条件？

8．进出口商品归类的依据是什么？

四、实训项目

查阅相关资料，规范填写"海关商品预归类申请表"。

海关对进出口商品实行预归类制度。在海关登记注册的进出口货物经营单位，可以在货物实际进出口的 45 天前，向实际进出口货物所在地的直属海关申请进出口货物的预归类。申报的商品编码需要修改的，应当按照《海关进出口货物报关单修改和撤销管理办法》等规定向海关提出申请。

直属海关经审核认为申请预归类的商品归类事项属于《进出口税则》《进出口税则商品及品目注释》《进出口税则本国子目注释》以及海关总署发布的关于商品归类的行政裁定、商品归类决定有明确规定的，应当在接受申请之日起 15 个工作日内制发《海关商品预归类决定书》，并且告知申请人。

要求：

1．请以学习小组为单位（5～10 人/组），分别以进口贸易商和出口贸易商的身份完成进出口合同的拟定。

2．就合同中交易的商品完成"海关商品预归类申请表"的填写（见示例 3.1）。

示例 3.1

中华人民共和国海关商品预归类申请表

（　　　　　）关预归类申请＿＿＿号

申请人：（企业名称）	
企业代码：（企业在海关备案登记的十位代码）	
通信地址：（如实填写）	
联系电话：（如实填写）	
商品名称（中、英文）：	
其他名称：	
商品描述（规格、型号、结构原理、性能指标、功能、用途、成分、加工方法、分析方法等）：	
进出口计划（进出口日期、口岸、数量等）： （根据合同如实填写）	
随附资料清单（有关资料请附后）：	
此前如就相同商品持有海关商品预归类决定书的，请注明决定书编号：	
申请人（章） 　　　　　　　　　　　年　月　日	海关（章）： 签收人： 接受日期：　　年　　月　　日

　　注：① 填写此申请表前应阅读《中华人民共和国进出口货物商品归类管理规定》；② 本申请表一式两份，申请人和海关各一份；③ 本申请表加盖申请人和海关印章方为有效。

补充习题及实训

扫描二维码做更多练习，
巩固本章所学知识。

第四章

出入境货物报检

【学习目标】

知识目标：清楚进出境检验检疫工作的内容及工作流程；熟悉并掌握出入境一般货物、动植物及其产品的报检规定。

技能目标：具有按规定程序办理一般货物的出入境报检的能力；具有根据不同的动植物及其产品办理出入境报检的能力。

【引　例】

福州海关 2018 年检验检疫入境货物 3.96 万批　货值 202.16 亿美元

中新网福州 2019 年 3 月 15 日电（叶秋云）在第 37 个国际消费者权益日来临之际，福州海关公开发布数据，2018 年共检验检疫入境货物 3.96 万批，货值 202.16 亿美元，约合人民币 1 390 多亿元。

福州海关在入境的货物、集装箱、运输工具和旅邮检中，共截获进境有害植物 586 种、16 556 种次，其中检疫性有害生物 1 328 种次；并查获蚊子、苍蝇、蟑螂等各类可能携带病原体的病媒生物 49 947 只，对其均已作消毒除害处理。同时，还从入境邮件中截获禁止进境物 659 批，从旅客携带物中截获禁止进境物 12 852 批，有效防范了境外疫情疫病的传入。

思考讨论：

1. 为什么要对进出境货物、物品、人员、运输工具进行检验检疫？
2. 什么是出入境检验检疫？
3. 出入境一般货物应如何报检？
4. 出入境动植物及其产品应如何报检？

出入境商品检验检疫是国际贸易中不可缺少的一个重要环节。为保护人类健康和安全、保护动植物的生命和健康、保护环境，出入境的商品要由海关进行法定检验检疫。国家法律、行政法规规定必须由海关实施检验检疫，对外贸易合同约定须凭检验检疫证书结算的，有关国际条约规定必须经检验检疫的，这几类出入境货物均需报检。进出口货物的生产、经营单位可以自行报检，也可委托具备代理报关资格的报关企业代理报检。

第一节 出入境检验检疫概述

出入境检验检疫是指海关依照法律、行政法规、国际惯例、贸易合同的要求，对出入境货物、交通工具、人员等进行检验检疫、认证及签发官方检验检疫证明等监督管理工作。

一、出入境检验检疫工作的内容

出入境检验检疫工作由海关总署负责。检验检疫工作内容从业务上来划分包括以下十个方面。

1. 法定检验检疫

法定检验检疫是海关依照国家法律、行政法规和规定，对必须检验检疫的出入境货物、交通运输工具、人员及其他事项等依照规定的程序实施**强制性的检验检疫**。法定检验检疫的范围主要有以下几类。

（1）对《法检商品目录》中规定的商品进行检验检疫。

（2）对进出口食品的卫生检验和进出境动植物的检疫。

（3）对装运进出口易腐烂变质食品、冷冻食品的船舱、集装箱等运输工具的适载检验。

（4）对出口危险货物包装容器的性能检验和使用鉴定。

（5）对有关国际条约规定或其他法律、行政法规规定须经检验检疫的进出口商品实施检验检疫。

国际贸易合同中规定对贸易货物实施出入境检验时，当事人应及时提出申请，由海关按照合同规定，对货物实施检验并出具检验证书。

海关依法对指定的进出口商品实施法定检验，检验的内容包括商品的质量、规格、重量、数量、包装及安全卫生等。

进口商品未经检验的，不准销售、使用；出口商品未经检验合格的，不准出口。

《法检商品目录》每条内容包括：H.S.编码、H.S.名称、标准计量单位、监管条件和检验检疫类别。海关监管条件和检验检疫类别见表4.1。

表 4.1 海关监管条件和检验检疫类别

海关监管条件		检验检疫类别			
字母	含义	字母	含义	字母	含义
A	进境检验检疫	M	进口商品检验	N	出口商品检验
B	出境检验检疫	P	进境动植物、动植物产品检疫	Q	出境动植物、动植物产品检疫
		R	进口食品卫生监督检验	S	出口食品卫生监督检验
		V	进境卫生检疫	W	出境卫生检疫
		L 民用商品入境验证。具体认证适用范围按照海关总署、中国国家认证认可监督管理委员会（简称"认监委"）的有关公告执行			

2. 进出口商品检验

进出口商品检验是指由商检机构对进出口货物的质量、规格、卫生、安全、数量等进行检验、鉴定，并**出具证书**的工作。

凡列入《法检商品目录》的进出口商品和其他法律、法规规定须经检验的进出口商品，必须经过海关或其指定的检验机构检验。海关根据需要，对检验合格的进出口商品可以加施检验检疫标志或封识。

3. 动植物检疫

动植物检疫包括以下几个方面的内容。

（1）对入境、出境、过境的动植物及其产品和其他检疫物实施检疫。

（2）对装载动植物及其产品和其他检疫物的装载容器、包装物、铺垫材料实施检疫。

（3）对来自动植物疫区的运输工具实施检疫。

（4）对入境拆解的废旧船舶实施检疫。

（5）对有关法律、行政法规、国际条约规定或者贸易合同约定应当实施出入境动植物检疫的其他货物、物品实施检疫。

4. 卫生检疫

卫生检疫包括以下几个方面的内容。

（1）对出入境的人员、交通工具、集装箱、行李、货物、邮包等实施**医学检查和卫生检查**。对未染有检疫传染病或者已实施卫生处理的交通工具，签发入境或者出境检疫证。

（2）对入境、出境人员实施**传染病监测**，海关有权要求出入境人员填写健康申明书，出示预防接种证书、健康证书或其他有关证件。

（3）对患有鼠疫、霍乱、黄热病的出入境人员，应实施**隔离留验**。

（4）对患有艾滋病、性病、麻风病、精神病、开放性肺结核的外国人应**阻止入境**。

（5）对患有监测传染病的出入境人员，视情况分别采取**留验**、发**就诊方便卡**等措施。

（6）对国境口岸和停留在国境口岸的出入境交通工具的卫生状况实施**卫生监督**。

（7）对发现的患有检疫传染病、监测传染病、疑似检疫传染病的入境人员实施**隔离、留验和就地诊验**等医学措施。对来自疫区、被传染病污染、发现传染病媒介的出入境交通工具、集装箱、行李、货物、邮包等物品进行**消毒、除鼠、除虫**等**卫生处理**。

5. 进出口食品卫生监管

食品卫生监管是针对进出口预包装食品、食品添加剂、动植物源性食品等不同属性及类别的食品、食品原料、保健功能食品及境外食品生产企业等制定的相关的管理办法。

海关总署对进口食品的境外生产企业实施注册管理，对向中国境内出口食品的出口商或者代理商实施备案管理，对进口食品实施检验，对出口食品生产企业实施备案管理，对出口食品原料种植、养殖场实施备案管理，对出口食品实施监督、抽查，对进出口食品实施分类管理、对进出口食品生产经营者实施诚信管理。海关总署对向中国境内出口食品的境外食品生产企业实施注册登记制度，注册和备案名单则由海关总署网站对外公布。

6. 出口货物运输包装检验

我国对出口商品的运输包装进行**性能**检验，未经检验或检验不合格的，不准用于盛装出口商品。对出口危险货物包装容器实行危险货物出口**质量许可**制度，危险货物包装容器必须经检验检疫机构进行性能鉴定和使用鉴定后，方能生产和使用。

7. 外商投资财产鉴定

外商投资**财产鉴定**包括价值鉴定，损失鉴定，品种、质量、数量鉴定等。各地海关凭财产关系人或代理人及经济利益有关各方的申请或司法、仲裁、验资等机构的指定或委托，办理外商投资财产的鉴定工作。

8. 货物装载和残损鉴定

用船舶和集装箱装运粮油食品、冷冻品等易腐食品出口的，应向口岸检验检疫机构申请**检验船舱和集装箱**，经检验符合装运技术条件并发给证书后，方准装运；对外贸易关系人及仲裁、司法等机构，对海运进口商品可向检验检疫机构申请办理检视、载损鉴定、监视卸载、海损鉴定、验残等残损鉴定。

9. 对涉外检验检疫、鉴定、认证机构的审核和监督认可

对拟设立的中外合资、合作进出口商品检验、鉴定、认证公司，由海关负责对其资格、信誉、技术力量、装备设施及业务范围进行审查。海关审查合格后出具"外商投资检验公司资格审定意见书"，然后交由商务部批准。申请人在工商行政管理部门办理登记手续领取营业执照后，再到海关办理"外商投资检验公司资格证书"，而后可开展经营活动。

我国海关对从事进出口商品检验、鉴定、认证业务的中外合资、合作机构、公司及中资企业的经营活动实行统一监督管理；对于境内外检验、鉴定、认证公司设在各地的办事处，实行备案管理。

10. 与外国和国际组织开展合作

海关负责对外签订政府部门间的检验检疫合作协议、认证认可合作协议、检验检疫协议执行议定书等并组织实施；承担国际组织在标准与一致化和检验检疫领域的联络点工作等。

二、出入境检验检疫的一般工作流程

（一）报检

海关**接受申请人报检**，是检验检疫工作的开始。

报检范围主要包括：①**国家法律、法规规定**必须由海关检验检疫的；②**输入国家或地区规定**必须凭检验检疫证书方准入境的；③有关**国际条约规定**须经检验检疫的；④**申请签发普惠制原产地证或一般原产地证**的；⑤对外贸易关系人**申请的鉴定业务和委托检验**；⑥对外贸易合同、**信用证规定**由检验检疫机构或官方机构出具证书的；⑦未列入《法检商品目录》的入境货物，经收、发货单位验收**发现质量不合格或残损、短缺，需向商检机构出证索赔**的；⑧涉及出入境检验检疫内容的司法和行政机关**委托的鉴定**业务。

视野拓展

读者可在海关总署网站—信息服务等栏目查看相关法律文件，了解更详细的检验检疫内容。

不同种类的货物，报检的具体要求不同。一般的报检手续主要有：填写检验检疫申请；提供相应的单证。

（二）抽样/制样

海关根据有关工作规范、企业信用类别、产品风险等级，判别是否需要实施现场检验及是否需要对产品实施抽样检测。若需要抽采样，报关人员应事先与海关约定抽样、检验检疫和鉴定的时间，并须预留足够的取采样、检验检疫和鉴定的工作日，同时须提供进行取采样、检验检疫和鉴定等必要的工作条件。

1. 抽样

凡需检验检疫并出具结果的出入境货物，一般需检验检疫人员到现场抽取样品。所抽取的样品必须具有代表性、准确性、科学性。检验检疫人员抽取样品后必须及时封识、送检，并填写现场记录，以免发生意外。进出口合同中规定了抽样方法的，按合同规定的标准或方法抽取；合同中没有规定抽样方法的，按有关标准进行抽样。

2. 制样

凡所抽取样品需经过加工方能进行检验的称为制样（样品制备）。制样工作一般在检验检疫机构的实验室内进行，无制样条件的可在社会认可的实验室制样。样品及制备的小样经检验检疫后重新封识，超过样品保存期后销毁；需留中间样品的按规定期限保存。

（三）检验检疫

对出入境应检对象，检验检疫人员通过感官的、物理的、化学的、微生物的方法进行检验检疫，以判定所检对象的各项指标是否符合合同及买方所在国（地区）官方机构的有关规定。

除国家法律、行政法规规定必须经检验检疫的对象外，海关可根据对外贸易关系人、国外机构的委托，执法、司法、仲裁机构的委托或指定等，对出入境货物、动植物及其包装、运载工具和装运技术条件等进行检验检疫或鉴定，并签发有关证书，作为索赔、仲裁等事项的有关凭证。

（四）卫生除害处理（检疫处理）

按照《国境卫生检疫法》及其实施细则、《食品卫生法》和《进出境动植物检疫法》及其实施条例的有关规定，检验检疫机构所涉及的卫生处理的范围和对象是非常广泛的，它包括出入境的货物、动植物、运输工具、交通工具的卫生除害处理以及公共场所、病源地和疫源地的卫生除害处理等。

卫生除害处理的方法包括物理方法和化学方法。

（五）签证

法律法规
《国境卫生
检疫法》

检疫合格的，或在海关监督下进行技术处理，经重新检验合格的，由海关签发"检验证书"或"出/入境货物检验检疫证明"，准予销售使用或提离。

检验检疫证书分别使用英文、中文、中英文合并签发。

报关人员有特殊要求使用其他语种签证的，应由申请人提出申请，经检验检疫机构审批后予以签发。一般情况下，检验检疫机构只签发一份正本。特殊情况下，申请人提出合同或信用证要求两份或两份以上正本，且难以更改合同或信用证的，经检验检疫机构审批同意，可以签发，但在第二份签证的正本上须注明"本证书是××号证书正本的重本"。

签发的证单一般以验讫日期作为签发日期。出境货物的出运期限及有关检验检疫证单的有效期：一般货物为 60 天；植物及其产品为 21 天，北方冬季可适当延长至 35 天；鲜活类货物为 14 天。交通工具卫生证书用于船舶的有效期为 12 个月，用于飞机、列车的有效期为 6 个月，除鼠/免予除鼠证书有效期为 6 个月。国际旅行健康证明书有效期为 12 个月，预防接种证书的有效时限参照有关标准执行。换证凭单以标明的检验检疫有效期为准。信用证要求装运港装船时检验，签发证单日期为提单日期 3 天内（含提单日）。

第二节　出入境一般货物报检

一、出境一般货物报检

出境货物的检验检疫工作流程是**先检验检疫，后通关放行。**

（一）出境货物检验检疫工作流程

出境货物检验检疫工作流程一般有以下几步。

（1）报关人员应在规定的时间内**向海关报检**，并按检验检疫有关规定和要求提供有关检验检疫所需要的单证资料。

（2）海关按有关规定**审核报检资料，符合要求的，受理报检。**

（3）由商检部门**实施检验检疫。**

（4）检验检疫合格，报关手续完成，**海关统一发送放行指令**，海关监督作业场所经营单位凭海关放行指令办理货物提离手续。若被**抽中出境口岸核查货证**的货物，须在口岸实施核查货证，通关一体化情况下，无须出具换证凭单或凭条。

（二）出境货物报检的一般要求

凡检验检疫不合格的货物，一律不得出口。

1. **出境货物报检的时限和地点要求**

出境货物最迟应在**出口报关或装运前7天报检**。对于个别检验检疫周期较长的货物，应留足相应的检验检疫时间。法定检验检疫货物，除活动物须由出境地口岸海关检验检疫外，原则上应坚持产地海关检验检疫。

2. **报检应提供的单据**

报检时应提供的单据有以下几种。

（1）出境货物检验检疫申请。每份出境货物检验检疫申请限填一批货物。特殊情况下，对批量小、使用同一运输工具、运往同一地点、有同一收货人与发货人、使用同一报关单的同类货物，可填写一份检验检疫申请。

（2）随附资料。合同（收货确认书、函电、加盖企业公章的双方约定贸易事项的电子邮件打印件或其他凭证）、信用证、厂检单、包装性能合格单、发票、装箱单等。随附单据必须真实、合法、有效。随附单据为复印件的，应加盖货主单位的公章或报检专用章；属代理报检的，也可加盖代理报检单位的公章或报检专用章。法定商品检验的出境货物，应由生产单位或货主检验（或验收）合格，并出具有效的厂检合格单或验收单。实施审单放行的批次，应提供出境货物发货人出具的合格保证，内容包括守法承诺、合格保证、质量安全责任，以及发现问题后主动召回措施等。

3. **特殊情况报检应提供的文件**

特殊情况下报检还需要提供以下文件。

（1）实施卫生注册及质量许可证书管理的货物，应提供卫生注册/质量许可证副本，同时提供厂检合格证。

（2）法定商品检验的货物，其运输包装属国家明确规定的15类（即钢桶、铝桶、镀锌桶、钢塑复合桶、纸板桶、塑料桶/罐、纸箱、集装袋、塑料编织袋、麻袋、纸塑复合袋、钙塑瓦楞箱、木箱、胶合板箱/桶、纤维板箱/桶）和塑料筐、泡沫箱的，应提交与实际包装容器（包括种类、规格、包装编号）相符的包装性能检验结果单。

（3）出境货物须经生产者或经营者检验合格并加附检验合格证或检测报告；申请重量鉴定的，应加附重量明细单或磅码单。

（4）凭样成交的货物，应提供经买卖双方确认的样品。

（5）生产出境危险货物包装容器的企业，必须向海关申请包装容器的性能鉴定。生产出境危险货物的企业，必须向海关申请危险货物包装容器的使用鉴定。

（6）报检出境危险货物的，必须提供危险货物包装容器性能鉴定结果单和使用鉴定结果单。

（7）市场采购的货物，应提供符合性声明、出口商品质量合格验收报告、商品采购票据等市场采购凭证（包括采购票据、采购商品清单或供货商供货清单），采购备案单位商品的，需提供备案证明复印件。

（8）对外承包工程项目下的物资，应提供对外经济合作经营资格证书及企业与境外业主签订的项目合同正本复印件（加盖公司印章），及按照施工材料、施工器械和自用办公生活等分类别列出的物资清单；应提供出厂合格证明、加工原料供货证明文件等必要的凭证和相关批准文件（可对相关单据进行合并和精简，合并精简的单据应包含上述质量安全追溯信息）。

（9）需预验的货物，应提供包括外贸合同或注明检验检疫的项目和要求的复印件。

（三）出境货物检验检疫申请填写的要求

出境货物检验检疫申请是出境货物报检的重要单证。

1. 出境货物检验检疫申请填写的基本要求

（1）企业应按照检验检疫相关法律、法规的规定和要求，向海关如实申报货物信息。

（2）检验检疫申请填写必须真实，做到"三个相符"：①单证相符。填报检验检疫申请的内容必须与合同、发票、装箱单、提单以及批文等随附单据相符；②单货相符。填报检验检疫申请的内容必须与实际出口货物的情况相符，不得伪报、瞒报、虚报；③纸质检验检疫申请应与电子数据信息相符。

（3）检验检疫申请必须按照**所填报的货物**内容填写，填写内容必须与随附单据相符，填写必须完整、正确、真实，不得涂改。

（4）检验检疫申请日期按海关**受理检验检疫申请**的日期填写。

（5）填写完毕的检验检疫申请必须加盖申请**单位公章**或已经向海关备案的**专用章**，报关人员应在签名栏由**本人手签**，不得代签。

2. 出境货物检验检疫申请填写的具体要求

出境货物检验检疫申请（见实物展台和示例4.1）所列各栏必须填写完整、正确和清晰，没有内容填写的栏目应以斜杠"/"表示，不得留空。

（1）编号：由海关受理本批货物报检后生成的正式检验检疫申请号。

（2）申请单位：填写申请单位的中文名称。申请单位应加盖单位公章。申请单位应是已向海关备案，有权从事报关、报检业务的法人或其他组织。

（3）申请单位登记号：填写申请单位的海关备案登记号。

（4）联系人：填写本批货物报关人员的姓名。

（5）申请日期：海关接受报检申请的日期。

（6）发货人：填写本批货物贸易合同中卖方名称或信用证中受益人名称。要求出具英文证书的，填写中英文。

（7）收货人：填写本批出境货物贸易合同或信用证中买方名称。需要出具英文证书的，填写中英文。

（8）货物名称：按贸易合同或发票所列的货物名称填写，根据需要可填写型号、规格。货物名称不得填写笼统的商品类，必须填写具体的类别名称。位置不够填写的，可用附页的形式填报。对于工业制成品，如电子产品、食品罐头等，还应填写货物的型号、规格。同一品名的货物在合同、发票及装箱清单上按具体规格、型号分别列明的，需按合同、发票及装箱清单所列明的分项填写；同一品名的货物其包装种类不同的，应分项填写，确实无法分项填写的，要求在备注栏注明各种包装种类及数量。

实物展台
出境货物检验
检疫申请

示例 4.1

中华人民共和国海关

出境货物检验检疫申请

电子底账数据号：

申请单位（加盖公章）：   *编号

申请单位登记号：   联系人：   电话：   申请日期： 年 月 日

发货人	（中文）					
	（外文）					
收货人	（中文）					
	（外文）					

货物名称（中/外文）	H.S.编码	产地	数/重量	货物总值	包装种类及数量

运输工具名称号码		贸易方式		货物存放地点	
合同号		信用证号		用途	
发货日期		输往国家（地区）		许可证/审批号	
启运地		到达口岸		生产单位注册号	

集装箱规格、数量及号码

合同、信用证订立的检验检疫条款或特殊要求	标记及号码	随附单据（划√或补填）
		□ 合同　　　　□ 包装性能结果单 □ 信用证　　　□ 许可/审批文件 □ 发票　　　　□ □ 换证凭单　　□ □ 装箱单　　　□ □ 厂检单　　　□

需要证单名称		*检验检疫费	
□品质证书　　　　__正__副	□植物检疫证书　　　__正__副	总金额 （人民币元）	
□质量证书　　　　__正__副	熏蒸/消毒证书　　　__正__副		
□数量证书　　　　__正__副	□出境货物换证凭单　__正__副	计费人	
□兽医卫生证书　　__正__副	□电子底账　　　　　__正__副		
□健康证书　　　　__正__副	□出境货物工作联系单 __正__副	收费人	
□卫生证书　　　　__正__副	□		
□动物卫生证书　　__正__副	□		

申请人郑重声明：	领 取 证 单	
1. 本人被授权申请检验检疫。	日期	
2. 上列填写内容正确属实，货物无伪造或冒用他人的厂名、标志、认证标志，并承担货物质量责任。 　　　　　　　　　　签名：_____	签名	

注：有"*"号栏由海关填写

（9）H.S.编码（《协调制度》编码）：填写货物对应的商品编码。

（10）产地：填写货物生产加工的省（自治区、直辖市）以及地区（市）名称。

（11）数量/重量：填写报检货物的数量/重量，重量一般填写净重。如果填写毛重，或者以毛重作净重的，则需注明。

（12）货物总值：按本批货物合同或发票上所列的总值填写。如同一单检验检疫申请报检多批货物，需列明每批货物的总值（如申报货物价格与国际市场价格有较大差异，则海关保留核价的权力）。

（13）包装种类及数量：填写本批货物运输包装的种类及件数。

（14）运输工具名称号码：填写货物实际装载的运输工具类别名称（如船、飞机、货柜车和火车等）及运输工具编号（船名、飞机航班号、车牌号码和火车车次）。报检时，未能确定运输工具编号的，可只填写运输工具类别名称。

（15）贸易方式：按具体的贸易方式选填，如一般贸易、来料加工、进料加工、边境贸易以及其他贸易。

（16）货物存放地点：填写本批货物存放的地点。

（17）合同号：填写本批货物贸易合同编号。

（18）信用证号：填写本批货物的信用证编号。

（19）用途：填写本批出境货物用途。如种用、食用、观赏或演艺、伴侣、实验、药用、饲用和加工等。

（20）发货日期：按本批货物信用证或合同上所列的出境日期填写。

（21）输往国家（地区）：填写贸易合同中买方（进口方）所在的国家或地区。

（22）许可证/审批号：对实施许可制度或者审批制度管理的货物，报检时填写许可证编号或审批单编号。

（23）启运地：填写装运本批货物离境的运输工具最终的启运口岸/地区城市名称。

（24）到达口岸：填写装运本批货物的运输工具最终抵达目的地停靠的口岸名称。

（25）生产单位注册号：填写生产/加工本批货物的单位在检验检疫机构的注册登记号。

（26）集装箱规格、数量及号码：填写装载本批货物的集装箱规格（如40英尺、20英尺等）以及分别对应的数量和集装箱号码（例如，1×20 TGHU491952）。若集装箱太多，可用附单形式填报。

（27）合同、信用证订立的检验检疫条款或特殊要求：填写贸易合同或信用证中贸易双方对本批货物特别约定而订立的质量、卫生等条款和报检单位对本批货物检验检疫的特别要求。

（28）标记及号码：填写货物的唛头。按合同、发票、装箱单所列的货物唛头填写。对散装、裸装货物或无唛头货物应填写"N/M"。如标记栏不够填写的，可用附页填报。

（29）随附单据：按实际提供的单据，在对应的"□"中打"√"。对申请单上没有标出的，须自行填写所提供的单据名称。

（30）需要证单名称：需要海关出具的单证，在对应的"□"中打"√"，并对应注明所需单证的正副本的数量。对申请单上没有标出的，须自行填写所需单证的名称和数量。

（31）申请人郑重声明：必须是报关人员的亲笔签名。

（32）检验检疫费：对本批货物检验检疫应收取的费用，由海关填写。

（33）领取证单：报关人员在领取证单时填写的日期和申请人员签名。

 技能训练 4.1

　　万源矿产品进出口贸易公司取得了出口 10 吨硫磺的检验检疫合格证书后，又接到买方追加 2 吨货物的来函，并将 12 吨货物一同运出。万源矿产品进出口贸易公司考虑到买方所追加的硫磺和原来的硫磺品质以及各项指标完全一致，无须报商检部门重新进行检验，遂自行对检验检疫合格证书进行了修改。请问其做法是否符合规定？

　　分析：

二、入境一般货物报检

（一）入境货物检验检疫工作流程

　　（1）法定检验检疫入境货物应向**卸货口岸或到达站**的海关报检，并按检验检疫有关规定和要求提供有关单证资料。

　　（2）对入境货物进行**预防性检疫处理**。注意：货物通过预防性检疫处理后，并不表示已经对这批货物完成检验和检疫工作，此时货物仍不允许被销售或使用。

　　（3）现场检验检疫。海关对现场发现有检疫处理指征的货物，实施检疫处理。抽中现场检验检疫的货物，须按要求实施现场或实验室检验检疫。

　　（4）合格放行。对于报检后实施审单放行的货物，经审单合格，即可放行。入境货物完成所有检验检疫工作，检疫合格，依申请出具"入境货物检验检疫证明"的，准予销售、使用。

检验检疫不合格的货物签发"检验检疫处理通知书"，做退运或销毁处理。

实物展台

检验检疫处理　　　入境货物检验
通知书　　　　　　检疫证明

（二）入境货物报检时间与地点

1. 入境货物报检的时间

　　入境货物不同，报检时间的规定也不同。入境货物报检时间的具体规定如下。

　　（1）申请货物品质检验和鉴定的，一般应在索赔有效期到期前不少于 20 天报检。

　　（2）输入除种、畜之外的其他动物的应当在入境前 15 天报检。

　　（3）输入植物、种子、种苗及其他繁殖材料的，应当在入境前 7 天报检。

（4）动植物包装物、铺垫材料入境时，应当及时报检。

（5）运输动植物及其产品和其他检疫物过境的，应当在入境时报检。

（6）入境的集装箱货物到达口岸时，必须向海关报检，接受检疫，经检疫或实施消毒、除鼠、除虫或其他必要处理后合格的，方准入境。

（7）输入微生物，人体组织，生物制品，血液及其制品或种畜、禽及其精液、胚胎、受精卵的，应当在入境前30天报检。

（8）入境的运输工具及人员应在入境前或入境时报检。

2. 入境货物报检的地点

入境货物不同，报检地点的规定也不同。入境货物报检地点的具体规定如下。

（1）进口一般货物应在入境前或入境时向海关报检。

（2）大宗、散装进口货物的鉴重，以及合同规定以品质、重量检验证书作为计算价格、结算货款的货物，应向卸货口岸或到达站的海关报检。

（3）进口粮食、原糖、化肥、硫磺、矿砂等散装货物，按照国际贸易惯例，应向卸货口岸的海关报检，并须在目的地口岸承载货物的船舱内或在卸货过程中，由检验检疫人员按有关规定抽取样品进行检验。

（4）进口化工原料和化学产品，分拨调运后，不易按原发货批号抽取代表性样品，应向卸货口岸的海关报检。

（5）在国内转运过程中，容易造成水分挥发、散失或易腐易变的货物，应向卸货口岸的海关报检。

（6）在卸货时，发现货物残损或减少时，必须向卸货口岸或到达站的海关报检。

（7）需要结合安装调试进行检验的成套设备、机电仪器产品以及在卸货口岸开箱检验难以恢复包装的货物，可以向收、用货人所在地的海关报检。

（8）输入动植物及其产品和其他检疫物的，应向入境口岸的海关报检。

（9）入境后需办理转关手续的检疫物，除活动物和来自动植物疫情流行国家或地区的检疫物须向入境口岸的海关报检外，其他均应到海关指定的检疫机构报检并实施检疫。

（三）入境货物检验检疫申请填写的要求

入境货物检验检疫申请（见示例4.2）的填写要求与出境货物检验检疫申请的填写要求基本相同。不同点如下。

（1）收货人：填写外贸合同中的收货方名称。企业性质根据实际情况在对应的"□"中打"√"。

（2）发货人：填写外贸合同中的发货方名称。

（3）原产国（地区）：本批货物的生产、开采或加工制造的国家或地区。经过几个国家或地区加工制造的货物，以最后一个对货物进行实质性加工的国家或地区作为该货物的原产国（地区）。

（4）贸易国别（地区）：填写签订进口贸易成交协议的缔约方所属的国家（地区）。

（5）提单/运单号：填写进口货物的提单/运单编号。

（6）到货日期：填写运载所申报货物的运输工具到达入境口岸的日期。

示例 4.2

中华人民共和国海关

入境货物检验检疫申请

电子底账数据号：

申请单位（加盖公章）：　　　　　　　　　　　　　　　　*编号：

申请单位登记号：　　　　联系人：　　　　电话：　　　　申请日期：　年　月　日

收货人	（中文）	企业性质（划"√"）　合资□合作□外资□			
	（外文）				
发货人	（中文）				
	（外文）				

货物名称（中/外文）	H.S.编码	原产国（地区）	数/重量	货物总值	包装种类及数量

运输工具名称号码			合同号	
贸易方式		贸易国别（地区）		提单/运单号	
到货日期		启运国家（地区）		许可证/审批号	
卸毕日期		启运口岸		入境口岸	
索赔有效期至		经停口岸		目的地	

集装箱规格、数量及号码	

合同订立的特殊条款 以及其他要求	货物存放地点	
	用途	

随附单据（划√或补填）		标记及号码	*外商投资财产（划"√"）　□是□否	
□ 合同	□ 到货通知		*检验检疫费	
□ 发票	□ 装箱单		总金额 （人民币元）	
□ 提/运单	□ 质保书			
□ 兽医卫生证书	□ 理货清单		计费人	
□ 植物检疫证书	□ 磅码单			
□ 动物检疫证书	□ 验收报告			
□ 卫生证书			收费人	
□ 原产地证				
□ 许可/审批文件				

申请人郑重声明： 　1. 本人被授权申请检验检疫。 　2. 上列填写内容正确属实，货物无伪造或冒用他人的厂名、标志、认证标志，并承担货物质量责任。 　　　　　　　　签名：_____	领取证单	
	日期	
	签名	

注：有"*"号栏由海关填写。

（7）启运国家（地区）：填写入境货物启运发出直接运抵我国的国家或地区，或者在运输中转国（地区）未发生任何商业性交易情况下运抵我国的国家或地区。

（8）卸毕日期：填写本批货物在入境口岸卸毕的日期。

（9）启运口岸：填写本批货物的运输工具启运发出直接运抵我国的口岸。本栏目根据"国别（地区）代码表"选择填报相应的口岸中文名称。货物从内陆国家经陆运至他国海港口岸装船出运的，按第一海港口岸填写。

（10）入境口岸：填写本批货物从运输工具卸离的第一个境内的口岸。填写时要准确选择口岸检验检疫机构的名称及代码。

（11）索赔有效期至：填写明确的期限，如60天、90天等。合同中未约定索赔有效期的，应注明"无索赔期"。

（12）经停口岸：货物随运输工具离开第一个境外口岸后，在抵达中国入境口岸之前所抵靠的发生货物（含集装箱）装卸的境外口岸。本栏根据"国别（地区）代码表"选择填报相应的口岸中文名称，未经停的填"***"。

（13）目的地：填写已知的入境货物在我国国内的消费、使用地区或最终运抵的地点。

（14）货物存放地点：填写货物入境后拟存放的地点。

（15）用途：填写入境货物在境内的实际使用范围。

（16）外商投资财产：本栏目由海关受理人员填写。

（四）入境货物报检时提供的单据和文件

入境货物报检时，需要提供的基本单据和文件有入境货物检验检疫申请、外贸合同、发票、提（运）单、装箱单等有关单证。

特殊情况下还应提交以下单据和文件。

（1）实施安全质量许可、卫生注册、强制性产品认证、民用商品验证或其他须经有关主管部门审批审核的货物，应提供有关审批文件。

（2）需进行品质检验的，应提供国外品质证书或质量保证书、产品使用说明书及有关标准和技术资料；凭样成交的，应提供成交样品；以品级或重量计价结算的，应同时申请重量鉴定。

（3）入境废物的，应提供进口废物批准证书、废物利用风险报告。

（4）入境旧机电产品的，应提供与进口旧机电产品相符的进口许可证明。

（5）申请残损鉴定的，应提供理货残损单、铁路商务记录、空运事故记录或海事报告等证明货损情况的有关证单。

（6）申请重（数）量鉴定的，应提供重量明细单、理货清单等。

（7）货物经收、用货部门验收或其他单位检验检测的，应提供验收报告或检验检测结果以及重量明细单等。

（8）入境动植物及其产品的，应提供贸易合同、发票、产地证书，输出国家或地区官方的检疫证书；须办理入境审批手续的，还应提供入境动植物检疫许可证。

（9）过境动植物及其产品的，应提供分配单和输出国家或地区官方出具的检疫证书；运输动植物过境时，还应提交动植物过境许可证。

（10）来自美国、日本、欧盟和韩国的货物，应提供有关包装情况的证书和声明。

（11）因科研等特殊需要，输入禁止入境物的，应提供特许审批证明。

（12）入境特殊物品的，应提供相应资料、证明或证书。①微生物：提供菌、毒株的学名、株名、来源、特性、用途、批号、数量及国家级鉴定书；②人体组织、器官：凡用于人体移植的，须出示有关捐献者的健康状况和无传染病（包括艾滋病检验阴性）的证明；③血液及其制品：须提供用途及实验室检验证书；④生物制品：须提供该制品的成分、生产工艺、使用说明、批号、有效期及检验证明。

（五）入境货物的检疫放行

入境货物检疫放行的具体要求：检验检疫所需的合同、发票、提单等单据齐全；申请放行的商品的品名、规格、数/重量、唛头等与所附单据相符。

第三节　出入境动物及其产品报检

一、出境动物及其产品报检

出境动物及其产品的检疫包括动物检疫、动物产品检疫及其他检疫物检疫。凡是出境的动物及其产品和其他检疫物，装载动物及其产品和其他检疫物的装载容器、包装物以及来自动物疫区的运输工具，均属于实施检疫的范围。

（一）出境动物报检

出境动物是指我国向境外国家（或地区）输出供屠宰食用、种用、养殖、观赏、演艺、科研实验等用途的家畜、禽鸟类、伴侣动物、观赏动物、水生动物、两栖动物、爬行动物、野生动物和实验动物等。

国家对出境动物企业实行生产企业注册制度，所有出境的动物都必须来自经检验检疫机构注册登记的生产加工企业。

1. 检验检疫的范围

出境动物实施启运地隔离检疫、抽样检验，离境口岸作临床检查、必要时复检的制度。动物出境前应根据《进出境动植物检疫法》和《进出境动植物检疫法实施条例》及有关规定进行检疫。检疫内容根据双边动物检疫协议、协定或动物检疫议定书、输入国（地区）兽医卫生要求，并对照贸易合同中订明的检疫要求确定。

2. 报检的时间和地点

出境动物不同，报检的时间和地点规定也不同。出境动物报检时间和地点的具体规定如下。

（1）出境动物，应在动物计划离境前60天向启运地海关预报检，隔离检疫前7天向启运地海关正式报检。

（2）出境观赏动物（观赏鱼除外），应在动物出境前 30 天，持贸易合同或展出合约、产地检疫证书、国家濒危物种进出口管理办公室出具的许可证及信用证到出境口岸的海关报检。

（3）出境野生水生动物，应在出境前 3 天向出境口岸的海关报检。

（4）出境养殖水生动物（包括观赏鱼），应在出境前 7 天向注册登记养殖场、中转场所在地海关报检。

3. 报检时随附单证

出境动物不同，报检时随附的单证也不同。出境动物报检时随附单证的具体规定如下。

（1）实行检疫监管的输出动物，生产企业须出示输出动物检疫许可证。

（2）输出国家规定为保护动物的，应有国家濒危物种进出口管理办公室出具的许可证。

（3）输出非供屠宰的畜禽，应有农牧部门品种审批单。

（4）输出实验动物，应有中国生物技术发展中心的审批单。

（5）输出观赏鱼类，须有养殖场供货证明、养殖场或中转包装场注册登记证和委托书。

4. 离境检验检疫

经启运地海关检验检疫合格的出口动物运抵口岸后，还要由离境地海关实施临床检查或者复检，共有以下三个步骤。

（1）离境申报。出口动物运抵出境口岸后，应向离境地海关申报，并在离境申报时递交启运地海关出具的动物卫生证书。首次申报的，还要递交出口动物饲养场检疫注册登记证，并向离境地海关申请备案。

（2）离境查验。离境地海关受理申报后，核定出口动物数量，核对货证是否相符，查验检验检疫标志，并按照隔离检疫的要求实施群体临床检查和个体临床检查。

（3）签证放行。离境地海关对经离境查验合格的出境动物，在启运地海关签发的动物卫生证书上加签出境日期、数量、检疫员姓名，加盖检验检疫专用章后放行。

（二）出境动物产品报检

1. 检验检疫范围

动物产品是指**来源于**动物、未经加工或者虽经加工但**仍有可能传播**疫病的产品，如生皮张、毛类、脏器、油脂、动物水产品、奶制品、蛋类、血液、精液、胚胎、骨、蹄、角等。

我国对生产出境动物产品的相关企业（包括加工厂、屠宰厂、冷库、仓库等）实施卫生注册登记制度。货主或其代理人报检的出境动物产品，必须产自经注册登记的生产企业并存放于经注册登记的冷库或仓库。

2. 报检的时间地点

凡我国法律、法规规定必须检验检疫的，或进口国家（地区）规定必须凭检验检疫机构出具的证书方可入境的，或有关国际条约规定须经检验检疫的出境动物产品，均应向海关报检。

出境**动物产品**应在启运前向**生产企业所在地**的海关报检。

3．报检时随附的单证

出境动物产品报检时随附的单证主要有以下几类。

（1）按规定填写的出境货物检验检疫申请，以及合同或销售确认书、信用证、发票、装箱单等相关外贸单据。

（2）生产企业检验报告（出厂合格证明）、出货清单。

（3）凭样成交的出境非食用性动物产品，应提供经买卖双方确认的样品。

（4）特殊单证。如果出境动物产品来源于国内某种属于国家级保护或濒危物种的动物、《濒危野生动植物种国际贸易公约》中的中国物种的动物，报检时还必须递交国家濒危物种进出口管理办公室出具的允许出口证明书。

出口水产品的检验检疫有效期：冷却（保鲜）产品为7天；干冻、单冻产品为4个月；其他产品为6个月。

二、入境动物及其产品报检

入境动物是指饲养、野生的活动物，如畜、禽、兽、蛇、龟、鱼、虾、蟹、贝、蚕、蜂等。根据检疫管理的不同，动物可分为大动物、中动物和小动物。根据用途不同，入境动物又可分为种用动物、屠宰用动物、演艺动物、伴侣动物等。其中演艺动物特指入境用于表演、展览、竞技，而后须复出境的动物；入境伴侣动物特指由旅客携带入境作为伴侣的犬、猫等。

凡是入境的动物及其产品和其他检疫物，装载动物及其产品和其他检疫物的装载容器、包装物，以及来自动植物疫区的运输工具，均属实施检疫的范围。

（一）入境动物报检

所有入境动物及其产品均须办理检疫审批手续。海关对入境动物及其产品检疫审批，采取的是前审后批的方式。

入境动物有以下四类：①活动物，如动物（指饲养、野生的活动物，如畜、禽、兽、蛇、水生动物、蚕、蜂等）、胚胎、精液、受精卵、种蛋及其他动物遗传物质。②食用性动物产品，如肉类及其产品（含脏器、熟制肉类产品）、鲜蛋、鲜奶。③非食用性动物产品，如皮张类、毛类、骨蹄角及其产品、明胶、蚕茧、动物源性饲料及饲料添加剂、鱼粉、肉粉、骨粉、肉骨粉、油脂、血粉、血液等，以及含有动物成分的有机肥料。④水产品，如两栖类（如蛙等）、爬行类（如鳄鱼、龟、鳖、蛇等）、水生哺乳类、水生养殖水产品。

1．检疫审批

进口商在签署对外贸易合同或协议前应向直属海关申请办理检疫审批手续，取得准许入境的"进境动植物检疫许可证"后再签订合同；并且应当在合同或者协议中订明中国法定的检疫要求，订明必须附有输出国家或者地区政府动植物检疫机构出具的检疫证书。

进境活动物及活动物胚胎、精液、受精卵、种蛋及其他动物遗传物质、Ⅰ和Ⅱ风险非食用动物产品、动物源性饲料及饲料添加剂、鱼粉、肉粉、骨粉、肉骨粉、油脂、血粉、血液等应办理一般检疫审批手续。

入境动物病原体（包括菌种、毒种等）、害虫及其他有害生物，动物疫情流行国家和地区的有关动物及其产品和其他检疫物，动物尸体，土壤等应**办理特许检疫审批手续**。

部分风险较小的动物产品无须办理检疫审批手续，如蓝湿（干）皮、已鞣制皮毛、洗净羽绒、洗净毛、碳化毛、毛条、贝壳类、水产品、蜂产品、蛋制品（不含鲜蛋）、奶制品（鲜奶除外）、熟制肉类产品（如香肠、火腿、肉类罐头、食用高温炼制动物油脂等）。

实物展台
进境动植物
检疫许可证

2. 检疫申报

入境动物抵达口岸前，进口商须按规定**向入境地**海关报检。入境后须办理转关手续的检疫物，除活动物和来自动植物疫情流行国家或地区的检疫物由入境口岸检疫外，其他均在指运地海关报检并实施检疫。

办理入境动物及其他检疫物报检申报时，除填写入境货物检验检疫申请外，还须按检疫要求出具下列有关证单：①输出国家或地区政府动植物检疫机构出具的检疫证书（正本）；②进境动植物检疫许可证；③分批进口的，还须提供许可证复印件进行核销；④外贸合同、发票、装箱单、海运提单或空运单、产地证等；⑤输入活动物的应提供隔离场审批证明；⑥来自美国、日本、韩国以及欧盟的检疫物，应按规定提供有关包装情况的证书和声明；⑦输入国家规定的禁止入境的动物及其他检疫物等，还须持特许审批单。

3. 检疫

入境动物必须在**入境口岸**进行**隔离检疫**。

输入动物、动物遗传物质抵达入境口岸时，海关检疫人员须登机、登轮、登车进行现场检疫。对现场检验检疫不合格的，出具相关单证，如检疫调离通知单，将入境动物、动物遗传物质调至口岸海关指定的场所作进一步的、更为全面的隔离检疫。大、中动物的隔离检疫期为 **45天**，其他动物的隔离检疫期为 **30 天**，需延长或缩短隔离检疫期的，应当报海关总署批准。

检疫规定：①检疫工作完毕后，对检疫合格的动物、动物遗传物质，向报关人员出具动物检疫证书和相关单证，准许入境；②检出《进境动物一、二类传染病、寄生虫病名录》中一类

法律法规
《进境动物一、
二类传染病、
寄生虫病名录》

病的，全群动物或动物遗传物质，禁止入境，作退回或销毁处理；③检出《进境动物一、二类传染病、寄生虫病名录》中二类病的阳性动物，禁止入境，作退回或销毁处理，同群的其他动物放行，并进行隔离观察；④阳性的动物遗传物质禁止入境，作退回或销毁处理；⑤检疫中发现有检疫名录以外的传染病、寄生虫病，但国务院农业行政主管部门另有规定的，按规定作退回或销毁处理；⑥对入境动物及其产品，在运输途中需提供运递证明的，检验检疫部门出具纸质"入境货物调离通知单"。

（二）入境动物产品报检

入境动物产品的报检范围包括向我国输入未经加工或虽经加工仍有可能传播有害生物，危害农牧渔业生产和人类健康的，来自家养或野生的动物、禽鸟类、动物水产品、软体及无脊椎动物、甲壳类等动物的毛、羽、绒、皮、角、骨、蹄、甲、肉、脏类及制品、哺乳动物的奶及奶制品、蛋及蛋制品、油脂和动物粉类、其他动物产品和动物检疫物。

1. 检疫审批

我国对入境动物产品实行检疫审批制度。

2. 检疫申报

输入动物产品在**入境前或入境时，应向入境地**海关报检，**约定检疫**时间。入境后需调离入境口岸办理转关手续的，应向入境地海关报检，到达指运地时，应当向指运地海关申报并实施检疫。

肉产品及水产品只能从海关指定的口岸入境。

海关对向我国输入肉类产品的加工、仓储企业实施注册登记制度。加工、仓储进境动物肉类、水产品、原皮、原毛、原羽毛/羽绒、生骨、生蹄、生角、明胶、蚕茧等的企业，必须取得海关批准的动物产品定点加工、仓储企业资格。

3. 检疫

经海关口岸查验、感官检验和实验室检测合格的动物产品，检验检疫部门出具"入境货物检验检疫证明"，允许加工、销售和使用。经检疫不合格的，签发"兽医卫生证书"；须作检疫处理的，签发"检验检疫处理通知书"；检疫处理仍不合格的，在海关的监督下，作退回、销毁或者无害化处理。

第四节　出入境植物及其产品报检

应检的出入境植物主要包括**植物及其产品**和**其他检疫物**。

植物是指栽培植物、野生植物和它们的种子、种苗及其他繁殖材料等，包括所有栽培、野生的可供繁殖的植物全株或者部分，如植株、苗木（含试管苗）、果实、种子、砧木、接穗、插条、叶片、芽体、块茎、球茎、鳞茎、花粉、细胞培养材料等，为了避免与广义的植物检疫混淆，通常将这部分检疫物统称为种子、苗木（简称种苗）。

植物产品是指来源于植物未经加工或者虽经加工但仍有可能传播病虫害的产品。植物产品包括粮谷类、豆类、木材类、竹藤柳草类、饲料类、棉花类、麻类、籽和油类、烟草类、茶叶和其他饮料原料类、糖和制糖原料类、水果类、干果类、蔬菜类、干菜类、植物性调料类、药材类以及其他类等。

其他检疫物包括植物性有机肥料、植物性废弃物、植物产品加工后产生的下脚料和其他可能传带植物有害生物的检疫物。

一、出境植物及其产品报检

出境植物检疫是指对**贸易性**和**非贸易性**的出境植物及其产品和其他检疫物实施的检疫。海关对出境检疫物的生产、加工、存放过程实施**检疫监督**管理制度，对生产、加工、存放出境检疫物的场所实施**注册登记**管理，对经检疫合格的出境检疫物在出境口岸实行**监管装运**。

（一）报检范围

出境植物的报检范围包括以下几类。

（1）贸易性的出境植物及其产品和其他检疫物（商品）。

（2）作为展出、援助、交换、赠送等的非贸易性的出境植物及其产品和其他检疫物（非商品）。

（3）进口国家（或地区）有植物检疫要求的出境植物及其产品。

（4）以上出境植物及其产品和其他检疫物的装载容器、包装物及铺垫材料。

我国对出境植物及其产品的检疫实行分类管理制度。凡需出具植物检疫证书、熏蒸/消毒证书的出境检疫物，都必须批批自检。粮谷类出境检疫物，无论是否需出具植物检疫证书、熏蒸/消毒证书或换证凭单，必须批批自检。

（二）检验检疫

1. 报检

报关人员报检时除按规定**填写出境货物检验检疫申请**，并提供合同或销售确认书，或信用证、发票、装箱单等相应贸易单据以及输入国（地区）有关检疫规定的文件或函电外，还应提供下列单证。

（1）纳入《进出口野生动植物种商品目录》管理范围的野生植物及制品的，须提供允许出境证明文件。

（2）输往欧盟各国、美国、加拿大等国家或地区的出境盆景，须提供出境盆景场/苗木种植场检疫注册证。

（3）水果来自注册登记的果园、包装厂的，须提供注册登记证书（复印件），水果来自本辖区以外其他注册果园的，须提供水果产地供货证明，出境水果应在包装厂所在地海关报检。

（4）供港澳的蔬菜，须提交"供港澳蔬菜加工原料供货证明"、出货清单以及出厂合格证明。

国家对出境种苗、花卉实行**基地注册登记管理**制度，对出境果园、包装厂实行**注册登记管理**制度。未获注册登记的企业一律不准从事相关的进出口业务经营。

2. 检疫

报关人员应陪同检疫人员**实施检疫**。检疫人员首先要了解货物存放的周围环境是否符合检疫管理的要求，要检查全部货物的存放情况及报检货物的生产加工日期及地点、存放时间、包装情况等，同时要核对报检单与货物的相符情况。检疫合格则签证放行，检疫不合格则根据检疫情况做出重新整理、换货或除害处理合格后放行的决定。

3. 签证

根据政府间双边植物检验检疫协定、协议和备忘录或输入国（地区）要求，经检验检疫合格的，出具植物检疫证书或检验证书、卫生证书；经认可的检疫处理后合格的，出具熏蒸/消毒证书或植物检疫证书。

出境植物应在放行单有效期内出境；超过放行单有效期的，报关人员应重新报检。

出境口岸对出境植物按照 1%～3%的比例抽查、核对货证，经查验证相符的放行；经查验货证不符的，不准出境。

实物展台

出境货物换证凭单	植物检疫证书	卫生证书	熏蒸/消毒证书

 技能训练 4.2

检验检疫部门不接受来自非注册果园和包装厂的水果出口报检。

请问：出口水果报检时应考虑哪些方面的问题？

分析：

二、入境植物及其产品报检

凡是入境的**植物及其产品**和**其他检疫物**，均属实施检疫的范围。

（一）入境植物及其产品报检

1. 入境植物及其产品应符合的条件

入境植物及其产品应符合以下条件。

（1）入境植物不得带有国家禁止入境的植物危险性病、虫、杂草。

（2）入境植物不得带有有关协定、贸易合同中规定的应检病、虫，这些多属于我国尚未发现或分布并不广泛的病虫。

（3）引进种子、种苗或其他繁殖材料，经营者须事先提出引种计划，到有关主管部门办理审批手续。

（4）必须附有输出国（地区）官方植物检疫部门出具的"植物检疫证书"和产地证。

（5）不得带有天然土壤。

2. 入境植物及其产品的检疫审批

国家对入境的植物及其产品实行检疫审批制度。海关对入境植物及其产品检疫审批采取的是前审后批的方式。

（1）检疫审批。**需要办理一般检疫审批**的植物包括果蔬类、烟草类、粮谷类、豆类、饲料类、薯类、植物栽培介质。**需要办理特许检疫审批**的植物包括植物病原体（包括菌种、毒种等）、植物疫情流行国家和地区的有关植物、植物产品和其他检疫物。

需要办理**特许检疫审批**的植物是指列入《进境植物检疫禁止进境物名录》中的植物。

（2）检疫审批手续办理。检疫审批手续应当在贸易合同或者协议签订前办妥，并取得"进境动植物检疫许可证"。我国海关检疫部门对入境植物及其产品提出的检疫要求须在贸易合同或协议中订明。

"进境动植物检疫许可证"的有效期一般为 6 个月，对于特殊情况（如一次有效），有效期以许可证标明的期限为准。按照规定可以核销的入境植物及其产品，在许可数量范围内分批进口、多次报检使用"进境动植物检疫许可证"的，入境口岸海关会在许可证所附核销表中，进行检疫物入境数（重）量核销登记。核销完毕后，"进境动植物检疫许可证"自动失效。

有下列情况之一的，经营者应当重新申请办理"进境动植物检疫许可证"：变更进境检疫物的品种或者超过许可数量 5% 以上的；变更输出国家或者地区的；变更进境口岸、指运地或者运输路线的。

3. 入境植物及其产品的报检与检疫

<u>入境植物及其产品的经营者应在货物**入境前或入境时**报检；输入种子、种苗及其他繁殖材料的，经营者应在**入境前**报检。</u>

报关人员在报检时应如实、完整地填写"入境货物检验检疫申请"，并附上输出国家或地区官方出具的植物检疫证书（正本）、卫生证书、产地证、发票、提单等。品质属法定检验或收货人申请品质检验的，应提供品质认证书。一般贸易的货物还应提供贸易合同、信用证、报检委托书等必要的资料。办理入境检疫审批手续的，应提供进境动植物检疫许可证或引进种子苗木检疫审批单（原件）。货物不带有木质包装的，应提供无木质包装声明（限于来自美、日、韩、欧盟各国等国家或地区的货物）。

<u>入境植物及其产品检疫包括**产地检疫、现场检疫、实验室检疫、隔离检疫**。</u>入境植物检疫的依据有《进出境动植物检疫法》《进出境动植物检疫法实施条例》《进境植物检疫危险性病、虫、杂草名录及应检物名单》和政府间双边协定或合作备忘录。

思考与讨论

入境植物与入境植物产品的报检有什么不同？

（二）入境种子、苗木报检

法律法规

海关总署官网 - 信息服务栏目内可查询具体的检疫审批相关文件。

《进境（过境）动植物及其产品检疫审批》

1. 入境种子、苗木的检疫审批

引进种子、苗木和其他繁殖材料的单位（个人）或代理进口单位应当在对外签订贸易合同或协议前，申请办理国外引种**检疫审批手续**。

入境后需要进行隔离检疫的，经营者还要申请隔离场或临时隔离场。带有土壤或生长介质的，经营者还须办理土壤和生长介质的**特许检疫**审批手续。

2. 入境种子、苗木的报检与检疫

<u>从事引进种苗花卉生产经营的**企业应向所在地海关备案**。在植物种子、苗木**入境前 7 天**，报关人员应持有关资料向海关报检，并预约检疫时间。</u>

报检时报关人员应提供"入境货物检验检疫申请"，随附合同、发票、提单、检疫审批单及输出国家（地区）官方植物检疫证书、产地证等有关文件。需调往货物目的地检验检疫的，报

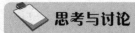

思考与讨论

为什么要对出入境动植物及其产品实施检验检疫？

关人员还须提供目的地海关出具的"准许调入函"。来自美国、日本、韩国以及欧盟的货物，报关人员应按规定提供有关包装情况的证书和声明。

经海关实施现场检疫或处理合格的，可以入境。入境后需要隔离检疫的，经营者还需要向海关申请隔离场或临时隔离场。

视野拓展

本章内容所涉及的《进出口商品检验法》《进出境动植物检疫法》《国境卫生检疫法》《食品安全法》等法律及其实施条例（简称"四法三条例"），分别规定了出入境检验检疫的目的和任务、责任范围、授权执法机关和管辖权限、执法程序、执法监督和法律责任等重要内容，从根本上确定了出入境检验检疫工作的法律地位。

"中国人大网—权威发布—法律文件"栏目内容丰富，读者可通过该栏目阅读相关内容，了解更多更详细的检验检疫法律、法规知识。

本 章 小 结

出境货物检验检疫的工作流程是先检验检疫，后通关放行。入境货物检验检疫的工作流程是先通关放行，后检验检疫。

出入境检验检疫的一般工作流程包括检疫/申报、抽样/制样、检验检疫、卫生除害处理（检疫处理）、签证。

国家对出入境动物及动物产品实施检疫审批制度。出入境动物及其产品的检疫包括动物检疫、动物产品检疫及其他检疫物检疫。凡是出入境的动物及其产品和其他检疫物，装载动物及其产品和其他检疫物的装载容器、包装物以及来自动物疫区的运输工具，均属于实施检疫的范围。

国家对贸易性和非贸易性的出入境植物及其产品和其他检疫物（统称出入境植物检疫物）均要实施检疫。出入境检验检疫机构对出入境检疫物的生产、加工、存放过程实施检疫监督管理制度；对生产、加工、存放出境检疫物的场所实施注册登记管理制度；对经检疫合格的出境检疫物在出境口岸实行监管装运。

基础与能力训练

一、单选题

1．入境的动植物及其产品，在提供贸易合同、发票、产地证书的同时，还必须提供（　　）官方出具的检疫证书。

　　A．输出国家（或地区）　　　　　　　B．输入国家（或地区）

　　C．签订合同国家（或地区）　　　　　D．第三国（或地区）

2．根据有关法律法规规定，入境动物病原体、害虫及其他有害生物的，必须提供（　　）。

　　A．一般检疫审批证明　　　　　　　　B．入境货物通关证明

　　C．货物无病虫害证明　　　　　　　　D．特许检疫审批证明

3. 某公司从法国进口了一批瓶装葡萄酒,用小木箱包装,(　　)不是报检时应当提供的单据。

  A. 进口食品标签审核证书 　　　　　　B. 官方的检验检疫证书

  C. 进境动植物检疫许可证 　　　　　　D. 原产地证书

4. 海关对入境动物产品实行(　　)。

  A. 检疫审批制度 　　　　　　　　　　B. 通关管理制度

  C. 备案审查制度 　　　　　　　　　　D. 登记注册制度

5. 检疫人员须到现场抽取样品进行检验,如不能直接进行检验的,应对样品进行(　　)。

  A. 生产 　　　　B. 化验 　　　　　　C. 制样 　　　　D. 以上都不是

6. 需要办理特许检疫审批的入境植物是(　　)。

  A. 果蔬类 　　　　　　　　　　　　　B. 烟草类

  C. 粮食类 　　　　　　　　　　　　　D. 列入禁止进口货物目录内的

7. 以下货物入境时,须由入境口岸实施检验检疫的是(　　)。

  A. 活牛 　　　　B. 家用电器 　　　　C. 冻鸡肉 　　　　D. 烟花爆竹

8. 对涉及人类健康与安全的入境产品实行(　　)制度。

  A. 强制性认证 　　B. 检验检疫 　　　C. 注册 　　　　D. 备案

9. 植物及其产品被允许入境的条件之一是(　　)。

  A. 带有天然土壤 　　　　　　　　　　B. 带有土壤

  C. 不得带有天然土壤 　　　　　　　　D. 不带有土壤

10. 输入种子、种苗及其他繁殖材料的,应在(　　)报检。

  A. 入境后 　　B. 合同签订前 　　　　C. 入境前 　　　　D. 合同签订后

二、多选题

1. 法定检验检疫的入境货物到货后,应向卸货口岸或到达站的海关办理报检,未报检验检疫的(　　)。

  A. 不准销售 　　B. 不准使用 　　　　C. 可以使用 　　　D. 可以销售

2. 入境口岸海关发现国家禁止入境的动物及其产品,将作(　　)处理。

  A. 退回 　　　　B. 变卖 　　　　　　C. 销毁 　　　　　D. 自用

3. 入境货物应在(　　)或(　　)向入境口岸、(　　)的海关报检。

  A. 入境前 　　B. 入境时 　　　　　C. 入境后 　　　　D. 指定地或到达站

4. 经启运地检验合格的出境动物的离境检验检疫步骤包括(　　)。

  A. 离境申报 　　B. 离境检疫 　　　　C. 离境查验 　　　D. 签证放行

5. 入境货物检验检疫的一般工作程序是(　　)。

  A. 报检 　　　　B. 通关 　　　　　　C. 检验检疫 　　　D. 卫生处理

6. 办理进口(　　)的报检手续时须提供输出国(或地区)的官方检疫证书。

  A. 芝麻 　　　　B. 原木 　　　　　　C. 种子 　　　　　D. 土壤

7. 关于入境动植物及其产品的报检时间要求,表述正确的是(　　)。

  A. 输入种畜禽,货主或其代理人应在动物入境前 30 天报检

  B. 输入其他动物,货主或其代理人应在动物入境前 15 天报检

C. 输入植物种子、种苗的，应在入境前 7 天报检

D. 输入冷冻水产品，应在入境前 30 天报检

8. 输入动物产品在（　　），货主或其代理人应向（　　）报检，约定（　　）。

A. 入境前或入境时　　　　　　　　　B. 入境地海关

C. 通关时间　　　　　　　　　　　　D. 检疫时间

9. 经检验检疫合格的货物，出境前发生以下情况，应重新报检的有（　　）。

A. 改换包装　　　　　　　　　　　　B. 重新拼装

C. 变更输入国家，但检疫要求相同　　D. 超过检验检疫有效期限

10. 以下进口货物，应在卸货口岸海关实施检验检疫的有（　　）。

A. 已发生残损、短缺的货物　　　　　B. 可用作原料的固体废物

C. 大宗散装货物　　　　　　　　　　D. 易腐烂变质的货物

三、判断题

1. 进口食品添加剂、食品包装材料、食品用工具设备都属于"进口食品"的报检范畴。（　　）

2. 供展览用的入境水果，必须经入境口岸所在地海关签署意见。（　　）

3. 出口易腐烂变质的商品，可以申请预报检。（　　）

4. 经海关预检的出口货物，可直接向出境口岸办理换证放行手续，无须提供任何单证。（　　）

5. 出境的法定检验检疫货物，除活动物须由口岸检验检疫机构检疫外，原则上应坚持产地检验检疫。（　　）

6. 按照传统既是食品又是药品，不以治疗为目的的进口物品，应按照食品报检。（　　）

7. 报检出境危险货物时，必须提供危险货物包装性能鉴定和使用鉴定结果单。（　　）

8. 对检验合格的进出口商品，海关可根据需要加施标志或者封识。（　　）

9. 已办理检疫审批的货物应当从检疫许可证列明的口岸入境。（　　）

10. 入境水产品如果能够确定是养殖的，就可以无须办理入境检疫审批。（　　）

四、名词解释

1. 法定检验检疫　　　2. 进出口商品检验　　　3. 动物　　　4. 动物产品

5. 植物　　　　　　　6. 植物产品　　　　　　7. 卫生检疫　　8. 动植物检疫

五、简答题

1. 进/出境货物报检的时限和地点有哪些要求？

2. 进/出境货物报检时应提供哪些资料？

3. 简述进/出境货物放行的方式与要求。

4. 简述进/出境动物报检的时间、地点及随附单据。

5. 简述进/出境动物产品报检的时间、地点及随附单据。

6. 简述进/出境动物的离境检验检疫步骤。

7. 简述进/出境植物报检的检疫要求。

8. 简述进/出境植物产品报检的检疫要求。

六、实训项目

2019 年年初，上海康丰进出口有限公司从德国进口了一批铝合金板用于生产探照灯的灯罩，该批货物 2019 年 1 月 22 日到达上海吴淞港。若你是上海康丰进出口有限公司的报关人员，你获得示例 4.3 至示例 4.7 所示的销售合同、提单、发票、装箱单和到货通知书等单据。请依次完成该批货物的进口报检工作，正确填写"入境货物检验检疫申请"（见示例 4.2）。

补充习题及实训　扫描二维码做更多练习，巩固本章所学知识。

 **示例 4.3**

销售合同
SALES CONTRACT

卖方 SELLER	CMR TRADING GMBH LERCHENWEG 10 97532 SAND GERMANY		编号 NO.	CMR453676
			日期 DATE	NOV 6, 2018
买方 BUYER	SHANGHAI CONF IMP/EXP CO., LTD. NO.34 YANAN ROAD, SHANGHAI, CHINA		地点 PLACE	SHANGHAI
买卖双方同意以下条款达成交易： This contract is made by and agreed between the BUYER and the SELLER, in accordance with the Terms and conditions stipulated below:				
1. 品名及规格 Commodity & Specification	2. 数量 Quantity	3. 单价及价格条款 Unit Price & Trade Terms		4. 金额 Amount
ALUMINUM ALLOY SHEET THICKNESS: 4mm STANDARD SIZE: 1 220×2 440mm	4 167.52 SQUARE METER	EUR 6.87/SQUARE METER CIF SHANGHAI		EUR 28 630.86
5. 总值 　　Total Value	TWENTY EIGHT THOUSAND SIX HUNDRED AND THIRTY EUR DOLLARS AND EIGHTY SIX CENTS TOTAL.			
6. 唛头 　　Marks	SCF SHANGHAI			
7. 装运期及运输方式 　　Time of Shipment & Means of Transportation	NOT LATER THAN DEC.8, 2018 BT VESSEL			
8. 装运港及目的地 　　Port of Loading & Destination	From: HAMBURG, GERMANY To: SHANGHAI, CHINA			
9. 保险 　　Insurance	TO BE COVERED BY THE SELLER			
10. 付款方式 　　Terms of Payment	By T/T IN ADVANCE			
11. 备注 　　Remarks	TRANSSHIPMENT ALLOWED, PARTIAL SHIPMENT NOT ALLOWED			
The Buyer	The Seller			
SHANGHAI CONF IMP/EXP CO., LTD.	CMR TRADING GMBH			

示例 4.4

Ocean Bill of Lading

Shipper: CMR TRADING GMBH LERCHENWEG 10 97532 SAND GERMANY	B/LND.: CL4892095
Consignee TO ORDER	COSCS CONTAINER LINES BILL OF LADING
Notify Party SHANGHAI CONF IMP/EXP CO., LTD. NO.34 YANAN ROAD, SHANGHAI, CHINA	

Ocean Vessel Voy No. HONG YE 489E	Port of Loading HAMBURG
Port of Discharge	Place of Delivery SHANGHAI, CHINA

Marks & Number	Number and Kind of Packages Designation of Goods	Gross Weight (kg)	Net Weight (kg)
SCF SHANGHAI	ALUMINUM ALLOY SHEET THICKNESS: 4mm STANDARD SIZE: 1 220 × 2 440mm TOTAL ONE 40 · CONTAINER FREIGH PREPAID	22 968.75	22 921.36

CONTAINER	TARE	SEAL
TEXU2 263 978	3 560	22 786

 示例 4.5

发　票
COMMERCIAL INVOICE

ISSURE:

CMR TRADING GMBH

LERCHENWEG 10

97532 SAND GERMANY

TO:

SHANGHAI CONF IMP/EXP CO., LTD.

NO.34 YANAN ROAD, SHANGHAI, CHINA

MARKS & NO.	DESCRIPTION OF GOODS	QUANTITY	U/PRICE	AMOUNT
SCF SHANGHAI	ALUMINUM ALLOY SHEET THICKNESS:4mm STANDARD SIZE: 1 220 × 2 440mm ORIGIN: GERMANY	4 167.52 SQUARE METER	EUR 6.87/ SQUARE METER CIF SHANGHAI	EUR 28 630.86
TWENTY EIGHT THOUSAND SIX HUNDRED AND THIRTY EUR DOLLARS AND EIGHTY SIX CENTS TOTAL				

示例 4.6

装箱单
PACKING LIST

FROM:

CMR TRADING GMBH

LERCHENWEG 10

97532 SAND GERMANY

TO:

SHANGHAI CONF IMP/EXP CO., LTD.

NO.34 YANAN ROAD, SHANGHAI, CHINA

MARKS & NO.	DESCRIPTION OF GOODS	QUANTITY	GROSS WEIGHT (kg)	NET WEIGHT (kg)
SCF SHANGHAI	ALUMINUM ALLOY SHEET THICKNESS: 4mm STANDARD SIZE: 1 220 × 2 440mm ORIGIN: GERMANY	4 167.52 SQUARE METER	22 968.75	22 921.36

示例 4.7

到货通知书

上海中远集装箱运输船务代理公司

ARRIVAL ADVICE

到货通知书

尊敬的客户：上海康丰进出口有限公司

一、贵公司进口货物预计于 2019 年 1 月 22 日至上海吴淞港

船名航次：HONG YE/489E

提单号：CL4892095

| 件数： | 净重：22 921.36kg | 体积：52.546m³ |

2019 年 1 月 23 日 9 时可来我司办理换单手续，如方便请来电联系。谢谢！

请将正确的中文名称以书面形式传至我司，以便贵公司能及时报关，如贵公司提供的中文品名有错漏或未及时提供，我司不承担因翻译不当所造成的一切后果。

支票抬头请开：上海中远集装箱运输船务代理公司

二、收费如下：

（1）换单费：　CNY100.00

（2）分拨费：

（3）海运费：

（4）代理费：

（5）THC：　CNY360.003

（6）危险品：

三、请在收到本通知后，携带加盖公章的正本提单前来换单（如果提单为电放的请携带贵司正本电放保函）；若贵公司未收到提单，请速与发货人联系并向其索取，我司不承担由于通知不到所引起的一切责任和产生的费用。

四、本通知根据启运港提供的提单与舱单上的"收货人"与"通知人"的地址发送，如上述信息有误，我司不承担由于通知不到而产生的损失。

五、根据《中华人民共和国海关法》规定，海运进口货之收货人必须在船舶申报之日起 14 天内向海关申报。逾期由海关征收滞报金，如在 3 个月内不提取货物作无主货处理。凡船抵港后 10 天内不提取货物，由此产生的滞箱费、疏港费等后果均由收货人承担。

我司地址：上海市吉庆路 453 号 20076

电话：021-12345678

上海中远集装箱运输船务代理公司

2019 年 1 月 21 日

第五章
出入境运输工具、集装箱报检

【学习目标】

知识目标：了解并掌握出入境运输工具的检验检疫和报检要求；熟悉并掌握出入境集装箱的检验检疫和报检要求。

技能目标：具有根据不同的出入境运输工具进行检验检疫申报的能力；具有对出入境集装箱进行检验检疫申报的能力。

【引　例】

北仑海关在入境集装箱表面截获有害生物

中国食品网 2018 年 6 月 6 日消息　近日，北仑海关在对一批来自美国的进口铜废碎料实施查验过程中，发现集装箱箱体表面、叉槽孔、凹缝处等黏附、残留了很多大豆。经实验室检测鉴定，这些大豆为转基因产品，大豆中还混杂有狗尾草、莠狗尾草等 5 种杂草种籽，且大豆又被检出携带包括检疫性有害生物——菜豆荚斑驳病毒在内的病毒、真菌等 10 种有害生物。鉴于这些非法入境的转基因生物可能存在的定殖、传播风险且携带有多种有害生物，北仑海关已按规定对该集装箱和大豆做了相应处理。

思考讨论：

1. 为什么一定要对出入境集装箱进行检验检疫？
2. 国家对出入境船舶卫生检疫有哪些规定？
3. 国家对出入境航空器卫生检疫的重点是什么？有哪些规定？
4. 国家对出入境列车卫生检疫的要求是什么？
5. 国家对出入境汽车卫生检疫的要求是什么？

运输工具流动性大，来自不同的国家（地区），携带有害生物的风险较高，因而是传带疫情的重要载体。我国规定，对输入的动植物及其产品及其他检疫物，**未经检验检疫机构检疫同意，不准卸离**运输工具。海关对出入境运输工具的检疫监管分为两部分：一部分是对运输工具卫生状况及人员的健康状况进行的卫生检疫监管；另一部分是对装载动植物及其产品和其他检疫物以及来自动植物疫区的运输工具的检疫监管。

第一节　运输工具报检

出入境运输工具是指用于载运人员、货物、物品进出境的各种船舶、航空器、铁路列车、公路车辆和驮畜。根据《海关法》《国境卫生法》及其实施细则、《动植物检疫法》及其实施条例的规定，海关依法对出入境交通运输工具实施检验检疫。

一、出入境交通工具报检

进出境运输工具到达或者驶离设立海关的地点时，进出境运输工具负责人应当采用电子数据和纸质申报单形式向海关报检。进境运输工具在进境以后向海关申报以前，出境运输工具在办结海关手续以后出境以前，应当按照交通运输主管机关规定的路线行进；交通运输主管机关没有规定的，由海关指定。进境运输工具在进境申报以后出境以前，应当按照海关认可的路线行进。

海关对出入境运输工具办理检疫的方式是即时办理，即审即办。

二、出入境交通运输检疫

（一）出入境船舶检疫

出入境船舶是指进出中华人民共和国国境口岸的外国籍船舶和航行国际航线的中华人民共和国国籍船舶。

出入境的船舶应在各水运口岸隶属海关办理出入境的检疫。

1. 入境检疫

入境船舶必须在最先抵达口岸的指定地点接受检疫，办理入境手续。接受入境检疫的船舶，在航行中发现检疫传染病、疑似传染病，或者有人非因意外伤害而死亡并死因不明的，船方须立即向入境口岸海关报告。

（1）船方或者其代理人在船舶预计抵达口岸24小时前（航程不足24小时的，在驶离上一口岸时）向海关申报，填报入境检疫申报书。如船舶动态或者申报内容有变化，船方或者其代理人应当及时向海关更正。

（2）海关对申报内容进行审核，确定检疫方式，并及时通知船方或者其代理人。

（3）船方或者其代理人向海关提交相关材料。

（4）对于需实施靠泊检疫或锚地检疫的入境船舶，检疫人员登轮开展检疫工作。

（5）海关对经检疫判定没有染疫的入境船舶，签发"船舶入境卫生检疫证"；对两岸直航船舶，签发"船舶进港卫生检疫证书"；对来往港澳的小型船舶，在登记簿上做好登记。对经检疫判定染疫、染疫嫌疑或者来自传染病疫区应当实施卫生除害处理的或者有其他限制事项的入境船舶，在实施相应的卫生除害处理或者注明应当接受的卫生除害处理事项后，签发"船舶入境卫生检疫证"；对来自动植物疫区经检疫判定合格的船舶，应船舶负责人或者其代理人要求签发"运输工具检疫证书"；对须实施卫生除害处理的，应当向船方出具"检验检疫处理通知书"，并在处理合格后，应船方要求签发"运输工具检疫处理证书"。

2. 出境检疫

（1）船方或者其代理人在船舶离境前 4 小时内向海关申报，办理出境检疫手续。已办理手续但出现人员、货物的变化或者因其他特殊情况 24 小时内不能离境的，须重新办理手续。船舶在口岸停留时间不足 24 小时的，经海关同意，船方或者其代理人在办理入境手续时，可以同时办理出境手续。

（2）海关对申报内容进行审核，确定是否登轮检疫，并及时通知船方或者其代理人。

（3）船方或者其代理人向海关提交相关材料（入境时已提交且无变动的可免于提供）。

（4）对于需实施登轮检疫的出境船舶，检疫人员登轮开展检疫工作。

（5）经审核船方提交的出境检疫资料或者经登轮检疫，符合有关规定的，海关签发"交通工具出境卫生检疫证书"，并在船舶出境口岸联系单上签注；对两岸直航船舶，签发"船舶出港卫生检疫证书"；对来往港澳的小型船舶，在登记簿上做好登记。对需卫生处理的，实施相应的卫生处理措施，消除公共卫生风险后，签发"交通工具出境卫生检疫证书"。

 技能训练 5.1

对确定来自疫区的出入境运输工具实施动植物检疫的依据是什么？对来自疫区的不论是否装载动植物的运输工具都要实施检疫吗？对检疫合格和卫生处理合格的运输工具应签发哪些证件？

分析：

（二）出入境航空器检疫

出入境航空器应在各机场口岸海关办理检疫。

1. 申报

（1）入境航空器：入境航空器的负责人或代理人须在航空器入境前或入境时，向海关申报，如申请电讯检疫，则需在航空器预计到港前 30 分钟申报。在航空器到达前，如发现以下情况之一的，机长应及时通知地面航空站，并在最短的时间内向海关报告：①人员感染或疑似感染传染病；②人员出现传染病症状/体征；③人员非因意外伤害而死亡，并死因不明的；④发现医学媒介生物或医学媒介生物活动迹象的；⑤发现可疑的核与辐射、生物、化学污染源或危害事实的。

（2）出境航空器：出境航空器的负责人或代理人须在航空器关闭舱门前 15 分钟向海关申报。

 技能训练 5.2

一架装载有宠物狗的飞机因特殊情况，需在中国境内停留后飞往美国，飞机在停靠期间对其实施检疫需要注意哪些事项？

分析：

2. 实施检疫

海关审核航空公司提供的申报材料，评估检疫风险，确定检疫方式，并实施查验。

（1）登机检疫：①入境航空器在抵港后，机长或其授权的代理人对海关工作人员提出有关航空器卫生状况、机上人员健康状况、承载物品等情况的询问，应如实回答。未完成检疫查验，除经海关许可外，任何人不得上下航空器，不得装卸行李、货物等物品。经海关检疫合格或检疫许可后，方准下客和卸载行李、货物等。②出境航空器的负责人或代理人向海关提供申报材料，接受检疫查验。

（2）电讯检疫：在收到海关给予电讯检疫批准回复后，入境航空器在抵港后，可以直接上下人员、装卸货物，出境航空器可直接起飞离港。

检疫完成后分不同情况签发"运输工具检疫证书""交通工具出境卫生检疫证书""航空器进港检疫证书""航空器出港卫生检疫证书"等证书。

 技能训练 5.3

对装载进出境植物及其产品、其他检疫物和来自植物疫区的入境（含过境或迫降）飞机应怎样进行检验检疫？

分析：

（三）出入境列车检疫

出入境的列车应在各隶属海关实施检疫。

1. 申报

（1）入境列车的检疫：入境列车的负责人或代理人须在列车入境前或入境时，向海关申报，如申请电讯检疫，列车运营者或其代理人应当在列车预计抵达入境口岸30分钟前申报。在列车到达前，如发现以下情况之一的，车长应及时通知入境口岸车站，并在最短的时间内向海关报告：①人员感染或疑似感染传染病；②人员出现传染病症状/体征；③人员非因意外伤害而死亡，并死因不明的；④发现医学媒介生物或医学媒介生物活动迹象的；⑤发现可疑的核与辐射、生物、化学污染源或危害事实的。

（2）出境列车的检疫：出境列车的负责人或代理人须在离开出境口岸30分钟前向海关申报。

2. 实施检疫

海关审核列车的负责人或代理人提供的申报材料，评估检疫风险，确定检疫方式，并实施查验。

（1）登车检疫：①列车到站后，检疫人员首先登车，经判定无染疫情况下，其他人员方可上下列车。②列车长应当向检疫人员报告车上人员的健康状况及车体卫生状况，提交申报单、旅客/乘务人员名单、货物清单、其他检疫有关证书、文件。③检疫人员依法查阅相关证件资料，了解列车运行途中卫生情况，做好查验记录。列车长对检疫人员提出的有关卫生状况和人员健康的询问，应当如实回答，并在查验记录上签字确认。④对来自或途经检疫传染病及监测传染病流行地区的列车，或者车上载有病人和非意外伤害死亡且死因不明者，检疫人员应当进行流行病学调查、收集相关资料。对病人按规定进行医学处置，对列车指定地点停靠并进行相应的检疫处理。⑤检疫人员对入境、出境人员及列车实施传染病监测、卫生检查、核生化有害因子监测等检疫查验后，经判定无染疫，签发相应出入境卫生检疫证书。

（2）电讯检疫：在收到海关给予电讯检疫批准回复后，入境列车在抵站后，可以直接上下人员、装卸货物，出境列车可直接离境。

（3）随车检疫：根据公共卫生风险评估结果，对需实施随车检疫的列车，海关派员实施随车检疫，随车检疫人员在列车上开展检疫查验和卫生监督等工作。

入境列车经海关检疫判定没有染疫的，签发"运输工具检疫证书"；对经检疫判定染疫、染疫嫌疑或者来自传染病疫区应当实施检疫处理的入境列车，应当向列车负责人或代理人出具"检验检疫处理通知书"，并在处理合格后，签发"运输工具检疫处理证书"；出境列车经海关审核列车负责人或代理人提交的出境检验检疫资料或者经登车检验检疫，符合有关规定的，签发"交通工具出境卫生检疫证书"。对需检疫处理的，实施相应的检疫处理措施，消除公共卫生风险后，签发"交通工具出境卫生检疫证书"。

（四）出入境汽车检疫

出入境汽车应在隶属海关进行备案并实施检疫。

1. 入境检疫

（1）对所有入境车辆实施核与辐射有害因子监测，对符合检疫处理指征的车辆进行检疫处理。

（2）常态下，实施"主动申报"制度，即所有入境车辆负责人或驾驶员应在入境时，向海关申报，提交"出入境车辆检疫申报卡"。申报内容包括：①司乘人员及旅客有发烧、咳嗽等传染病症状，或最近一周内到过传染病疫区或接触过传染病病人的。②司乘人员携带微生物、人体组织、生物制品、血液及其制品、动植物及其产品、活体动物、废旧物品、放射性物质以及其他应申报物品的。③司乘人员未按要求持有有效的预防接种证书、国际旅行健康检查证明书或其他有关检疫证明的。

（3）疫情状态下，根据海关总署疫情公告、警示通报或相关文件，要求实施全申报制度的，车辆负责人或驾驶员在入境时，或抵达口岸前，通过电子、纸质等多种方式向海关申报。

（4）海关根据申报内容和检疫工作需要，评估风险，确定检疫方式，包括电讯检疫、车道检疫和指定地点（指定车道或指定车位）登车检疫。检疫指令在车辆入境时下达。

（5）对实施电讯检疫的，入境车辆可直接办理通关手续。

（6）对实施车道检疫的，海关在车道对司乘人员实施体温监测、医学巡查、携带物巡检、车辆卫生学状况巡视等。对发现异常的，实施指定地点登车检疫。

（7）对实施指定地点登车检疫的，海关在口岸指定地点登车检疫，实施司乘人员健康检查、携带物检疫、医学媒介生物监测、车辆卫生学状况检查、核生化监测等，根据检疫及处置结果，签发相应检疫证书或证明文件。

2. 车辆停留口岸期间的卫生监管

（1）对口岸停留的车辆，按比例抽查实施卫生监督，抽查重点为大型客运车辆、装载废旧物品/活体动物等检疫高风险货物的货运车辆。

（2）对口岸停留的车辆，发现以下情况的，车辆负责人或驾驶员应当立即向海关报告，申请临时检疫：①发现检疫传染病、疑似检疫传染病的。②有人非因意外伤害而死亡并死因不明的。③突发公共卫生事件的。

3. 出境检疫

常态下，实施"主动申报"制度，出境车辆存在应检疫内容的，车辆负责人或驾驶员应在出境时，向海关申报，提交"出入境车辆检疫申报卡"。海关根据申报结果，实施指定车道或指定车位登车检疫。

常态下，海关在车道对出境车辆实施巡检，巡检发现异常的，实施指定地点登车检疫。疫情状态下，根据海关总署疫情公告、警示通报或相关文件要求，对出境车辆采取相应检疫措施。

第二节　集装箱报检

一、集装箱检疫概述

集装箱检验检疫主要是对集装箱**箱体**和集装箱**载运的动植物产品**实施的检疫。集装箱在**出入境前、出入境时**或**过境时，承运人、货主**或其**代理人，必须向海关报检并预约检验检疫的时间，海关按照有关规定对报检集装箱实施检验检疫。**

海关对出入境集装箱的检验检疫，采取的是即时办理，即审即办方式。

（一）集装箱检验检疫范围

（1）所有出入境的集装箱，都应向海关申报，**实施卫生检疫。**

（2）对装载出入境动植物及其产品和其他检疫物的出入境集装箱，**实施动植物检疫。**

（3）对装载出口易腐烂变质食品、冷冻品的集装箱应实施清洁、卫生、冷藏、**密固等适载检验。**

（4）法律、行政法规、国际条约规定或贸易合同约定的其他应当检验检疫的，按有关规定、约定实施检验检疫。

（二）集装箱检验检疫的要求和重点

1. 集装箱检验检疫的要求

（1）集装箱**箱体表面**须贴有集装箱所用裸露木材已按照有关规定进行免疫处理的免疫牌

（标识）。

（2）**未携带**啮齿动物及蚊、蝇、蟑螂等病媒昆虫。

（3）**未被**人类传染病和国家公布的一、二类动物传染病、寄生虫病病原体污染。

（4）**未携带**植物危险性病、虫、杂草以及其他有害生物。

（5）**未携带**土壤、动物尸体、动植物残留物。

2. 集装箱检验检疫的重点

集装箱检疫的重点包括：集装箱是否来自疫区，是否被人类传染病和动物传染病病原体污染，是否带有植物危险性病、虫、杂草以及其他有害生物，有无啮齿动物、蚊、蝇、蟑螂等病媒生物，是否被有毒有害物质污染，是否清洁，是否带有土壤、动植物残留物，有无废旧物品、特殊物品、尸体、棺柩等，并按规定实施卫生除害处理。

（三）集装箱检验检疫的方式

1. 强制性检验

强制性检验主要是对装运出口易腐烂变质食品、冷冻品的集装箱，在装运前实施清洁、卫生、冷藏效能、密固状况等**适载性检验**。

强制性检验的检验内容包括：①箱体、箱门完好，箱号清晰，安全铭牌齐全。②箱体无有毒有害危险品标识。③箱内清洁、卫生、无有毒有害残留物，且封密状况良好。④箱内温度达到冷藏要求，符合《商检法》及其实施条例的规定。

2. 非强制性检验

非强制性检验的范围包括集装箱载损鉴定、集装箱货物的装箱鉴定、集装箱货物的拆箱鉴定、集装箱承租鉴定、集装箱退租鉴定、集装箱的单项鉴定。

（四）集装箱卫生除害处理

集装箱卫生除害处理主要有**熏蒸、消毒**和**杀虫**三种方法。出入境集装箱有下列情况之一的，应实施卫生除害处理。

（1）来自检疫传染病疫区的或监测传染病疫区的。

（2）被传染病污染的或可能传播检疫传染病的。

（3）携带有与人类健康有关的病媒昆虫或啮齿动物的。

（4）检疫发现有国家公布的一、二类动物传染病、寄生虫病名录及植物危险性病、虫、杂草名录中所列病虫和对农林牧渔业有严重危险性的其他病虫害的。发现超过规定标准的一般性病虫害的。

（5）装载废旧物品或腐败变质有碍公共卫生物品的。

（6）装载尸体、棺柩、骨灰等特殊物品的。

（7）输入国家或地区要求作卫生除害处理的。

（8）国家法律、行政法规或国际条约规定必须作卫生除害处理的。

思考与讨论

国际物流园区的进境集装箱有什么样的报检要求？

二、集装箱报检办理流程

1. 申报

（1）登录全国检验检疫无纸化系统进行网上报检业务申报，申报成功后打印出/入境集装箱检验检疫申请单，到所在地隶属海关办理。隶属海关工作人员根据有关规定审核报检资料，符合规范要求的予以受理，不符合要求的一次性告知企业补正报检资料。

（2）提供相关资料：①出/入境集装箱检验检疫申请。②报检委托书。③合同。④发票。⑤装箱单。⑥报关预录入单。

2. 实施检疫

隶属海关根据有关工作规范、企业信用类别、产品风险等级，判别是否需要实施现场查验，对无须现场查验的，审核报检资料后出具"入境货物检验检疫证明"；对需要进行现场查验的，查验合格的出具"入境货物检验检疫证明"；经查验后需经过卫生除害处理、其他无害化处理后符合检验检疫要求的集装箱，按照规定签发"检验检疫处理通知书""入境货物检验检疫证明"；经查验后必须作销毁或退运处理的，签发"检验检疫处理通知书"与"检验证书"，按照规定移交环保部门处理或直接监督销毁。

法律法规
《国际卫生条例》
（节选）

《出境入境管理法》

本 章 小 结

国际间货物贸易是通过交通运输工具的运输，从一个国家或地区向另一个国家或地区转运完成的，而大多数货物是通过集装箱来装载的。交通运输工具或集装箱在运载货物的同时也具有携带或传播有害生物的潜在危险。对此，《海关法》《国境卫生检疫法》及其实施细则、《进出境动植物检疫法》等对出入境交通运输工具的检疫作出了明确的规定。

对出入境交通运输工具必须进行卫生检疫和除害处理，出入境交通运输工具在我国境内停留或运行期间必须接受我国海关检验检疫部门的管制。出入境交通运输工具必须进行检验检疫。

集装箱在出入境前、出入境时或过境时，承运人、货主或其代理人，必须向海关报检并约定检验检疫的时间，海关按照有关规定对报检集装箱实施检验检疫。

基础与能力训练

一、单选题

1. 对装运出口（   ）的船舶和集装箱，其承运人或装箱单位必须在装货前申请适载检验。

　　A. 易燃易爆物品　　　　　　　　　　B. 易破碎损坏物品

　　C. 易腐烂变质食品　　　　　　　　　D. 易受潮物品

2．集装箱箱体外表动植物检疫主要检查有无非洲大蜗牛和土壤等，并对来自动植物传染病流行国家（地区）的集装箱箱体外表实施（　　）。

    A．隔离　　　　　　B．查验　　　　　　C．防疫消毒　　　　　　D．检验

3．对来自动植物疫区的，装载动植物及其产品和其他检验检疫物的，以及箱内带有植物性包装物或铺垫材料的集装箱，应实施（　　）。

    A．例行检查　　　　B．动植物检疫　　　　C．抽查　　　　　　D．检验

4．出境车辆存在应检疫内容的，车辆负责人或驾驶员应在出境时，向海关申报，提交（　　）。

    A．出入境车辆检疫证书　　　　　　　　B．出入境车辆卫生证书

    C．出入境车辆防疫证书　　　　　　　　D．出入境车辆检疫申报卡

5．出境航空器的负责人或代理人须在航空器关闭舱门前（　　）分钟向海关申报。

    A．5　　　　　　B．10　　　　　　C．15　　　　　　D．20

6．海关对经检疫判定没有染疫的入境船舶，签发（　　）。

    A．船舶入境检疫证书　　　　　　　　　B．船舶入境处理通知书

    C．船舶入境卫生检疫证　　　　　　　　D．船舶入境通知书

7．海关对经检疫判定没有染疫的两岸直航船舶，签发（　　）。

    A．船舶进/出港卫生检疫证书　　　　　　B．船舶进/出港检疫证书

    C．船舶进/出港处理检疫证书　　　　　　D．船舶进/出港通知书

8．船方或者其代理人在船舶离境前（　　）小时内向海关申报，办理出境检疫手续。

    A．4　　　　　　B．5　　　　　　C．6　　　　　　D．7

9．入境列车经海关检疫判定没有染疫的，签发（　　）。

    A．检疫证书　　　　B．检疫处理通知书　　　C．运输工具检疫证书　D．卫生证书

二、多选题

1．经查验后必须作销毁或退运处理的集装箱装运货物，签发（　　），按照规定移交环保部门处理或直接监督销毁。

    A．检验检疫处理通知书　　　　　　　　B．检验证书

    C．卫生检疫证书　　　　　　　　　　　D．熏蒸消毒证书

2．疫情状态下，车辆负责人或驾驶员在（　　）通过电子、纸质等多种方式向海关申报。

    A．入境时　　　　B．抵达口岸前　　　　C．入境后　　　　　D．抵达口岸后

3．在收到海关给予电讯检疫批准回复后，入境航空器在抵港后，可以直接（　　），出境航空器可直接起飞离港。

    A．签发检疫证书　　B．上下人员　　　　C．签发卫生证书　　　D．装卸货物

4．经查验后需经过卫生除害处理、其他无害化处理后符合检验检疫要求的集装箱，按照规定签发（　　）。

    A．检验检疫处理通知书　　　　　　　　B．检疫证书

    C．入境货物检验检疫证明　　　　　　　D．运输工具检疫证书

5．以下集装箱，须经消毒、除鼠、除虫或其他卫生处理，方准入境的有（　　）。

    A．来自检疫传染病疫区的集装箱

B．被检疫传染病污染的集装箱

C．发现与人类健康有关的啮齿动物或病媒昆虫的集装箱

D．可能传播检疫传染病的集装箱

6．对口岸停留的车辆，发现（　　　）等情况，车辆负责人或驾驶员应当立即向海关报告，申请临时检疫。

A．检疫传染病

B．疑似检疫传染病

C．有人非因意外伤害而死亡并死因不明的

D．突发公共卫生事件的

7．以下所列，须经卫生检查或检疫方准入境或出境的有（　　　）。

A．人员　　　　　　　　　　　　B．交通工具

C．集装箱　　　　　　　　　　　D．可能传播检疫传染病的货物

8．来自疫区的飞机在飞行中若发现（　　　），机长应立即通知到达机场的航空站向海关申报。

A．检疫传染病　　　　　　　　　B．病人

C．疑似检疫传染病　　　　　　　D．有人非因意外伤害而死亡且死因不明

9．边境口岸出入境车辆是指汽车、（　　　）等。

A．摩托车　　　　　B．船舶　　　　　C．自行车　　　　　　D．牲畜车

10．对来自动植物疫区的入境飞机，在入境口岸应实施动植物检疫，重点对飞机的（　　　）进行检疫和防疫处理。

A．食品配餐间　　　　　　　　　B．旅客遗弃的动植物产品

C．有过动植物性废弃物等区域　　D．旅客行李

三、判断题

1．运输工具在装载出境动物前，应在口岸海关的监督下进行消毒处理。（　　　）

2．口岸海关对在到达本口岸前已由国外其他口岸实施卫生处理的交通工具不再实施卫生处理。（　　　）

3．入境检疫时发现运输工具中装有我国规定禁止或限制进境的物品，应予没收。（　　　）

4．入境集装箱可随货物一起在报关后由目的地海关实施检疫。（　　　）

5．经检疫符合装运条件的集装箱，不能及时装货时，应由申请人自己加封，妥善保管。（　　　）

6．对装载动植物的出境集装箱应实施动植物检疫。（　　　）

7．入境船舶在领到卫生检疫机关签发的"船舶入境卫生检疫证"后，方可降下检疫信号旗。（　　　）

8．装载动物的运输工具抵达口岸时，未经入境地海关防疫消毒和许可，任何人不得上下运输工具。（　　　）

9．检验检疫部门对所有入境、出境集装箱实施卫生检疫。（　　　）

四、名词解释

1．出入境运输工具　　　2．集装箱检验检疫

3．集装箱强制性检验　　4．集装箱非强制性检验

五、简答题

1. 简述船舶出入境卫生检疫的主要内容。
2. 简述航空器出入境卫生检疫的重点。
3. 简述列车出入境卫生检疫的重点。
4. 如何完成出入境汽车报检?
5. 简述集装箱的检验检疫要求。

六、实训项目

1. 查阅相关资料,为出境集装箱的承运人、货主或代理人作一期报检指南。

2. ××××年11月,上海康丰进出口有限公司与香港 GLOBLE 公司签订了一单圣诞树的出口合同(销售合同如示例 5.1 所示),给上海康丰进出口有限公司供货的是广东东莞星星圣诞装饰品有限公司。12月初货已备好。若你是上海康丰进出口有限公司的报关人员,你和技术员一起到广东验货并完成该批货物的报检工作,请简述验货报检流程,并将示例 5.2 填写完整。

"中华人民共和国海关出/入境集装箱检验检疫申请"见示例 5.2。

 示例 5.1

销售合同
SALES CONTRACT

卖方 SELLER	SHANGHAI CONF IMP/EXP CO., LTD. NO.34 YANAN ROAD, SHANGHAI, CHINA		编号 NO.	SHC081102
			日期 DATE	NOV 11, ××××
买方 BUYER	HONGKONG GLOBLE CORP. RM1720,89 WEALTH STREET,HONGKONG		地点 PLACE	SHANGHAI
买卖双方同意以下条款达成交易: This contract is made by and agreed between the BUYER and the SELLER, in accordance with the terms and conditions stipulated below:				
1. 品名及规格 Commodity & Specification	2. 数量 Quantity	3. 单价及价格条款 Unit Price & Trade Terms		4. 金额 Amount
CHRISTMAS ORNAMENTS ART.NO.0603	150000PCS	HKD3.50/PC FOB SHENZHEN		HKD525000
5. 总值 Total Value	FIVE HUNDRED AND TWENTY FIVE THOUSAND HK DOLLARS TOTAL.			
6. 唛头 Marks	N/M			
7. 装运期及运输方式 Time of Shipment & Means of Transportation	NOT LATER THAN DEC.8, ×××× BT VESSEL			
8. 装运港及目的地 Port of Loading & Destination	From: SHANGHAI To: HONGKONG			
9. 保险 Insurance	TO BE COVERED BY THE BUYER			
10. 付款方式 Terms of Payment	By T/T 30 DAYS AFTER B/L DATE			
11. 备注 Remarks				
The Buyer		The Seller		
HONGKONG GLOBLE CORP.		SHANGHAI CONF IMP/EXP CO., LTD.		

示例 5.2

中华人民共和国海关
出/入境集装箱检验检疫申请

申请单位（加盖申请单位专用章）：　　　　　　　　　　　　　　　　　　　*编号：

申请单位登记号：　　　　　　　　　联系人：　　　　电话：　　　　申请日期：　年 月 日

收货人	（中文）		企业性质（划"√"）	口合资 口合作 口外资
	（外文）			
发货人	（中文）			
	（外文）			
集装箱规格及数量	集装箱号码		拟装/装载货物名称	包装/铺垫物种类及数量
运输工具名称及号码			启运/到达国家或地区	
启运及经停地点			装运/到货日期	
提单/运单号			目的地	
集装箱停放地点			* 检验检疫费	
拆/装箱地点			总金额（人民币）	
需要证单地点	口集装箱检验检疫结果单 口熏蒸/消毒证书		计费人	
			收费人	
报检人郑重声明： 1. 本人被授权申请检验检疫。 2. 上列填写内容属实。 签名：＿＿＿＿＿			领取证单	
			日期	
			签名	

注：有"*"号栏由海关填写

补充习题及实训

扫描二维码做更多练习，
巩固本章所学知识。

第六章

进出口税费计算

【学习目标】

知识目标：熟悉我国关税的构成；了解海关征收税款的一般程序；掌握出口货物完税价格的计算；熟悉并掌握进出口关税、进口环节税和其他税费的征收程序和计算方法。

技能目标：具有对进出口货物的完税价格的核算能力；具有按照进出口税费核算作业程序及计算公式对进出口货物进行进出口关税、进口环节税和其他税费的核算能力。

【引　例】

青岛海关破获一起海上绕关走私进口成品油案

新华社济南 2019 年 3 月 8 日电（记者　魏圣曜）青岛海关在山东荣成市某非设关码头破获一起海上绕关走私进口成品油案，现场查扣涉案成品油 220 吨，随后查证走私成品油 2 000 余吨，抓获犯罪嫌疑人 4 名。走私进口成品油严重扰乱国家进出口秩序，部分犯罪嫌疑人为牟取暴利，会走私无法通过国家检验的不合格油品，存在较大使用风险。为掩护走私行为，犯罪嫌疑人多采用非法改装或无成品油道路运输许可证的油罐车拉运，是国内道路运输和公共安全的严重隐患。

思考讨论：

1. 为什么走私成品油会给国家税收造成损失？

2. 什么是出口关税？征收出口关税有什么样的要求？

3. 什么是进口关税？征收进口关税有什么样的要求？

对进出口货物征收关税及相关税费是国家运用经济手段来调节进出口货物数量的基本方法。关税制度是国家关税政策的具体化、制度化、法律化，它由关税征收制度、减免制度、保税制度、退补制度、缴纳制度、纳税争议复议制度和违法行为处理制度构成，属海关管理的基本制度之一。征收进出口税费的法律依据是《海关法》《进出口关税条例》以及相关的法律法规。

第一节　认识关税

一、关税概述

关税属于国家对进出口货物和进出境物品所征收的**进出境环节**的流转税。广义的关税，不仅包括关税本身，还包括海关在进出境环节应征的其他国内税费，如增值税、消费税、船舶吨税等。

世界海关组织将关税定义为"在海关税则中规定的对进出境货品征收的税"。所以，关税是由国家海关对进出国境或关境的货物、物品征收的一种税。关税的课税对象是法律规定征收关税的标的物。我国《海关法》规定的关税课税对象是进出中国关境的货物和物品。

（一）制定关税税率的原则

《进出口税则》制定关税税率的原则如下。

（1）对进口国内不能生产或供应不足的动植物良种、粮食、肥料、饲料、药剂、精密仪器仪表、关键机械设备等，制定低税或免税政策。

（2）原料的进口税率，比半成品、成品的税率低。

思考与讨论

一个国家为什么要设立关税？设立关税一定是贸易保护吗？

（3）对国内能生产的物品、奢侈品，制定高税率。

（4）对于国内不能生产或质量未过关的零件、部件，进口税率比整机进口的税率低。

（5）对国内需要保护的产品或国内外价差大的产品，制定更高的税率。

（6）对绝大多数出口商品不征收出口关税。仅对需要限制出口的极少数原料、材料和半成品征收适当的出口关税。

（二）进口关税课税标准

进口关税是指一国海关以进境货物和物品为课税对象所征收的关税。在国际贸易中，它一直被各国公认为一种重要的经济保护手段。课税标准就是课税对象的数量化、金额化的标准。

1. 正税

正税是指按照《进出口税则》中的**进口税率征收**的关税，具有规范性、相对稳定性的特点。进口关税正税一般有从量税、从价税、复合税、滑准税等几种计征方法。

（1）从量税。从量税以商品的重量、容量、长度、面积、体积、个数等数量单位为依据，按规定的单位数额为税率来计算税款。目前，我国只对啤酒、原油、胶卷等少量进口商品按从量税计征关税。从量税的计算公式为

从量关税税额＝商品进口数量×从量关税税率（单位税额）

对进口商品征收从量关税时，报关人员应按规定的计量单位如实申报进口商品的数量，如未按规定计量单位成交，并且在有效单证上也没有按规定计量单位标明数量的，应按"从量关税商品计量单位换算表"换算后再行申报。

（2）从价。从价税以货物的价格或价值作为征收标准，按一定的比例（税率）征收税款。我国关税的计税标准以从价为主。从价税的关税保护作用不受商品价格变动的影响。从价税是按照进出口商品的价格为标准计征的关税。其税率表现为货物价格的百分率。从价税的计算公式为

$$从价关税税额 = 完税价格 \times 从价关税税率$$

（3）复合税。复合税又称混合税，在税则的同一税目中规定了从价和从量两种税率，征税时同时使用两种税率计征税款。目前，我国对进口价格高于 2 000 美元的广播级录像机、其他磁带录像机、磁带放像机和进口价格高于 5 000 美元的电视摄像机等进口商品征收复合关税。对进口价格低于 2 000 美元的广播级录像机、其他磁带录像机、磁带放像机和进口价格低于 5 000 美元的电视摄像机等进口商品征收单一从价关税。复合关税的计算公式为

$$复合关税税额 = 商品进口数量 \times 从量关税税率 + 完税价格 \times 从价关税税率$$

（4）滑准税。滑准税在《进出口税则》中预先按商品的价格高低分档制定若干不同的税率，然后根据进口商品价格的变动而增减进口税率的一种关税。当商品价格上涨时采用较低税率，当商品价格下跌时则采用较高税率，其目的是使该种商品的国内市场价格保持稳定。目前，我国对关税配额外进口的一定数量的棉花（税号：5201.0000）实行 5%～40% 的滑准税；对滑准税率低于 5% 的进口棉花按 0.570 元/千克的标准计征从量税。

2. 进口附加税

进口附加税是指国家由于特定需要对进口货物除征收关税正税之外另行征收的进口关税。进口附加税包括反倾销税、反补贴税、保障措施关税、报复性关税等特别关税，一般具有临时性。世界贸易组织禁止其成员方在一般情况下征收进口附加税，只有符合世界贸易组织反倾销、反补贴条例等有关规定的，才准许征收进口附加税。

（1）反倾销税，就是对倾销商品所征收的进口附加税。当进口国因出口国对其倾销某种产品，使国内产业受到损害时，而征收的相当于出口国国内市场价格与倾销价格之间差额的进口附加税。反倾销税的计算公式为

$$反倾销税税额 = 完税价格 \times 反倾销税税率$$

（2）反补贴税，是指对直接或间接接受出口津贴或补贴的外国商品以低于正常价格进口时所征收的一种特别税。反补贴税的计算公式为

$$反补贴税税额 = 完税价格 \times 反补贴税税率$$

（3）保障措施关税，是指由于进口数量激增给生产同类产品的国内产业造成严重损害或威胁时，进口国采取的数量限制和提高关税税率的措施。保障措施关税的计算公式为

$$保障措施关税税额 = 完税价格 \times 保障措施关税税率$$

（4）报复性关税，是指为报复他国对本国出口货物的关税歧视，而对来自相关国家的进口货物征收的一种进口附加税。报复性关税的计算公式为

$$报复性关税税额 = 完税价格 \times 报复性关税税率$$

（三）出口关税课税标准

出口关税是指海关以出境货物、物品为课税对象所征收的关税。征收出口关税的主要目的是限制、调控某些商品的过度、无序出口，特别是防止本国一些重要资源和原材料的无序出口。截至本书出版，我国主要对资源性、高耗能类商品征收出口关税。

我国出口关税主要以从价税为计征标准。

（四）关税的征管方式

关税的征管方式有海关审定制和企业自报自缴制两种。

海关审定制下，纳税义务人按照法律、行政法规和海关规章关于商品归类、价格和原产地管理的有关规定，如实申报进出口货物的商品名称、商品编号、规格型号、价格、运保费及其他相关费用、原产地、数量等关键申报要素，由海关对商品归类，货物价格、原产地等关键涉税要素审核后确定应缴税款，之后由纳税义务人按照规定缴纳，其作业程序是先审核后放行。

企业自报自缴制下，进出口企业、单位自主向海关申报报关单及随附单证、确认随附的税费电子数据，并自行缴纳税款，其作业特点是先放行后审核。

（五）关税的缴纳期限

纳税人应当自海关填发"税收缴款书"之日起 15 日内缴纳税款，逾期未缴纳税款的，按日征收 0.5‰的滞纳金（不属于海关行政处罚，是强制执行行为）。超过 3 个月仍未缴纳税款的，海关将采取强制措施。申请缓缴税款的，纳税人应在货物进口之前或海关办理该货物内销通关申报手续之后的 7 日内提出申请。关税的缓缴期一般为 3 个月，因特殊原因超过 3 个月的，需要向海关总署提出申请。

实物展台
专用缴款书

（六）关税的缴纳凭证

截至本书出版，我国进出口关税的缴纳凭证主要是"海关专用缴款书"。

"海关专用缴款书"主要用作进出口关税和进口环节税的缴纳凭证和滞纳金的缴纳凭证。海关征收进出口货物关税和进口货物进口环节税或滞纳金时，应向纳税人或其代理人填发"海关专用缴款书"。

二、关税税率

关税税率是根据课税标准计算关税税额的比率。从量税的税率表现为每单位数量的课税对象应纳税额，即定额税率；从价税的税率表现为应纳税额与课税对象的价格或价值的百分比的定率税率（固定税率）。关税税率的高低直接体现着国家的关税政策，是关税政策中最重要的内容。

1. 关税税率的分类

按照进出口货物的原产地国别，我国的关税可以分为以下几类。

（1）最惠国关税税率。最惠国关税税率适用于原产于世界贸易组织成员或与我国签订有相互给予最惠国待遇条款的双边贸易协定的国家（地区）的进口货物。对于原产地是我国香港地区、澳门地区和台澎金马关税区的进境货物和经批准的我国内地生产的货物复进口须征税的，按最惠国关税税率征税。

思考与讨论

　　假设甲、乙两国是世界贸易组织的成员，丙国不是世界贸易组织的成员。丙国生产的服装对乙国出口，乙国再将服装出口到甲国，甲国对此笔贸易征收了 13%的关税。若甲国在世界贸易组织中的承诺关税税率是 10%，那么它是否违反了最惠国待遇原则？为什么？

　　（2）协定关税税率。协定关税税率适用于我国参加的含有关税优惠条款的区域性贸易协定的有关缔约国（地区）的进口货物。

　　（3）特惠关税税率。特惠关税税率适用于与我国签订有特殊优惠关税协定的国家（地区）的进口货物。

　　（4）普通关税税率。普通关税税率适用于上述国家（地区）以外的国家（地区）的进口货物。

　　（5）特别关税税率。凡是对进口原产于中国的货物征收歧视性关税或给予其他歧视性待遇的国家（地区），我国可以对原产于该国家（地区）的进口货物征收特别关税，其征税品种、税率和起征、停征的时间，由国务院关税税则委员会决定。

　　（6）暂定税率。国务院关税税则委员会每年根据我国产业发展状况的需要，对部分进出口货物制定较最惠国关税税率更低的暂定税率。暂定税率只适用于享受最惠国待遇的国家和地区的货物。按照普通税率征税的进口货物，不适用进口货物暂定税率。

　　2. 关税税率适用规定

　　对于同时适用多种税率的进口货物，在选择适用的税率时，基本原则是"从低适用"，特殊情况除外（参见表 6.1）。

表 6.1　同时有两种以上税率可适用的进口货物最终适用的税率汇总表

进口货物可选用的税率	税率适用规定
同时适用最惠国关税税率、暂定税率	适用暂定税率
同时适用国家优惠政策、减征税率	优先适用减征税率
适用普通税率的进口货物，存在进口暂定税率	以普通税率征税的进口货物，不适用暂定税率
同时适用关税配额税率和其他税率	关税配额内的，适用关税配额税率，关税配额外的，适用其他税率
同时适用减征税率、进口暂定税率、协定税率、特惠税率	应当从低适用
反倾销税、反补贴税、保障措施关税、报复性关税	分别适用反倾销税、反补贴税、保障措施关税、报复性关税

　　我国《进出口关税条例》规定，进出口货物应当按照收发货人或其代理人申报进出口之日

实施的税率征税。当事人违反规定须对其补征税款的，适用该行为发生之日实施的税率；该行为发生之日不能确定的，适用海关发现该行为发生之日实施的税率。

对于出口货物，在计算出口关税时，出口暂定税率的执行优先于出口税率。

 技能训练 6.1

当一个企业需要进口机械设备用于生产某种产品时，除了设备本身的成本外，还须考虑进口通关时是否要缴纳进口关税。如果需要缴纳进口关税，应该以何种价格为基准计算进口关税；如果产品生产出来后又希望打入国际市场，在核算产品价格时，是否要缴纳出口关税；又应该以何种价格为基准计算出口关税。

分析：

三、关税减免与退补

关税政策具有一定的灵活性，国家对某些纳税义务人、某些课税对象根据具体情况实施税收优惠政策。降低适用的关税税率是常用的一种形式，它与对纳税义务人的豁免和对课税对象的豁免等共同构成关税减免制度。

法律法规
《进出口关税条例》

（一）关税减免

关税减免包括**法定减免和特定减免**两种情况。

1. 法定减免税

法定减免税是指进出口货物按照《海关法》《进出口关税条例》和其他法律法规的规定可以享受的减免关税优惠。法定减免税的范围如下。

（1）对关税税额在人民币 50 元以下的一票货物免征关税。

（2）无商业价值的广告品和货样。如单只鞋、袜或不成材的布料、纸张以及外商署名且无实用价值的广告宣传品。

（3）外国政府、国际组织无偿赠送的物资。无偿赠送的物资不包括经贸往来赠送，华侨、港澳台地区同胞的捐赠和其他团体或个人的捐赠。

（4）在海关放行前遭受损坏或者损失的货物。在海关放行前遭受损坏或者损失的货物，经海关在放行前查验确认，或放行前已送商检等部门检验，且检验结果经海关认可的，可以根据海关认定的受损程度减征关税。

（5）进出境运输工具装载的途中必需的燃料、物料和饮食用品。

（6）我国缔结或者参加的国际条约规定减征、免征关税的货物、物品。

（7）法律规定的其他免征或者减征关税的货物，海关可以根据规定免征或者减征。

2. 特定减免税

特定减免税是指海关根据国家规定，对**特定地区**、**特定用途**和**特定企业**给予的减免关税的优惠，也称政策性减免税。

特定减免税的范围主要是外商投资项目投资额度内进口自用设备、外商投资企业投资总额外进口自用设备、国内投资项目进口自用设备、贷款项目进口物资、特定区域物资、科教用品、科技开发用品、无偿援助项目进口物资、残疾人专用品、远洋渔业项目进口自捕水产品、远洋船舶及设备部件项目、集成电路项目、海上及陆上石油项目、货款中标项目进口零部件、救灾捐赠物资、扶贫慈善捐赠物资。

实物展台
进口货物征免税证明

3. 关税减免的申请及审理

申请特定减免税的单位或企业，应在货物进出口前向海关提出申请，由海关按照规定的程序进行审理。符合关税减免规定的，由海关发给一定形式的减免税证明，受惠单位或企业凭该证明申报办理进出口业务。由于特定减免税货物有地区、企业和用途上的限制，海关需要对其进行后续管理。

（二）关税退补

1. 退税条件

退税是指在纳税义务人或其代理人缴纳税款后，由海关依法退还误征、溢征和其他应退还款项的行为。可以办理退税的条件如下。

（1）已缴纳进口环节代征税款的进口货物，因品质或者规格原因原状退货复运出境的。

（2）已缴纳出口关税的出口货物，因品质或者规格原因原状退货复运进境的，并重新缴纳因出口而退还的国内环节有关税收的。

（3）已缴纳出口关税的货物，因故未装运出口，已退关的。

（4）已征税放行的散装进出口货物发生短卸、短装，如果该货物的发货人、承运人或者保险公司已对短卸、短装部分退还或者赔偿相应货款，纳税义务人可以向海关申请退还进口或者出口短卸、短装部分的相应税款。

（5）进出口货物因残损、品质不良、规格不符等原因，由进出口货物的发货人、海运承运人或者保险公司赔偿相应货款的，纳税义务人可以向海关申请退还赔偿货款部分的相应税款。

（6）因海关误征，致使纳税义务人多缴的税款。

2. 税款追征和补征

税款追征和补征的条件：①进出口货物放行后，海关发现少征或者漏征税款的；②因纳税义务人违反规定造成少征或者漏征税款的；③海关监管货物在海关监管期内因故改变用途按照规定需要补征税款的。

税款追征、补征的期限和要求：①进出口货物放行后，海关发现少征或者漏征税款的，应当自缴纳税款或者货物放行之日起1年内，向纳税义务人补征税款；②因纳税义务人违反规定造成少征或者漏征税款的，海关可以自缴纳税款或者货物放行之日起3年内追征税款，并按规定加收滞纳金；③海关发现海关监管货物因纳税义务人违反规定造成少征或者漏征税款的，应当自纳税义务人应缴纳税款之日起3年内追征，并按规定加收滞纳金。

第二节 出口关税的征收与计算

一、出口关税的计算公式

国家征收出口关税的主要目的是**限制、调控**某些商品的出口，特别是**防止**一些重要自然资源和原材料的出口数量过大而损害本国利益。目前我国征收的出口关税都是从价税。

应征出口关税税额的计算公式为

$$应征出口关税税额 = 出口货物完税价格 × 出口关税税率$$

式中，以离岸价格（FOB价）成交的出口货物完税价格计算公式为

$$出口货物完税价格 = FOB价 ÷（1 + 出口关税税率）$$

以境外口岸到岸价格（CIF价）成交的出口货物完税价格计算公式为

$$出口货物完税价格 =（CIF价 - 国际运输相关费用、保险费）÷（1 + 出口关税税率）$$

以货价加运费价格（CFR价）成交的出口货物完税价格计算公式为

$$出口货物完税价格 =（CFR价 - 国际运输相关费用）÷（1 + 出口关税税率）$$

上述公式中的运费及保险费均指在我国境内输出地点装载后发生的相关费用。

二、出口货物完税价格的审定

法律法规
《海关审定进出口货物完税价格办法》

《海关审定进出口货物完税价格办法》中规定："海关以进出口货物的实际成交价格为基础审定完税价格，实际成交价格是一般贸易项下进口或出口货物的买方为购买该项货物向卖方**实际支付或应当支付**的价格。"

海关审定的出口货物成交价格，是指该项货物的买方为购买该货物向卖方实际支付或应当支付的价格。进出口货物的收发货人要举证证明申报价格的真实性和准确性，或举证证明交易价格没有受到与卖方之间的特殊关系的影响。若纳税人向海关申报的出口货物成交价格明显偏低或经查明成交双方具有特殊经济关系，海关则对申报价格不予承认并另行估价征税。

以下发生的费用应计入出口货物完税价格。

（1）出口货物应以海关审定的货物售予境外的离岸价格，扣除出口关税后，作为完税价格。

（2）如离岸价格内包括了向国外支付的佣金，对这部分佣金应先予以扣除后，再按规定扣

除出口关税后计算完税价格。

（3）出口货物在离岸价格以外，买方另行支付的货物包装费，应计入完税价格。

以下发生的费用不能计入出口货物完税价格。

（1）离岸价格应以该项货物运离关境前的最后一个口岸的离岸价格为实际离岸价格。若该项货物从国内启运，则从国内口岸至最后出境口岸所支付的国内段运输费用应予以扣除。

（2）离岸价格需扣除出口关税。这是因为出口关税作为出口的成本，必然会被出口商或生产商作为出口价格的一部分，但在完税价格中不应包括出口关税。

（3）离岸价格不包括装船以后发生的费用，因此，出口货物成交价格如为境外口岸到岸价格或货价加运费价格时，应先扣除运费、保险费等越过船舷后的一切费用，包括佣金。

三、出口关税税额的计算步骤

需要特别注意的是：进出口货物的完税价格、进出口关税、进口环节代征税一律以人民币计征，均采用四舍五入法计算至"分"。

出口关税税额应按下列步骤进行计算。

第一步，按照归类原则确定税则归类，将应税货物归入恰当的税目税号。

第二步，根据完税价格审定办法、规定，确定应税货物的完税价格。

第三步，根据汇率使用原则，将外币折算成人民币。

第四步，按照相应的计算公式正确计算应征税款。

【例6.1】某进出口公司出口某货物，成交价为 CIF 纽约 1 000 万美元（约折合人民币 6 400 万元）。已知运费折合为 1 500 万元人民币，保费折合为 50 万元人民币，设该批货物适用的出口关税税率为 15%。

要求：计算出口关税税额。

解：CIF 价转变为 FOB 价为

$$6\,400 - （1\,500 + 50） = 4\,850（万元）$$
$$出口关税税额 = FOB 价 ÷（1 + 出口关税税率）× 出口关税税率$$
$$= 48\,500\,000 ÷（1 + 15\%）× 15\%$$
$$= 42\,173\,913.04 × 15\%$$
$$= 6\,326\,086.96（元）$$

第三节 进口关税、环节税及其他税费的征收和计算

一、进口关税

海关依照《进出口税则》对进口货物和从境外采购进口的原产于中国境内的货物征收进口关税。

（一）进口货物完税价格的审定

进口货物的完税价格，以海关审定的以实际成交价格或正常成交价格为基础的**到岸价格**为**完税价格**。正常成交价格是指成交双方不具有特殊经济关系，且该项货物在公开市场可以采购到的正常价格。到岸价格包括货价，再加上货物运抵中国关境内输入地起卸前的包装、运输、保险和其他劳务等费用。对于卖方付给我方的正常回扣、佣金在合同内订明的，应从成交价格内扣除。在成交价格外，买方另行付给卖方的佣金，应计入成交价格。

进口货物的收货人应当向海关如实申报进口货物的成交价格，提供包括发票、合同、装箱清单及其他证明申报价格真实、完整的单证、书面资料和电子数据。海关认为必要时，进口货物的收货人还应当向海关补充申报反映买卖双方关系和成交活动的情况以及其他与成交价格有关的资料。

进口货物的成交价格经海关审查未能确定的，应以从该货物的同一出口国（地区）购进的相同或类似货物的正常成交价格为基础的到岸价格作为完税价格。

（二）进口货物完税价格的计算

进口货物以 CIF 价成交的，完税价格的计算公式为

$$进口货物完税价格 = CIF 价$$

进口货物以境外口岸 FOB 价成交价的，完税价格的计算公式为

$$进口货物完税价格 = \frac{FOB 价 + 运费}{1 - 保险费费率}$$

以我国口岸 CFR 价成交的，进口货物完税价格的计算公式为

$$进口货物完税价格 = \frac{CFR 价}{1 - 保险费费率}$$

【例6.2】某进出口公司从日本以 FOB 形式购进一批圆钢，共计 500 吨，其申报的发票价格及有关费用如下：申报运费 60 元（人民币）/吨；保险费费率为 0.1%；总额为 USD190 000；当时的外汇牌价为 100 美元＝640 元人民币。

要求：计算进口关税完税价格。

解：进口关税的完税价格计算过程如下：

（1）以美元计价的 FOB 价折合成人民币价格为

$$190\ 000 \times 6.4 = 1\ 216\ 000（元）$$

（2）经核查实际支出运费为

$$500 \times 60 = 30\ 000（元）$$

（3）保险费费率已知为 0.1% 时：

$$完税价格 = （FOB 价 + 运费）\div（1 - 保险费费率）$$
$$= （1\ 216\ 000 + 30\ 000）\div（1 - 0.1\%）$$
$$= 1\ 247\ 247.25（元）$$

（三）进口关税的计算

1. 从价关税

从价关税的计算过程如下。

第一步，按照归类原则确定进口货物的税则归类，将应税货物归入恰当的税目税号。

第二步，根据原产地规则，确定应税货物所适用的税率。

第三步，根据完税价格审定办法和规定，确定应税货物的完税价格。

第四步，根据汇率使用原则，将外币折算成人民币。

第五步，按照相应的计算公式计算应征税款。

【例 6.3】 某进出口公司从德国购进柴油船用发动机 2 台，成交价格为 CIF 境内目的地口岸 700 000 美元。已知外汇牌价为 100 美元 = 640 元人民币。经批准该发动机进口关税税率按 1% 减征。

要求： 计算减税征收的进口关税税额。

解： 发动机应归入税目税号 8408.1000。审定完税价格为 700 000 美元，外币价格折算成人民币为 4 480 000 元。

$$减税征收的进口关税税额 = 完税价格 \times 减征进口关税税率$$
$$= 4\,480\,000 \times 1\%$$
$$= 44\,800（元）$$

【例 6.4】 某进出口公司进口一批应税消费品，成交价折合人民币 1 085 万元，货物运抵我国关境内输入地点起卸前、起卸后的运费分别为 35 万元和 2 万元，保险费分别为 5 万元和 0.4 万元。包装材料费用和包装劳务费用 10 万元，与货物视为一体的容器费用 15 万元，与该货物有关的特许权使用费 50 万元，设应税消费品适用的关税税率为 20%。

要求： 计算该批货物应缴纳的进口关税税额。

解： 计算过程如下：

$$完税价格 = 1\,085 + 35 + 5 + 10 + 15 + 50 = 1\,200（万元）$$
$$应缴纳的进口关税税额 = 1\,200 \times 20\% = 240（万元）$$

说明： 进口货物运抵境内输入地点起卸后的运输费、保险费不计入该批货物的完税价格。

【例 6.5】 某进出口公司从韩国购进双酚 A 一批，成交完税价格为 CIF 境内目的地口岸 483 360 美元。已知需要对该货物征收反倾销税，外汇牌价为 100 美元 = 640 元人民币。

要求： 计算该批货物的反倾销税税额。

解： 双酚 A 应归入税目税号 2907.2300，查询相关反制措施文件，韩国产的双酚 A 应征收反倾销税，反倾销税的税率为 4.7%。

$$征收的反倾销税额 = 完税价格 \times 反倾销税税率$$
$$= 483\,360 \times 6.4 \times 4.7\%$$
$$= 145\,394.69（元）$$

2. 从量关税

从量关税的计算过程如下。

第一步，按照归类原则确定应税货物税则归类，将应税货物归入恰当的税目税号。

第二步，根据原产地规则，确定应税货物所适用的税率。

第三步，确定应税货物的实际进口量。

第四步，根据完税价格审定办法的规定，确定应税货物的完税价格。

第五步，根据汇率使用原则，将外币折算成人民币。

第六步，按照相应的计算公式计算应征税款。

$$进口关税税额 = 商品进口数量 \times 单位税额$$

【例6.6】 某进出口公司从我国香港购进彩色电影胶卷一批，折合为2 887.5平方米，成交价格为CIF境内某口岸600 000港币。已知当时外汇牌价为100港元=95元人民币。

要求： 计算该批货物的应征进口关税税额。

解： 胶卷应归入税目税号3702.5620，原产地为香港的彩色电影胶卷，适用最惠国关税税率为13元/平方米。

$$
\begin{aligned}
应征进口关税税额 &= 进口货物数量 \times 单位税额 \\
&= 2\,887.5 \times 13 \\
&= 37\,537.50（元）
\end{aligned}
$$

3. 复合关税

复合关税的计算过程如下。

第一步，按照归类原则确定进口货物的税则归类，将应税货物归入恰当的税目税号。

第二步，根据原产地规则，确定应税货物所适用的税率。

第三步，确定进口货物的实际进口数量。

第四步，根据完税价格审定办法规定，确定应税货物的完税价格。

第五步，根据汇率使用原则，将外币折算成人民币。

第六步，按照相应的计算公式计算应征税款。

$$复合进口关税税额 = 进口货物数量 \times 单位税额 + 完税价格 \times 从价关税税率$$

【例6.7】 某进出口公司从日本购进非特种用途的广播级电视摄像机20台，成交价格为CIF青岛7 000美元/台。已知当时外汇牌价为100美元=640元人民币。

要求： 计算该批货物的应征进口关税税额。

解： 非特种用途的广播级电视摄像机应归入税目税号8525.8012；经查，该产品对应有信息技术产品最惠国关税税率（29.2%）和复合税率（完税价格不高于5 000美元/台的，关税税率为单一从价税，税率为35%；完税价格高于5 000美元/台的，关税税额为9 728元/台人民币再加3%的从价税），二者从低计征。该产品原产于日本，适用最惠国关税税率。审定后完税价格为140 000美元；折算人民币为896 000元。

$$
\begin{aligned}
从价进口关税税额 &= 完税价格 \times 进口关税税率 \\
&= 896\,000 \times 29.2\% \\
&= 261\,632（元）
\end{aligned}
$$

$$
\begin{aligned}
复合进口关税税额 &= 商品进口数量 \times 单位税额 + 完税价格 \times 从价关税税率 \\
&= 20 \times 9\,728 + 896\,000 \times 3\% \\
&= 221\,440（元）
\end{aligned}
$$

二者经比较,复合关税的税额更低,应适用复合关税税率。该产品应征关税税额为 221 440 元。

二、进口环节税

进口货物、物品在办理海关手续放行后,进入国内流通领域,与国内货物同等对待,所以应缴纳应征的国内税。进口货物、物品的国内税依法由海关征收。

1. 消费税

消费税是以特定消费品为课税对象而征收的一种流转税。我国的消费税是在对商品普遍征收增值税的基础上,对特定应税消费品再征收的税。进口的应税消费品的消费税由海关征收。进口环节消费税除国务院另有规定外,一律不得给予减税、免税。进口的应税消费品,由纳税人(进口商或其代理人)向报关地海关申报纳税。进口环节消费税的缴纳期限与关税相同。

根据《消费税暂行条例》的规定,我国纳入消费税征收范围的仅限于少数特殊消费品,具体包括:过度消费会对人的身体健康、社会秩序、生态环境造成危害的烟、酒、酒精、鞭炮、焰火;属于奢侈品和非生活必需品的贵重首饰及珠宝玉石、化妆品;高能耗的汽车轮胎、摩托车、小汽车等;不可再生的汽油、柴油等。

法律法规
《消费税暂行条例》

我国消费税的税额可按从价、从量、复合征收的方法进行计算。

从价消费税的计算公式为

$$应纳税额 = 消费税组成计税价格 \times 消费税比例税率$$

$$消费税组成计税价格 = (关税完税价格 + 关税税额) \div (1 - 消费税比例税率)$$

从量消费税计算公式为

$$应纳税额 = 应征消费税商品进口数量 \times 消费税定额税率$$

从价、从量复合消费税税额的计算公式为

$$应纳税额 = 消费税组成计税价格 \times 消费税比例税率 + 应征消费税商品进口数量 \times 消费税定额税率$$

$$组成计税价格 = (关税完税价格 + 关税税额 + 应征消费税商品进口数量 \times 消费税定额税率)$$
$$\div (1 - 消费税税率)$$

【例6.8】某公司进口货物一批,经海关审核其成交价格为 CIF 境内某口岸 12 800 美元,折合人民币 81 920 元。设该批货物适用的关税税率为 20%,消费税税率为 15%。

要求:计算该批货物的应征消费税税额。

解:该批货物实行从价征收消费税。消费税税额的计算过程如下:

$$应征关税税额 = 完税价格 \times 关税税率$$
$$= 81\,920 \times 20\%$$
$$= 16\,384(元)$$

$$应征消费税税额 = (完税价格 + 关税税额) \div (1 - 消费税税率) \times 消费税税率$$
$$= (81\,920 + 16\,384) \div (1 - 15\%) \times 15\%$$
$$= 17\,341.41(元)$$

2. 增值税

进口环节增值税的计算公式为

$$应纳增值税税额 = 组成计税价格 \times 增值税税率$$

$$组成计税价格 = 关税完税价格 + 关税税额 + 消费税税额$$

计算过程如下。

第一步，按照归类原则确定进口货物的税则归类，将应税货物归入适当的税目税号。

第二步，根据有关规定，确定应税货物所适用的增值税税率。

第三步，根据审定完税价格的有关规定，确定应税货物的 CIF 价。

第四步，根据汇率适用规定，将外币折算成人民币（完税价格）。

第五步，按照相应的计算公式计算关税完税价格。

第六步，按照相应的计算公式计算消费税税额、增值税税额。

【例 6.9】 某外贸公司进口美国产切削金属的龙门数控铣床一台，FOB 价为 223 343 美元，运费为人民币 42 240 元，保险费费率为 0.3%，填发海关代征税缴款书之日美元对人民币外汇市场买卖中间价为 100 美元 = 640 元人民币。

要求： 计算该台数控铣床应缴纳的增值税。

解： 该台切削金属的龙门数控铣床应归入子目 8459.6100；经查，数控铣床适用的关税税率为 20%；数控铣床以 FOB 价折算成人民币为 1 429 395.2 元。

$$关税完税价格 = （FOB 价 + 运费） \div （1 - 保险费费率）$$

$$= （1\ 429\ 395.2 + 42\ 240） \div （1 - 0.3\%）$$

$$= 1\ 476\ 063.39（元）$$

$$应征关税税额 = 1\ 476\ 063.39 \times 20\%$$

$$= 292\ 212.68（元）$$

$$组成计税价格 = 关税完税价格 + 关税税额$$

$$= 1\ 476\ 063.39 + 292\ 212.68$$

$$= 1\ 771\ 276.07（元）$$

$$应征增值税税额 = 组成计税价格 \times 增值税税率$$

$$= 1\ 772\ 276.07 \times 13\%$$

$$= 230\ 265.89（元）$$

三、船舶吨税

船舶吨税是海关对外国籍船舶航行进出本国港口时，按船舶净吨位征收的税种。

船舶吨税的纳税义务人是进出我国港口的外国籍船舶的经营人，期租中国籍船舶进出我国港口的外国经营人，中外合资经营的船舶或外商投资企业租用中、外国籍船舶进出我国港口的经营人以及我国租用外国籍船舶在国际、国内沿海航行进出我国港口的经营人。

船舶吨税缴款期限为自海关填发缴款书之日起 15 日内（缴款期限届满日如果是节假日可顺延），逾期按日征收税款额 1‰的滞纳金。凡是征收了船舶吨税的船舶不再征收车船使用税；对已经征收车船使用税的船舶，不再征收船舶吨税。

船舶吨税起征日为"船舶直接抵港之日"。如过境后驶达锚地的，以船舶抵达锚地之日起计算；进境后直接靠泊的，以靠泊之日起计算。船舶抵港之日，船舶负责人或其代理人应向海关出具船舶停留时仍然有效的"船舶吨税执照"（简称"执照"），如所领"执照"期满后尚未离开中国，则应在期满之次日起续征；未能出具"执照"者，应按规定向海关申报，缴纳船舶吨税，并领取"执照"。

船舶吨税征收期限分为 90 天期缴纳和 30 天期缴纳两种，并分别确定税额，缴纳期限由纳税人在申请完税时自行选择。船舶吨税的计算公式为

$$船舶吨税 = 净吨位 \times 吨税税率（元/净吨）$$

其中，净吨位为船籍国（地区）政府授权签发的船舶吨位证明书上标明的净吨位。<u>船舶净吨位的尾数，按四舍五入原则，0.5 吨以下的免征尾数；0.5 吨以上的按 1 吨计算。不及 1 吨的小型船舶，除经海关总署特准免征者外，应一律按 1 吨计征。</u>

【例 6.10】有一净吨位为 88 000 吨的英国籍轮船，停靠在我国境内某港口装卸货物。纳税人自行选择为 30 天期缴纳船舶吨税。

要求：计算对该船应征的船舶吨税。

解：净吨位 88 000 吨的轮船 30 天期的优惠税税率为 3.8 元/净吨。

$$船舶吨税 = 净吨位 \times 吨税税率$$
$$= 88\ 000 \times 3.8$$
$$= 334\ 400（元）$$

法律法规
《船舶吨税法》

四、滞报金

进口货物未能按海关规定期限向海关申报产生滞报的，由海关按照规定征收滞报金。进口货物收货人要求在缴清滞报金前先放行货物的，海关可以在其提供与应缴纳滞报金等额的保证金后放行。

<u>进口货物滞报金按日计征，自运输工具申报入境之日起 14 日内向海关申报。</u>

实际操作中，<u>自 14 日申报期限届满次日起计算滞报期间，即以自运输工具申报入境之日第 15 日为起征日，以海关接受申报之日为截止日，起征日和截止日均计入滞报期间，另有规定的除外。</u>

进口货物因收货人在运输工具申报入境之日起超过 3 个月未向海关申报，被海关依法提取作变卖处理后，收货人申请发还余款的，滞报金的征收，<u>以自运输工具申报入境之日起第 15 日为起征日，以 3 个月期限的最后 1 日为截止日。滞报金的起征点为人民币 50 元。</u>滞报金的计算公式为

$$滞报金金额 = 进口货物完税价格 \times 0.5‰ \times 滞报天数$$

【例 6.11】国内某进出口公司从德国进口瓶装葡萄酒一批，货物于某年 3 月 6 日（星期四）入境，该公司于 3 月 28 日向海关传输数据，同时，海关接受申报。已知该货物 CIF 成交价格为 852 636 欧元，适用的外汇折算价格为 100 欧元 = 834.03 元人民币。

要求：计算对该批货物应征收的滞报金。

解：货物入境日是 3 月 6 日（星期四），法定申报时间为 14 天，即 3 月 20 日（自 3 月 7 日起算，含 3 月 7 日，共 14 天）前申报不产生滞报金。自 3 月 21 日起开始计算滞报期间，3 月 28 日海关接受申报，起、止日均要计入滞报期间，共滞报 8 天。

$$滞报金金额 = 进口货物完税价格 \times 0.5‰ \times 滞报天数$$
$$= 852\ 636 \times 8.340\ 3 \times 0.5‰ \times 8$$
$$= 28\ 444（元）$$

五、滞纳金

滞纳金是指应缴纳关税的单位或个人因在规定期限内未向海关缴纳应缴税款而被海关依法课以应缴纳税额一定比例的货币。进口关税、进口环节增值税、消费税、船舶吨税等的纳税人或其代理人，应当自海关填发"税收缴款书"之日起 **15日内**缴纳税款，逾期缴纳的、海关依法在原税款的基础上加收**每日0.5‰**的滞纳金。

海关对滞纳金的征收是自缴纳期限届满次日起，至进出口货物的纳税（费）义务人缴纳税费之日止，其中的法定节假日不予扣除。缴纳期限届满日遇双休日或者法定节假日的，应当顺延到双休日或者法定节假日之后的第一个工作日。

滞纳金按每票货物的关税、进口环节增值税、消费税单独计算，起征点为人民币50元，不足50元的免予征收。滞纳金的计算公式为

关税滞纳金金额 = 滞纳关税税额 × 0.5‰ × 滞纳天数

代征税滞纳金金额 = 滞纳代征税税额 × 0.5‰ × 滞纳天数

监管手续费滞纳金金额 = 滞纳监管手续费金额 × 0.5‰ × 滞纳天数

【例 6.12】某公司从美国进口一批高档化妆品，已知对该批货物应征的关税为 132 058.32 元；应征进口环节增值税为 856 422.66 元、进口环节消费税为 503 778.04 元。海关于某年3月7日（星期五）填发海关专用缴款书，该公司于3月28日缴纳税款。

要求：计算对该公司应征收的滞纳金。

解：先确定滞纳天数，然后再分别计算应缴纳的关税、进口环节增值税和消费税的滞纳金。若滞纳金金额不足50元，免予征收。

税款缴纳最后期限为3月22日（星期六）。按照规定，顺延至其后第一个工作日，即3月24日为最后缴款期限。3月25日至3月28日为滞纳期，共4天。

关税滞纳金金额 = 滞纳关税税额 × 0.5‰ × 滞纳天数

= 132 058.32 × 0.5‰ × 4

= 261.17（元）

增值税滞纳金金额 = 滞纳增值税税额 × 0.5‰ × 滞纳天数

= 856 422.66 × 0.5‰ × 4

= 1 712.85（元）

消费税滞纳金金额 = 滞纳消费税税额 × 0.5‰ × 滞纳天数

= 503 778.04 × 0.5‰ × 4

= 1 007.56（元）

 技能训练 6.2

企业从国外进口高级小轿车，除了要缴纳进口关税外，还需要缴纳什么税费？这些税费应该向税务机关还是直接向海关缴纳？一个船运公司租用外国籍船舶从事国际航运，是否需要缴纳船舶吨税？

分析：

六、担保金

根据《海关事务担保条例》的规定，进出口通关环节，进出口单位为申请**提前放行货物**及申请**办理特定海关业务**时可办理担保手续。

下列情形海关将收取担保金：海关尚未确定商品归类、完税价格、原产地、进口货物数量等征税要件的；正在海关办理减免税审批手续的；申请延期缴纳税款的；暂时进出境的；进境修理和出境加工的；因货物残损、品质不良或者规格不符，纳税义务人申报进口或者出口无代价抵偿货物时，原进口货物尚未退运出境或者尚未放弃交由海关处理的，或者原出口货物尚未退运入境的。

> **法律法规**
> 《海关事务担保条例》

上述海关事务担保可采取交付担保金或保证函的形式，其担保金金额不得超过可能承担的最高税款总额。税款担保不超过 6 个月，特殊情况下经直属海关关长批准或授权的隶属海关关长批准可酌情延长。

视野拓展

读者可通过阅读《反倾销条例》了解相关政策。

读者可通过阅读《反补贴条例》了解相关政策。

本 章 小 结

关税是海关代表国家、按照国家制定的关税税率和公布实施的《税法》及《进出口税则》，对准许进出关境的货物、物品向纳税人征收的一种流转税。进出口税费是指在进出口环节中由海关依法征收的关税、消费税、增值税、船舶吨税以及其他费用。

为限制、调控某些商品的过度、无序出口，特别是防止我国一些重要资源和原材料的无序出口，海关对出境货物、物品征收出口关税。

作为一种重要的、各国公认的经济保护手段，对于进口货物和物品除按《进出口税则》中的进口税率征收进口关税和进口环节税外，国家还会由于特定需要对进口货物征收反倾销税、反补贴税、保障措施关税、报复性关税等进口附加税。

国家对某些纳税义务人、某些课税对象实施税收优惠。关税减免是海关关税管理制度中一项重要内容。进出口税费减免包括法定减免、特定减免和临时减免三种。

基础与能力训练

一、单选题

1. 我国关税的征税主体是（　　）。
   A. 国家及代表国家的海关
   B. 国家税务总局
   C. 进出口货物的收发货人
   D. 财政部

2．我国关税的客体，即征税对象是（　　）。

  A．进出口货物的货主   B．办理通关手续的海关

  C．准许进出境的货物和物品   D．各类进出境人员、运输工具、货物和物品

3．滞纳金的日征收金额为滞纳税款的（　　）。

  A．1‰   B．0.5‰   C．1%   D．0.5%

4．某进出口贸易公司从美国进口了一台电梯，发票列明如下：成交价格为 USD100 000，电梯进口后的安装、调试费为 USD6 000。经海关审查上述成交价格属实，且安装、调试费已包括在成交价格中，则海关审定该台电梯的完税价格为（　　）。

  A．USD100 000   B．USD106 000   C．USD94 000   D．USD96 000

5．某公司从英国进口了一套机械设备，发票列明如下：发票价格为 CIF 上海 USD200 000，设备进口后的安装及调试费为 USD8 000，设备进口后从上海运至武汉的运费为 USD1 000，进口关税为 USD1 000，上述安装调试费、上海运至武汉的运费、进口关税已包括在价款中，则经海关审定的该套设备的成交价格为（　　）。

  A．USD200 000   B．USD208 000   C．USD191 000   D．USD190 000

6．出口货物的完税价格由海关以该货物的成交价格为基础审查确定，如果成交价格包含有出口关税，则出口货物的完税价格为（　　）。

  A．FOB 价   B．CIF 价   C．FOB 价-出口关税 D．CIF 价-出口关税

7．进口产品低于正常价格出口到我国且对我国相关企业造成实质性损害的，我国海关将对其征收的进口附加税为（　　）。

  A．反倾销税   B．反补贴税   C．保障措施关税   D．报复性关税

8．根据我国《进出口关税条例》的规定，货物进口或出口时，一般情况下，海关按照（　　）实施的税率计征关税。

  A．办理海关手续之日   B．装载货物的运输工具进境之日

  C．海关接受货物申报进口或者出口之日 D．向海关指定银行缴纳税款之日

9．对关税税额在人民币（　　）以下的一票进出口货物，免征关税。

  A．50 元   B．500 元   C．200 元   D．100 元

10．某单位货物进境日期为某年 2 月 8 日（星期四），海关 2 月 28 日接受该单位的申报。该单位的滞报期是（　　）天。

  A．5   B．6   C．7   D．8

二、多选题

1．我国关税的纳税义务人是（　　）。

  A．出口货物的发货人   B．运输工具负责人

  C．进口货物的收货人   D．进出境物品的所有人

2．下列属于进口附加税的是（　　）。

  A．反倾销税   B．反补贴税   C．保障措施关税   D．报复性关税

3．我国进口关税的计征方法包括（　　）。

  A．从价税   B．从量税   C．复合税   D．滑准税

4．以下选项中属于进口环节增值税组成计税价格的是（　　）。

  A．进口关税完税价格   B．进口关税税额

  C．进口环节增值税税额   D．进口环节消费税税额

  E．货物运抵我国境内输入地点起卸前的包装费、运费和其他劳务费、保险费

5．下列属于正税的是（　　　）。

  A．进出口关税   B．反补贴税   C．保障措施关税   D．船舶吨税

6．下面是有关运用我国《进出口税则》规定征收关税的表述，其中表述正确的是（　　　）。

  A．执行国家有关税率减征政策时，在暂定最惠国关税税率基础上再进行减免

  B．对于原产于中国境内的进口货物，适用最惠国关税税率

  C．对于原产地不明的进口货物，按照普通税率计征

  D．对于同时适用多种税率的进口货物，在选择适用的税率时，基本的原则是"从高计征"

7．关于进出口货物税费的计算，下列表述正确的是（　　　）。

  A．海关按照该货物适用税率之日所适用的计征汇率折合为人民币计算完税价格

  B．关税税额采用四舍五入法计算至人民币"分"

  C．完税价格采用四舍五入法计算至人民币"元"

  D．滞纳金的起征点为人民币 50 元

8．在海关审定进出口货物的完税价格时，纳税义务人的义务是（　　　）。

  A．如实提供单证和资料

  B．如实申报及举证

  C．对特殊关系未对成交价格产生影响，负有举证的责任

  D．放弃被估货物

9．（　　　）等关税属于关税的正税。

  A．进口关税   B．反倾销税   C．出口关税   D．特别关税

10．对（　　　）应征收船舶吨税。

  A．在我国港口间行驶的外国籍船舶   B．我国租用的外国籍国际航行船舶

  C．外商租用的中国籍船舶   D．内地租用的香港地区国际航行船舶

三、判断题

  1．关税纳税义务人或其代理人应当自海关填发"税收缴款书"之日起 15 个工作日内向指定银行缴纳税款。（　　　）

  2．进口货物关税滞纳金的日征收金额为滞纳税款的 1‰。（　　　）

  3．进口环节增值税的计税基础是进出口货物的完税价格，是进口关税税额和进口环节应缴纳消费税税额之和。因此，增值税属于价内税。（　　　）

  4．对于香港、澳门特别行政区海关已征收船舶吨税的船舶，进入内地港口时，无须再征船舶吨税。（　　　）

  5．海关对进口税费金额不足 50 元的按 50 元征收。（　　　）

  6．海关发现多征税款的，应立即通知纳税义务人办理退还手续，并同时退还同期活期存款利息。（　　　）

  7．某进出口公司已申报的货物，在海关查验放行后，部分货物因故未能装上出境运输工具。如果货物不再出口，当事人可向海关申请对该部分货物作退关处理，海关核准后可退还该

部分货物的已征出口关税。（　　　）

8．海关对于法定减免税货物和特定减免税货物都不再进行后续的管理。（　　　）

9．某单位进口一批货物，海关征税放行后，货主发现部分货物不符合合同规定的标准，退运索赔后不再进口，要求海关退还退运货物已纳税款。海关按照《进出口关税条例》的有关规定，退运出口时不征出口关税，但是已征进口关税的不退。（　　　）

10．在海关放行前遭受损失的货物可根据海关认定的受损程度减征关税。（　　　）

四、名词解释

1．关税　　　2．从量税　　　3．从价税　　　4．复合税

5．滑准税　　6．进口附加税　　7．正税　　　8．关税法定减免

五、简答题

1．对进口货物如何审定完税价格？

2．进/出口关税的课税标准是什么？

3．关税减免有哪几类？

4．简述关税退补的条件。

5．制定关税税率的原则是什么？

6．关税税率是如何分类的？

7．简述出口关税税额的计算步骤。

8．进口环节税有哪几类？如何计算？

六、计算题

1．内地某公司从我国香港购进了日本产轿车10辆（适用原产国日本最惠国关税税率35%），成交价格合计为FOB香港120 000美元，实际支付运费5 000美元，保险费800美元。汽车的规格为4座，气缸容量2 000cc，已知当时的外汇牌价为100美元=630元人民币。计算对该公司应征的进口关税的税额。

2．某公司从日本购进了广播级电视摄像机400台，其中有200台成交价格为CIF境内某口岸4 000美元/台，其余200台成交价格为CIF境内某口岸5 200美元/台。已知当时的外汇牌价为100美元=630元人民币。计算对该公司应征的进口关税税额。

3．某公司进口了货物一批，经海关审核其成交价格为1 200美元。已知当时的外汇牌价为100美元=630元人民币。已知该批货物适用的关税税率为12%，消费税税率为10%，增值税税率为13%。计算对该公司应征的增值税税额。

4．某公司出口了铁合金135吨，每吨售价为CFR神户87美元，支付运费为30 000元人民币。已知该铁合金适用的出口关税税率为5%，当时的外汇牌价为100美元=630元人民币。计算对该公司应征的出口关税税额。

5．某公司进口货物应缴纳关税20 000元、增值税30 000元。海关于某年5月20日（星期五）开出税款缴纳通知单，该公司于6月19日缴纳税款。计算该公司应缴纳的滞纳金。

七、实训项目

某进出口公司从我国香港进口了一批原产于马来西亚的不锈钢餐刀和其他不锈钢制品（属

于法检商品，列入《自动进口许可管理货物目录》），运载该批货物的运输工具于某年 5 月 26 日（星期四）从深圳口岸申报进境，收货人于 6 月 1 日向深圳海关传送报关单电子数据，海关当天受理。该公司发现，该批货物有多处申报差错，必须撤销原电子数据报关单，故向海关申请并经海关审核同意于 6 月 2 日撤销了原电子数据报关单，该公司于 6 月 20 日重新向海关申报，海关当天受理申报并发出现场交单通知，收货人于 6 月 21 日向海关提交了相应的纸质单证。试回答以下问题。

1．该批货物进口申报符合海关规定的是_____。

2．如以上日期均不涉及法定节假日，该企业应该缴纳____天的滞纳金。

3．该批货物申报时，除"进口货物报关单"以外还应向海关提交_____、_____和_____随附单证。

4．假定该批货物在税则中的税率分别为：普通税率为 40%，最惠国关税税率为 12%，中国－东盟协定税率为 8.5%，香港 CEPA 项下税率为 0，则该批货物进口时适用的税率是_____。

5．该批货物属于法检商品，列入《自动进口许可管理货物目录》，因此应提交_____。

补充习题及实训

扫描二维码做更多练习，以巩固本章所学知识。

第七章

一般进出口货物报关

【学习目标】

知识目标：了解一般进出口货物报关的特点，熟悉一般进出口货物报关的基本程序，掌握一般进出口货物报关的步骤。

技能目标：具有对一般进出口货物进行报关的能力。

【引　　例】

关于推进全国海关通关一体化改革的公告

2017 年 6 月 28 日，海关总署发布 2017 年第 25 号公告。为加快转变政府职能，适应开放型经济新体制要求，深化简政放权放管结合优化服务，海关总署决定自 2017 年 7 月 1 日起推进全国海关通关一体化改革。

思考讨论：

1. 什么是"全国通关一体化"？"全国通关一体化"在促进通关便利化中发挥了什么作用？

2. 什么是一般进出口货物？一般进出口货物报关有什么特点？它的适用范围是什么？

3. 一般进出口货物报关有哪些基本环节？各环节的具体内容是什么？实际工作中应如何操作？

　　<u>一般进出口货物是指在进出境环节**缴纳**了应征的进出口税费并**办结**所有必要的海关手续，海关放行后不再进行监管的，可以直接进入生产和消费领域流通的进出口货物。</u>"一般进出口"是指海关的一种监管制度。"一般"只是海关业务中的一种习惯用语，本身并无特别含义，它只是作为海关监管制度的一种标志，便于区别其他的海关监管制度。

第一节　一般进出口货物

一、一般进出口货物报关的特点及适用范围

　　一般进出口货物可以永久留在关境内或关境外，不包括可享受特定减免税优惠的货物。

1. 一般进出口货物报关的特点

一般进出口货物报关有以下几个特点。

（1）必须在进出境环节**完纳**进出口税费。这里所说的"进出境环节"是指货物提取或装运

前的报关环节；"进出口税费"是指货物在报关时，因其直接发生了一次合法的进口或出口，在海关税法上被规定应税，而须向海关缴纳的关税、国内税及其他费用；"完纳"是指按照《进出口税则》的税率全额计征。但是，对于《进出口税则》规定零税率的或《进出口关税条例》列明免予征税（法定减免）的进出口货物无须缴纳进出口税费。

（2）货物在进出口时须**交验**相关的进出境国家管制许可证件。对于进出口货物涉及的各项进出境国家管制，均应在货物进出口前办妥审批手续，其许可证件在货物报关时随报关单一并向海关交验。

（3）货物在提取或装运前应**办结**海关手续。适用一般进出口报关制度的货物在申报、接受查验并缴清进出口税费，经海关复核放行后，报关人方能提取或装运。对于适用一般进出口报关制度的货物而言，海关放行即意味着报关货物的各项海关手续业已办结。

（4）货物在进出口后可**自行流通**。所谓自行流通，是指货物在办结了海关手续后即可由申报人自行处置。一般进出口货物在进口后或出口运离关境后可以自由流通，不再接受海关监管。

2. 一般进出口货物报关的适用范围

一般进出口货物报关适用于海关放行后可**永久**留在境内或境外，**不能享受**特定减免税优惠的实际进、出口货物。

下列货物适用于一般进出口货物报关。

（1）一般贸易进出口货物。

（2）易货、补偿贸易进出口货物。

（3）转为实际进口的保税货物、暂准进境货物，转为实际出口的暂准出境货物。

（4）不批准保税的寄售代销贸易货物。

（5）承包工程项目实际进出口货物。

（6）外国驻华商业机构进出口陈列的样品。

（7）外国旅游者小批量订货出口的商品。

（8）随展览品进境的小卖品。

（9）免费提供的进口货物。如外商在经济贸易活动中赠送的进口货物、试车材料，我国在境外的企业、机构向国内单位赠送的进口货物。

 小知识

"一般进出口货物"与"一般贸易货物"的区别

报关业务中对货物的分类是根据海关监管要求和监管制度的不同而分成不同类型的。在此所说的"一般进出口"是指海关的一种监管制度，它与交易方式中的"一般贸易"是不同的。一般贸易进出口货物是指经国家有关部门批准有权经营进出口业务的企业单边对外订购进口，或者接受境外客户单边出口订货的正常贸易进出口货物。

一般贸易货物在进口时可以按"一般进出口"监管制度办理海关手续，此时它就是一般进出口货物；也可以享受特定减免税优惠，按"特定减免税"监管制度办理海关手续，即为特定减免税货物；也可经海关批准保税，按"保税"监管制度办理海关手续，此为保税货物。但是，在报关业务中，人们习惯于把"一般进出口货物"称为"一般贸易货物"。

技能训练 7.1

某进出口公司进口了一批无缝钢管（属于法定检验商品，列入《自动进口许可管理货物目录》），载货运输工具于本年4月10日申报进境。

请问：对这批货物应怎样进行报关？

二、一般进出口货物进出境通关规则

一般进出口货物报关的基本环节和规则，具有普遍适用的意义。在办理其他各类货物的报关业务时，这些基本环节和规则也同样适用。

一般进出口货物进出境的通关规则如下。

1. 进出境时完纳进出口税费

纳税义务人在一般进出口货物进出境时须依法缴纳进出口关税、进出口环节代征税。

2. 进出境时提交国家实施贸易管制许可证件和其他相关证件

一般进出口货物若涉及国家贸易管制的，进出口货物的收发货人或其代理人在向海关申报时，应向海关提交相关的进出口许可证件和其他相关证件。

3. 进出境放行（或离境）后结关

结关是指进出境货物达到完全履行海关监管义务、办清海关手续的状态。一般进出口货物经海关审核申报单证、查验货物、征收税费、签单放行后，进口货物可以由报关人提离海关监管场所，出口货物可以由报关人安排装运。进口货物提离海关监管场所，出口货物运离关境后，不再接受海关监管，海关手续即全部办结。一般进出口货物的结关比较特殊，必须等货物实际运离关境后，海关才签发相关报关单证明联，方视为结关。

技能训练 7.2

进出口商向海关报关时，需要提供哪些单证？

分析：

第二节　一般进出口货物报关步骤

报关是与运输工具、货物、物品的进出境密切相关的一个概念。《海关法》第八条规定："进出境运输工具、货物、物品，必须通过设立海关的地点进境或者出境。"因此，由设立海关的地点进出境并办理海关手续是运输工具、货物、物品进出境的基本规则，也是进出境运输工具负责人、进出口货物收发货人、进出境物品的所有人应履行的一项基本义务。

一般进出口货物报关可归纳为以下几个具体步骤。

一、申报

申报是指进出口货物收发货人、受委托的报关企业，依照《海关法》及有关法律、行政法规的要求，在**规定**的期限、地点，采用电子报关数据和纸质报关单形式，**向海关报告实际进出口货物的情况**，并**接受**海关审核的行为。《海关法》第二十四条规定，"进口货物的收货人、出口货物的发货人应当向海关如实申报，交验进出口许可证件和有关单证。国家限制进出口的货物，没有进出口许可证件的，不予放行"。

"全国通关一体化"作业模式下，**进出口企业可以在任一海关进行申报**，即企业可根据实际需要，自主选择在货物进出口口岸、企业属地或其他海关报关，除必须进行转关操作的进出口货物外，均可实现一体化模式申报。

1. 申报前的准备工作

申报前的准备工作包括：①准备进口提货或出口备货；②办理报关委托手续；③准备报关的基本单证、特殊单证、预备单证；④填制报关单及其他报关单证；⑤报关单预录入。

2. 申报前看货取样

《海关法》第二十七条规定："进口货物的收货人**经海关同意**，可以在申报前查看货物或者提取货样。需要依法检疫的货物，应当在检疫合格后提取货样。"

进口货物的收货人在办理海关手续时，应当承担如实申报的义务，包括准确归类，正确填报进口货物的数量、规格等有关事项，但由于境外发货人在传递信息资料或装运环节上的问题，有可能造成境内收货人单证不全，不能准确地把握进境货物的真实状况，即使通过函电等方式，也无法予以确认，致使所到货物不能及时、准确申报。此时，为严格要求收货人履行如实申报的义务，加快报关速度，提高贸易效率，避免在出现申报内容与实际货物不符时，当事人以错发货为由逃避承担责任。进口货物的收货人可根据《海关法》有关规定，经海关同意提前看货、取样。如果货物进境已有走私违法嫌疑并被海关发现，海关将不予同意提前看货、取样。

只有在通过外观无法确定货物的归类等情况下，海关才会同意收货人提取货样。法律对收货人借查看货物或提取货物样品之机进行违法活动有严厉查处的规定。

由于法律已经赋予收货人在申报前查看货物、提取货物样品的权利，因而在收货人自己放弃行使权利的情况下所产生的法律后果，由收货人自己承担。

3. 申报期限

出口货物的发货人或其代理人除海关特许外，应当在货物运抵海关监管场所后、装货的**24小时以前**向海关申报。

进口货物的收货人或其代理人应当自载运该货物的运输工具申报进境之日起**14日内**，向海关办理进口货物的报关申报手续。进口货物的收货人自运输工具申报进境之日起超过3个月未向海关申报的，其进口货物由海关提取，并依法变卖处理。变卖货物所得价款在扣除运输、装卸、储存等费用和税款后，尚有余款的，自货物被依法变卖之日起1年内，经收货人申请，予以发还；其中属于国家对进口有限制性规定的货物，应当提交许可证件；不能提供许可证件的，不予发还。逾期无人申请发还的，上缴国库。

申报日期是指申报数据被**海关接受**的日期。

电子数据经过海关计算机检查退回的，视为海关不接受申报，进出口货物的收发货人或其代理人应当按照要求修改后重新申报，申报日期为海关接受重新申报的日期。海关已接受申报的报关单电子数据，经人工审核确认需要退回修改的，进出口货物收发货人、受委托的报关企业应当在10日内完成修改并重新发送报关单电子数据，申报日期仍为接受原报关单电子数据的日期；超过10日的，原报关单无效，进出口货物收发货人、受委托的报关企业应当另行向海关申报，申报日期为海关再次接受申报的日期。

进口货物的收货人或其代理人如果在法定的14天内没有向海关办理报关申报手续，海关将从**第15天起按日**征收金额为进口货物完税价格0.5‰的滞报金。

4. 申报单证

进出口货物的收发货人或其代理人向海关申报时须**交验**进出口许可证件和有关单证。国家限制进出口的货物，没有进出口许可证件的，不予放行。申报时应交验与所报货物相适应并支持"报关单"填报的单据和证件。进出口货物申报时需要交验的单证见表7.1。

表7.1　进出口货物申报时需要交验的单证

单证类别	进口货物	出口货物
主要单证	进口货物报关单	出口货物报关单
基本单证	提货单、发票、货物装箱单、进口合同	装货单、发票、箱单、出口合同
特殊单证	进口货物许可证、入境货物检验检疫证书、其他各种特殊管理证件	原产地证书
预备单证	贸易合同、货物原产地证书、委托单位的营业执照	出口许可证和其他证明文件

进出口货物的各种单据的内容必须齐全，且必须相互符合，做到单单相符、单证相符。报关单位在预备齐上述报关随附单证，按规定填制好进出口报关单或完成报关单预录入后，应在正式的每份进出口报关单左下角加盖报关单位的报关专用章，并由负责报关的报关人员及其所属企业的法定代表人（或其授权委托的报关业务负责人）签名后，报关人员才可以向海关正式递交报关单。

5. 申报方式

（1）**电子数据申报方式**

电子数据申报是指报关人员通过QP系统（快速通关系统）或"单一窗口"（包括通过"互联网+海关"接入"单一窗口"）按规定向海关传送报关单电子数据及随附单证电子数据的申报方式。

（2）**"两步申报"方式**

为进一步提高通关效率，2019年8月24日开始推行"两步申报"方式。

采取两步申报的企业，对应税货物，需提前向注册地直属海关关税职能部门提交税收担保备案申请；担保额度可根据企业税款缴纳情况循环使用。

第一步，企业凭提单信息，提交口岸安全准入需要的相关信息，进行"概要申报"，海关完成风险排查处置后，允许企业将货物提离海关监管作业场所（场地）。

第二步，企业自运输工具申报进境之日起14日内完成"完整申报"，补充提交满足税收征管、海关统计等所需的相关信息和单证，并按规定完成税款缴纳等流程。

转关业务暂不适用"两步申报"方式。

6. 申报的修改和撤销

自申报后海关接受时起，申报单证即产生法律效力，对当事人具有约束力。海关在接受申报后，除以下情形外，报关单证及其内容不得修改和撤销。

（1）报关人员可申请修改或撤销申报的情形：①由于报关人员操作或者书写失误造成所申报的报关单内容有误，并且未发现有走私违规或者其他违法嫌疑的；②出口货物放行后，由于装运、配载等原因造成原申报货物部分或者全部退关、变更运输工具的；③进出口货物在装载、运输、存储过程中因溢短装、不可抗力导致的灭失、短损等原因造成原申报数据与实际货物不符的；④根据贸易惯例先行采用暂时价格成交，实际结算时按商检品质认定或者国际市场实际价格付款方式需要修改申报内容的；⑤已进口的货物办理直接退运手续，需要修改撤销原进口货物报关单的；⑥由于计算机、网络系统等方面的原因导致电子数据申报错误的。<u>发生上述情形造成申报内容需要修改或者撤销的，进出口货物收发货人或代理人应当向海关提交**"进出口报关单修改/撤销表"**及相应的证明材料。</u>

实物展台
进出口货物报关单
修改/撤销表

进出口货物报关单
修改/撤销确认书

（2）海关通知修改或撤销：①海关将电子数据报关单退回报关单位，并详细说明修改的原因和要求。当事人应当按照海关要求进行修改后重新提交，不得对报关单其他内容进行变更。②海关向当事人制发**"进出口货物报关单修改/撤销确认书"**，通知当事人要求修改或者撤销的内容。当事人应当在 5 日内对进出口货物报关单修改或者撤销的内容进行确认，确认后海关完成对报关单的修改或者撤销。

（3）除不可抗力外，海关可以直接撤销的情形：①海关将电子数据报关单退回修改，当事人未在规定期限内重新提交的；②海关审结电子数据报关单后，当事人未在规定期限内递交纸质报关单的；③出口货物申报后未在规定期限内运抵海关监管场所的；④海关总署规定的其他情形。

需要注意的是，海关已经决定布控、查验以及涉嫌走私或者违反海关监管规定的进出口货物，在办结相关手续前，报关单位不得申请修改或者撤销报关单及其电子数据。

由于报关单位申报数据错误违反《海关法》有关规定的，海关在处罚后方可准予报关单位修改或撤销原申报单证及其内容，重新申报；对构成走私，受到没收处罚的货物，不允许重新申报。

二、检验检疫

为保护国家经济的顺利发展，保护人民的生命和生活环境的安全与健康，海关依照我国的法律、行政法规、国际惯例和贸易合同的要求，对进出境的货物、物品、运输工具、人员等进行检验检疫、认证及签发相关证明。

三、征税

1. 海关审定形式

海关审定形式是由海关对商品归类、货物价格、原产地等关键涉税要素审核后确定应缴纳税款，纳税人按照规定缴纳，其作业基本特点是先审核后放行。进出口货物收发货人或其代理人在收到海关对货物应缴纳关税、进口环节增值税、进口环节消费税、滞报金、滞纳金等所开具的关税和代征税缴款书或收费专用票据后，应在规定的时间内，到银行柜台缴纳税费，再持税款缴纳书到海关办理税费核销；或者在网上通过电子支付方式向指定银行缴纳税费，再由银行将该款项缴入海关专用账户。进出口货物收发货人或其代理人在收到银行缴款成功的信息后，通知海关办理货物放行手续。

2. "自报自缴"形式

自报自缴是指进出口企业、单位自主向海关申报报关单及随附单证、税费电子数据，并自行缴纳税费的行为（涉及公式定价、特案报关单等特殊种类货物以及需要纸质形式申报的，暂不适用"自报自缴"形式）。

进出口货物收发货人或其代理人在海关系统预录入时，可利用海关预录入系统的海关计税（费）服务工具计算应缴纳的税费，并对系统显示的税费计算结果进行确认，连同报关单预录入内容一并提交海关。进出口货物收发货人或其代理人在收到海关受理回执后，自行办理税费缴纳手续。同时，海关受理企业申报后不再开具税单进行告知，由企业缴纳税费后选择在海关现场打印税单或自行打印完税凭证。缴纳税费后货物即可放行，之后企业再配合海关对税收要素进行审查。

自主缴税模式报关单，税款缴款书上注明有"自报自缴"字样，该税款缴款书仅作为缴税凭证，不再具有海关行政决定的属性。

四、查验

查验是指海关为确定进出口货物收发货人向海关申报的进出口货物是否与**真实情况**相符，或者为**确定**商品的归类、价格、原产地等，依法对进出口货物进行**实际核查**的执法行为。

进口货物的收货人、出口货物的发货人或其代理人应派员到场协助查验，协助查验人员应出示有效证件并负责搬移货物，开拆和重封货物的包装，当海关对相关单证或货物有疑问时应负责解答。

海关查验完毕，报关人员特别要注意"海关进出境货物查验记录单"记录内容是否与实际相符，其中的重点内容是：开箱具体情况；货物残损情况及造成的原因；提取货样情况；查验结论。

1. 查验地点

查验进出口货物，一般在设有海关的码头、机场、车站的仓库或场院等海关监管场所进行，对于某些特殊货物，如散装货物、大宗货物、危险货物和鲜活易腐货物，为了尽快验放，也可以在船边等现场进行查验。如果报关单位要求海关在海关监管场所以外的地方进行查验，应当事先报请海关同意，海关按规定收取规费。

进出口货物，除海关总署特准免验的以外，都应该接受海关查验。但为方便大量货物的进出境，海关一般会根据进出境货物的风险状况区别对待，有选择地确定被查货物。

实物展台

查验通知书

2. 查验方法

查验应当由两名以上着海关制式服装人员共同实施。一般进出口货物的查验方法主要有以下几种。

（1）彻底检查。彻底检查即对货物逐件开箱（包）查验，将货物的品种、规格、数量、重量、原产地、货物状况等逐一与货物申报单详细核对。

（2）抽查。抽查即按一定比例对货物有选择地开箱（包）查验。对集装箱抽查，必须卸货。卸货程度和开箱（包）比例以能够确定货物的品名、规格、数量、重量等查验指令的要求为准。

（3）外形查验。外形查验即对货物的包装、标记、唛头等进行验核。外形查验仅适用于大型机器、大宗原材料等不易搬运、移动，但堆放整齐、比较直观的货物。

（4）机查。机查即使用 X 光机集装箱检查设备对集装箱进行查验。运输集装箱的货车通过 X 光检查设备不用开箱即可完成一般性检查工作。机查不能确定货物性质、数量，需要通过现场卸货查验的，应与其他查验方法配合使用。

（5）海关复验。海关复验是指经初次查验**未能查明**货物的真实属性，需要对已查验货物的某些性状作进一步确认的，或货物涉嫌走私违规，需要重新查验的，或进出口货物收发货人对海关查验结论有异议，提出复验要求并经海关同意而再次进行的查验。已经参加过查验的查验人员不得参加对同一票货物的复验。

（6）径行开验。径行开验是指海关在进出口货物有**违法嫌疑**，或经海关通知查验，进出口货物收发货人或者其代理人届时未到场的情况下，对进出口货物进行的查验。

3. 查验时限

查验时限一般约定在海关正常工作时间内，但在一些进出口业务繁忙的口岸，海关也可根据进出口货物收发货人的请求，在海关正常工作时间以外安排查验作业。

海关查验部门自查验受理时起，到实施查验结束、反馈查验结果最多不得超过 48 小时，出口货物应于查验完毕后半个工作日内予以放行。查验过程中，发现有涉嫌走私、违规等情况的，不受查验时限限制。

4. 查验致货物损坏的赔偿

（1）赔偿的范围。海关赔偿的范围仅限于在实施查验过程中因海关工作人员的责任造成被查验货物损坏的**直接**经济损失。查验致货物损坏造成的间接经济损失不在海关赔偿范围之内。直接经济损失的金额根据损坏货物及其部件的受损程度确定，或根据双方共同商定的货物受损程度或修理费用，以海关审定的完税价格为基数，确定赔偿金额。赔款一律用人民币支付。

（2）赔偿的流程。海关赔偿查验中损坏货物损失的流程是：①当事人要求海关出具"海关检验货物、物品损坏报告书"，以确认货物损坏情况；②当事人持"海关检验货物、物品损坏报告书"向海关提出赔偿请求，并根据货物损坏的情况，和海关共同确定赔偿的金额；③在规定的期限内向海关领取赔偿金。

 技能训练 7.3

某报关行代理天津服装进出口公司对一批出口服装进行报关。该报关行向海关申报后，出口货物发货人和报关行及报关人员该如何配合海关进行查验？如何处理查验过程中出现的一些偶然事件？

分析：

五、放行

放行是指海关接受进出口货物的申报、审核电子数据报关单和纸质报关单及随附单证、查验货物、征收税费或接受担保以后，允许进出口货物**离开海关监管现场**的工作环节。

货物放行一般由海关在进口货物提货凭证或者出口货物装货单上加盖"放行章"。进出口货物收发货人或其代理人签收进口提货凭证或者出口装货凭证后，凭以提取进口货物或将出口货物装上运输工具离境。目前，海关放行通常为电子数据放行模式。海关完成报关单放行后，将向相应海关监管作业场所经营企业发送货物电子放行信息。

1. 先税后放

先税后放是指货主或报关企业在**付清税费**或**提供足额担保**后，海关放行。

对无须查验的货物，海关在处理完计算机操作后即在正本提货单或运单上加盖"放行章"，计算机自动将有关实货放行电子信息传送至港区或机场货代，货主即可办理放行手续。对须查验的货物，海关工作人员在提货单或运单上加盖查验章后退还货主，由货主带至查验地点接受海关对货物的查验。

实际工作中，海关审单和查验完毕，并在报关单位办理了征税手续或提供担保后才会放行货物。对于违反进出口政策、法令规定的，尚未缴纳应缴税款的，以及海关总署指示不准放行的进出口货物，海关均不予放行。

2. 先放后税

先放后税是指在报关单位**缴纳税款**或**提供足额担保**前先放行货物。它是海关为体现守法便利原则，对通过海关审核的高级认证企业而给予提取或装运货物的通关便利。

新通关模式下，海关将涉税要素的风险排查与处置置于货物放行之后，报关单位放行后进行批量复核、风险排查。由此，海关在货物放行后实施后续核查将成为常态，事后核查是货物通关作业的重要组成部分。所以，进出口企业需要构筑更长的合规业务流程。

海关不予放行的情形：①违反海关和其他进出境管理的法律、法规，非法进出境的货物；②单证不齐或应税货物未办理纳税手续，而且又未能提供担保的；③包装不良，继续运输足以造成海关监管货物丢失的；④有其他未了事情尚待处理的（如未交违规罚款）。

3. 海关监管货物处置

海关监管货物处置是指进出口货物的收发货人或代理人因某种特殊原因需要对海关监管货物进行的加工、提取、装运或内销处理。无论上述哪一种处置方式，都必须接受海关监管，按照规定办理相关手续。

未经海关许可，任何单位和个人不得实施下列行为妨碍海关监管：①开拆货物及其包装；②从海关提取货物；③将货物交给收货人或者其他人员；④将货物交给运输部门；⑤任意调换监管货物的位置、内容或者掺杂其他物品；⑥对监管货物进行改装；⑦将监管货物作为债务的担保而设定抵押、质押、留置；⑧有偿或者无偿地向他人转让监管货物，更换货物或者货物包装上的标记；⑨将监管货物挪作其他用途；⑩进行其他处置。

对于海关施加封志的货物，任何单位和个人都有义务保持其封志的完整，不得擅自开启或者损毁，否则就是违反海关监管的行为。

六、结关

进口货物申报后，如果不涉及税费或者税费已经实际支付的，货物放行后系统会立刻结关；

税费尚未支付的已放行货物，须在税金支付后才能结关。出口货物申报后，一线出口货物（实际进出境）需要等待货物实际离关关境后，由承运人向海关发送舱单"理货正常"状态后，才能结关。二线出口货物（无实际进出境），放行后即可结关。

结关后，海关总署和国家外汇管理局、国家税务总局的电子数据交换规则如下：①需要收付汇的报关单，对于外汇管理 A 类企业，由海关总署系统自动向中国电子口岸发送进口付汇联、出口收汇联电子信息后，由电子口岸转发给国家外汇管理局（外汇管理 B、C 类企业不适用上述规则，仍然需要向申报地海关申请打印进口付汇联、出口收汇联）。②需要退税的报关单，由海关总署系统自动向中国电子口岸发送出口退税联电子信息，再由电子口岸转发给国家税务总局。

按海关要求完成全部通关手续后，进出口货物收发货人即可按照《报关单填制规范》和相关申报管理规定向海关申报报关单及随附单证。

 技能训练 7.4

中国矿产钢铁有限责任公司订购了一批热拔合金无缝钢管（属于法定检验商品，列入《自动进口许可管理货物》），并委托辽宁抚顺锅炉厂有限责任公司制造锅炉后内销。载货运输工具于本年 10 月 10 日申报进境。请问应如何确定这笔生意的贸易方式？应怎样根据贸易方式确定相关的报关程序？

分析：

本 章 小 结

一般进出口货物是指在进出境环节缴纳了应征的进出口税费并办结所有必要的海关手续，海关放行后不再进行监管的，可以直接进入生产和消费领域流通的进出口货物。一般进出口货物报关程序由申报、检验检疫、征税、查验和放行几个基本环节构成。

申报是指进出口货物收发货人、受委托的报关企业，依照《海关法》及有关法律、行政法规的要求，在规定的期限、地点，向海关报告实际进出口货物的情况，并接受海关审核的行为。

检验检疫是指海关依照我国的法律、行政法规、国际惯例和贸易合同的要求，对进出境的货物、物品、运输工具、人员等进行检验检疫、认证及签发相关证明的过程。

在征税环节，进出口货物收发货人或其代理人应在收到海关对应税货物所开具的相关征税票据后，在规定的时间内缴纳税费。

查验是指海关为确定进出口货物收发货人向海关申报的进出口货物是否与真实情况相符，或者为确定商品的归类、价格、原产地等，依法对进出口货物进行实际核查的执法行为。

放行是指海关接受进出口货物的申报、审核电子数据报关单和纸质报关单及随附单证、检验检疫部分查验货物、征收税费或接受担保以后，允许进出口货物离开海关监管现场的工作环节。

结关是指进出口货物达到完全履行海关监管义务、办清海关手续的状态。

基础与能力训练

一、单选题

1. 下列关于进出口货物申报时限的表述，（ ）是正确的。

A. 进口货物的申报时限为自装载货物的运输工具申报进境之日起 14 日内（最后一天是法定节假日的顺延至节假日后的第一个工作日）

B. 出口货物的申报时限为货物运抵海关监管区后装货的 24 小时内

C. 经海关批准准予集中申报的进口货物，自装载货物的运输工具申报进境之日起一个月后办理申报手续

D. 经电缆、管道或其他特殊运输方式进出境的货物，报关单位应在货物进出境时向海关办理报关手续

2. （　　）属于海关赔偿范围。

A. 在海关查验货物的过程中，由于报关单位陪同查验人员搬移货物时造成的货物损坏

B. 易腐、易失效货物在海关工作程序所需时间内发生货物变质或失效

C. 海关查验后，收货人在货物入库时发现被查验货物损坏

D. 海关查验人员在查验货物过程中造成的货物损坏，并在查验记录上签注

3. 对于（　　）来说，海关进出境监管现场放行就是结关。

A. 一般进出口货物　　　　　　　　　B. 保税货物

C. 特定减免税货物　　　　　　　　　D. 暂时进出口货物

4. 下列是关于申报地点的表述，完全正确的是（　　）。

A. 进口货物在进境地海关申报

B. 出口货物在出境地海关申报

C. 进口货物在指运地海关申报，出口货物在启运地海关申报

D. 企业可以选择任一海关办理进出口货物进出境申报

5. 进出口货物申报前，可以申请看货取样的情形是（　　）。

A. 经海关同意后　　B. 通知海关后　　　　C. 提取货物后　　　　D. 海关放行后

6. 下列有关进出口货物报关时限的说法，正确的有（　　）。

A. 进口货物自运输工具申报进境之日起 7 日内

B. 进口货物自运输工具申报进境之日起 14 日内

C. 出口货物运抵口岸 24 小时内

D. 出口货物运抵口岸 48 小时内

7. 进口货物申报进境时，最主要的单证是（　　）。

A. 进口货物报关单　　　　　　　　　B. 进口合同

C. 装箱单　　　　　　　　　　　　　D. 进口许可证

8. 申报日期是指（　　）。

A. 向海关提交电子数据报关单的日期　　B. 向海关提交纸质报关单的日期

C. 申报数据被海关接受的日期　　　　　D. 海关放行日期

9. 进出境货物申报地点是（　　）。

A. 货物进出口口岸　　　　　　　　　B. 企业属地

C. 其他海关　　　　　　　　　　　　D. 以上三个地点都可以

10. 出境货物应当在（　　）向海关申报出口。

A. 运抵海关监管场所后、装货的 4 小时前

B. 运抵海关监管场所后、装货的 7 小时前

  C．运抵海关监管场所后、装货的 14 小时前

  D．运抵海关监管场所后、装货的 24 小时前

二、多选题

1．关于一般进出口货物的特征，（ ）是正确的。

  A．报关单位在向海关申报时应提交相应的进出口许可证件

  B．报关单位在向海关办理进出口手续时应按照海关规定缴纳进出口税款

  C．进口货物海关签印放行后即结束海关监管

  D．出口货物在出口货物装货单上由海关签印放行后即结束海关监管

2．海关不予放行货物的情形有（ ）。

  A．违反海关和其他进出境管理的法律、法规，非法进出境的

  B．单证不齐或应税货物未办理纳税手续，而且又未能提供担保的

  C．包装不良，继续运输足以造成海关监管货物丢失的

  D．尚有其他未了事情尚待处理的（如违规罚款未交）

3．一般进出口货物的查验方法包括（ ）。

  A．彻底查验 B．抽查   C．外形查验   D．机查

4．一般进出口货物的范围包括（ ）。

  A．一般贸易方式进口特定减免税货物 B．承包工程项目进出口货物

  C．准予保税进口的寄售代销货物   D．边境小额贸易进出口货物

5．下列属于一般进出口货物特征的是（ ）。

  A．在进出境时按有关法律、法规的规定向海关缴纳应当缴纳的税费

  B．进出境时如需提交许可证的，应提交相关的许可证

  C．进出境放行（或离境）后结关

  D．暂不纳税

6．一般进出口货物在向海关申报时，应提交的单证是（ ）。

  A．贸易合同 B．商业发票   C．装箱单   D.《加工贸易手册》

7．下列属于一般进出口货物的是（ ）。

  A．易货贸易、补偿贸易进出口的货物

  B．在展览会中展示或示范用的进口货物、物品

  C．转为实际进出口的暂准进出境货物

  D．承包工程任务实际进出口货物

8．一般进出口货物经海关（ ）后，进口货物可以由报关人提离海关监管场所，出口货物可以由报关人安排装运。

  A．审核申报单证 B．查验货物   C．征收税费   D．签单放行

9．下列免费提供的货物中，属于一般进出口货物的是（ ）。

  A．外国政府、国际组织无偿赠送的物资

  B．外商在经济贸易活动中赠送的进口货物

  C．外商在经济贸易活动中免费提供的试车材料等

  D．我国在境外的企业、机构向国内单位赠送的进口货物

10．下列单证中，属于基本单证的是（　　　）。

　A．合同　　　　　　B．提货单　　　　　C．商业发票　　　　D．原产地证明书

三、判断题

1．一般进出口货物是指一般贸易货物。（　　　）

2．进口货物自装载货物的运输工具申报进境之日起超过3个月仍未向海关申报的，货物由海关依法提取变卖处理。对于不宜长期保存的货物，海关可以根据实际情况提前处理。（　　　）

3．申报日期是指申报数据被海关接受的日期。如报关单位采用电子数据报关和纸质报关两种方式报关，申报日期是指报关单位向海关提交纸质报关单证被海关接受的日期。

4．进出境货物的海关现场放行就是结关。（　　　）

5．报关程序是指进出口货物的收发货人、运输负责人、物品的所有人或其专业代理人按照海关的规定，办理货物、物品、运输工具进出境及相关海关事务的手续及步骤。（　　　）

6．所有的货物进出口报关都要经过前期的备案阶段。（　　　）

7．海关在查验货物时，报关单位应派人配合海关对进出口货物进行查验。海关还可以对进出口货物进行复验和径行开验，但必须在报关单位陪同下进行。（　　　）

8．从货物进出境起到最终办结海关手续止的期限，是海关对监管货物的监管期。（　　　）

9．一般进出口货物的报关程序由进出口申报、配合查验、缴纳税费、提取或装运货物四个环节构成。（　　　）

10．对于一般进出口货物来说，海关放行意味着全部海关手续已经全部办结。（　　　）

四、名词解释

1．一般进出口货物　　2．申报　　　　　3．查验　　　　　4．征税

5．放行　　　　　　　6．彻底查验　　　7．抽查　　　　　8．机查

五、简答题

1．简述一般进出口货物通关规则。

2．简述一般进出口货物报关的适用范围。

3．一般进出口货物申报前需要做哪些准备工作？

4．一般进出口货物的申报有哪些单证？

5．什么情况下的申报可以申请修改或撤销单证？

6．报关人员在海关查验时需要配合海关做些什么工作？

7．描述海关因查验造成损坏货物而进行赔偿的流程。

8．海关放行货物的条件是什么？

六、实训项目

总结本章所学内容，试画出一般进出口货物的报关操作流程图。

补充习题及实训　　　扫描二维码做更多练习，
以巩固本章所学知识。

第八章

保税货物报关

【学习目标】

知识目标：了解保税货物的概念、范围、基本特征及海关监管要求；掌握保税加工货物的报关程序；掌握保税仓库货物、保税物流中心货物、保税区货物的报关制度与程序。

技能目标：能熟练解读保税货物的基本内容；能办理保税加工货物的合同备案与核销；能办理保税仓库货物、保税物流中心货物、保税区货物的报关手续。

【引 例】

舟山市首次对国际航行船舶保税油加注失信行为实施联合惩戒

海事服务网 2018 年 10 月 17 日消息 10 月 11 日，舟山市公布保税油加注安全管理违法案件当事人信息，"金鸿 17"和"东凯油 9"成为船用燃油加注安全管理联合惩戒机制建立以来，首批被实施联合惩戒的船舶。联合惩戒机制的建立将保税燃油生产、销售、使用主体纳入社会信用体系，促进各环节市场主体守法经营，构建信用惩戒大格局，将为中国（浙江）自由贸易试验区保税燃油加注产业发展营造良好环境。

思考讨论：

1．什么是保税？我国为什么对国际航行船舶保税油加注失信行为实施惩戒？

2．什么是保税加工货物？海关对保税加工货物有什么样的监管方式？加工贸易货物如何报关？

3．什么是保税物流货物？海关对保税物流货物有什么样的监管方式？保税物流货物如何报关？

保税是一种国际通行的海关—贸易—物流相融合的特定的、专门的海关制度。

保税制度是经海关批准，对进口货物暂不征税，而采取保留征税权予以监管的一种制度。保税制度涉及的保税货物是指经海关批准未办理纳税手续进境，在境内储存、加工、装配后复运出境的货物。进口货物收货人或其代理人向海关申请为保税货物免征进口关税，海关最后根据保税货物是否复运出境，再决定是否需要补征相关税费。

第一节 保 税 货 物

一、保税货物概述

我国《海关法》对保税货物的定义："保税货物是指经海关批准**未办理纳税手续进境**，在境内储存、加工、装配后**复运出境**的货物。"

（一）保税货物的形式

保税货物包括保税物流、保税加工和保税服务三种方式。

1. 保税物流

保税物流是指经营者经海关批准，将未办理纳税手续进境的货物从供应地运送到需求地的服务型经营行为，包括进口货物在口岸与海关特殊监管区域及海关保税监管场所之间、海关特殊监管区域与海关保税监管场所内部、海关特殊监管区域与海关保税监管场所之间、境内区外出口货物与海关特殊监管区域及海关保税监管场所之间的物流。

保税物流包括储存、配送、分拨、运输、简单流通加工、中转转运、展示等业务。保税物流从物流移动的范围来看属于国内物流，但从业务操作模式上看具有明显的国际物流特点。

2. 保税加工

保税加工是指经营者经海关批准，对未办理纳税手续进境的货物，进行实质性加工或装配，以及相关配套业务的生产性经营行为。在产业链上体现为来料加工、进料加工等形式。

3. 保税服务

保税服务包括保税检疫维修、保税拍卖、保税展示交易、保税研发等。企业开展研发高技术含量和高附加值产品的检测及国产出口货物的售后维修业务，有助于延长加工贸易企业产业链和价值链，扩大企业的经营范围，降低企业的生产和物流成本，提升企业竞争能力。

 思考与讨论

一般贸易货物与保税货物有哪些不同点？它们在报关上有哪些地方是相同的？有哪些地方是不同的？

（二）保税货物的基本特征

保税货物的基本特征反映了货物按保税方式办理报关手续所经历的报关过程及货物经海关放行后的状态。

1. 暂时进出口时暂缓办理纳税手续

保税货物须在**海关监管**之下在境内进行特定的加工、储存，在适用不同的**海关事务担保**后，在进境时可以享有**暂免**缴纳进口环节各项税费的待遇。保税货物进境后主要用于临时储存或加工出口产品，原则上复出口前并不投入境内的经济循环。因此，对暂时进口储存或加工的货物，在尚未决定其最终去向时，在关税征收上采取暂缓办理的措施。这种暂免纳税不同于关税的免纳，因为保税货物的税收暂免是以将来的复运出境为前提的，若保税货物在特定时间内没有履行复运出境的义务，那么保税货物仍然应履行缴纳关税的义务。

2. 原则上免受进出口管制

除国家需实施特别经济保护或货物进口有悖于国家安全、公共卫生、社会文化、道德的要求以外，保税货物进出口通常**不适用**贸易的禁限措施。但货物的最终去向确定为内销或超过规定的储存、加工时限的，不仅有征收关税的要求，同时也必须按一般进口贸易申领国家进出口管制的许可证件。

3. 进出境报关现场放行后，货物尚未结关

保税货物因暂时进出口而未办理纳税手续和未提交进出口管制的证件。因此，在办妥保税货物进出境报关现场的海关放行手续时，其报关手续仍未完结，这些货物仍属海关监管货物范围，并在加工、储存直至核销结案期间，报关人员还须继续承担办结报关手续的义务。

4. 在货物的最终去向确定时，办理相应的报关手续

保税货物虽然原则上须复运出口，但实际上还有内销、结转保税等经济用途。在货物的最终去向确定时，无论其去向如何，报关人员均应按这些货物所确定的进出境经济用途办理相应的报关手续。

5. 核销后结案

核销是指对海关放行后仍属于海关监管范围的货物，报关单位应履行法律规定的义务，在海关规定的时限内向海关申请核销，由海关核销结案后，结束海关监管的过程。暂时进出口加工或储存的货物复出口或办理最终报关手续后，海关的监管才能解除，报关手续才算完结。

 技能训练 8.1

山东某纺织品进出口有限公司从韩国进口了混纺面料用以加工成男式风衣销往瑞士，还从韩国进口了尼龙面料用以加工成滑雪衣在国内销售。请问这两批进口货物的报关手续一样吗？

分析：

二、保税货物报关的基本程序

保税货物的报关与一般进出口货物不同，它不是在某一个时间办理进口或出口手续后即完成了报关，而是包括保税货物从进境、储存或加工到复运出境的全过程。保税货物的报关程序除了和一般进出口货物报关程序一样有进出境报关阶段外，还有合同备案和核销结案阶段。保税货物报关的程序如图 8.1 所示。

图 8.1 保税货物报关的基本程序

1. 合同备案

合同备案是指经营保税货物的单位或其代理人持有关证件、对外签约的合同及其他有关单证向主管海关申请办理**合同登记**备案手续，海关核准后，签发有关登记手册。合同登记备案是经营保税货物的单位或其代理人向海关办理的第一个手续，须在保税货物进口前办妥，它是保税业务的开始，也是经营者与海关建立承担保税货物法律责任和履行保税货物监管职责的法律关系的起点。

2. 货物申报进口

货物申报进口是指已在海关办理合同登记备案的保税货物**实际进境**时，经营单位或其代理人应持海关核发的该批保税货物的登记手册及其他单证，向进境地海关申报，办理保税货物进口手续。

3. 储存或加工后复运出口

储存或加工后复运出口是指保税货物进境后，应储存于海关指定的场所或交付给海关核准的加工生产企业进行加工制造，并在储存期满或经加工后**复运出境**。经营单位或其代理人应持该批货物的登记手册及其他单证，向出境地海关申报办理出口手续。

4. 核销结案

核销结案是指在备案合同期满或加工产品出口后的一定期限内，经营单位应持有关登记手册、进出口货物报关单及其他有关资料，向合同备案海关办理核销手续。海关对保税货物的进口、储存、加工、使用和出口情况进行核实并确定最终征免税之后，对该备案合同予以**核销结案**。这一环节意味着海关与经营单位之间的监管法律关系的最终解除，意味着保税货物整个报关程序的结束。

第二节　保税加工货物报关

一、保税加工货物概述

保税加工货物是指**经海关批准**未办理纳税手续进境，在境内加工、装配后复运出境的货物。保税加工货物通常被称为加工贸易保税货物。

相对于一般进出口形式，保税加工进出口形式的主要特点是料件进口时无须办理纳税手续，以及除另有规定外免于提交进口许可证。这两种进出口形式的对比分析见表 8.1。

表 8.1　保税加工进出口与一般进出口的对比分析

对比项目	保税加工进出口	一般进出口
进出口税收	料件进口时暂缓缴纳进口关税和进口环节税，并根据出口成品实际耗用的进口料件数量，免收关税和进口环节税	料件进口时缴纳进口关税、进口环节税；成品出口时缴纳出口关税
进出口许可证件	除另有规定外，进口料件属于国家对进口有限制性规定的，免于向海关提交进口许可证件；出口成品属于国家对出口有限制性规定的，应当向海关提交出口许可证件	进口料件、出口成品属于国家对进出口有限制性规定的，应当向海关提交进出口许可证件
海关稽查期限	加工贸易电子化手册结案之日起 3 年内，加工贸易电子化手册核销之日起 3 年内	自海关放行之日起 3 年内
海关管理重点	料件进口，组织生产，成品出口等产、供、销的全过程	与货物进出口关税、许可证件相关的商品归类、申报价格等

（一）保税加工货物的分类

依据进口料件的所有权状况，保税加工货物可分为**进料加工货物**与**来料加工货物**。进料加工和来料加工的不同主要表现在以下几个方面。

1. 来料方式

进料加工是指我方企业用外汇自行进料，自定品种花色，自行加工，自负盈亏。来料加工不用外汇，由境外企业提供原料，我方企业按其规定的花色品种、数量进行加工，向对方收取约定的加工费用，我方企业对货物无处置权。

2. 买卖方式

进料加工，进料是一笔交易，加工再出口又是一笔交易，这两笔交易在进出口的合同上没有联系；来料加工中，原料进口和成品出口往往是一笔交易，或是两笔相关的交易，原料的供应者往往是成品接收人。

3. 双方关系

进料加工再出口，从贸易对象来讲，没有必然的联系，进归进，出归出，我方企业和境外企业是商品买卖关系，不是加工关系。来料加工的双方，一般是委托加工关系，部分来料加工，虽然会用到我方企业的一部分原料，在不同程度上双方存在买卖关系，但我方企业为了保证产品的及时出口，一般都签订由对方承购这些产品的协议。

进料加工和来料加工两种保税加工方式的异同见表 8.2。

表 8.2　来料加工和进料加工的异同

对比项目	来料加工	进料加工	对比项目	来料加工	进料加工
物权	境外企业	境内经营企业	利润来源	加工费	销售利润
原料采购	境外企业	境内经营企业	营销风险	境外企业	境内经营企业
兑付外汇	否	是	与出口退税相关的税收征管政策	实行增值税不征不退政策	实行增值税免抵退税政策
保税	是	是			

（二）海关对保税加工企业的管理

保税加工是指经营企业经海关批准未办理纳税手续进口料件，经加工或者装配后，将制成品复运出口的经营活动。海关对保税加工企业的管理实施**物理围网**和**非物理围网**模式。

1. 物理围网模式

物理围网是指由海关专门划定区域对保税加工业务实施封闭式管理。目前，主要适用于出口加工区、保税港区、综合保税区。物理围网模式下，海关对保税加工企业实行联网监管和联网核查，以企业为海关监管单元，以核查企业电子底账为海关监管的主要手段，不实行银行保证金台账管理等海关事务担保。

2. 非物理围网模式

非物理围网是指海关针对经营企业的不同情况分别以电子化手册和电子化账册作为海关的管理模式。非物理围网相对物理围网而言，也称为"信息围网"模式，该模式针对经营企业的不同情况分别实行"电子账册＋联网核查"管理或者电子化手册管理。

（三）海关对保税加工业务的监管

1. 电子账册

电子账册是海关以企业为管理单元为联网建立的电子底账，企业通过数据交换平台或者其他计算机网络方式向海关报送能满足海关监管要求的物流、生产经营等数据，海关对数据进行核对、核算，并结合实物进行核查。

2. 电子化手册

电子化手册（通关手册）原则上是以加工贸易合同为单元，记载企业开展加工贸易业务时，在一定时间段内的出口成品数量（订单数量或预计订单数量）、成品对应使用的料件损耗情况以及加工生产这些出口成品所需的进口料件数量（进口指标）等。电子化手册作业流程如图 8.2 所示。

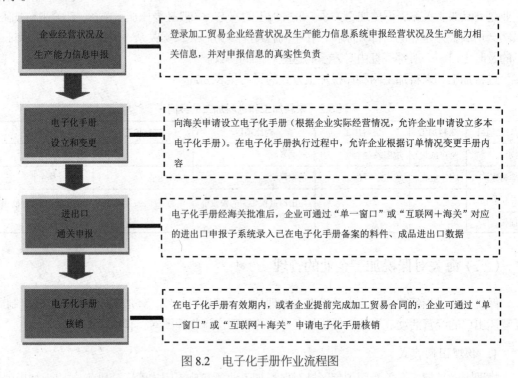

图 8.2　电子化手册作业流程图

3. 以企业为单元

以企业为单元的加工贸易监管模式称为新监管模式，是指以企业为单元，以账册为主线，以与企业物料编码对应的海关商品编号（料号）或经企业自主归并后形成的海关商品编码（项号）为基础，周转量控制，定期核销的加工贸易监管模式。

二、《加工贸易手册》的设立

保税加工货物均是**以复出口产品作为前提条件的**，在海关管理中，除料件、制成品外，加工过程中产生的边角、副产品、残次品等也属于保税加工货物。

对保税加工货物实施**手册管理**是海关保税加工管理的重要措施。《加工贸易手册》全称为《中华人民共和国海关加工贸易手册》，也称作海关手册。《加工贸易手册》原则上以加工贸易合同为单元，记载外贸加工企业开展经营所需要进口的原料数量（指标）、出口成品数量（指标）及成品对应的原料单耗情况。目前，电子化手册已全面应用，适用电子化手册管理的保税加工业务是最为常见的保税加工业务形态。

海关关于加工贸易手册设立的要求，在《加工贸易货物监管办法》中有明确规定。

法律法规
《加工贸易货物监管办法》

1. 手册设立申请人及受理海关

经批准从事对外加工的经营单位或企业，应向加工企业所在地主管海关办理《加工贸易手册》设立手续。

2. 手册设立申报内容及申报单证

除另有规定外，加工贸易经营企业申请设立加工贸易手册时，应当向海关如实申报贸易方式、单耗、进出口口岸名称，以及进口料件和出口成品的商品名称、商品编号、规格型号、价格和原产地等情况，并且上传以下单证：①有效期内的信息表；②经营企业委托加工的，提交经营企业与加工企业签订的委托加工合同；③经营企业对外签订的购销合同；④如果是申请企业的第一本电子化手册，则需上传营业执照、企业法人身份证明（身份证或护照）、银行设立的保证金或有效保函等；⑤企业申请报告；⑥海关认为需要提交的其他证明文件和材料。

3. 海关审核时限

经营企业提交齐全、有效的单证材料，申报设立《加工贸易手册》的，海关应当自接受企业手册设立申报之日起 5 个工作日内审核通过。单证不全或者材料不足的，海关会退单并在退单信息中反馈退单原因。

4. 海关不予办理《加工贸易手册》设立的情形

以下情形海关不予办理《加工贸易手册》设立手续：进口料件或者出口成品属于国家禁止进出口的；加工产品属于国家禁止在我国境内加工生产的；进口料件不宜实行保税监管的；经营企业或者加工企业属于国家规定不允许开展加工贸易的；经营企业未在规定期限内向海关报核已到期的《加工贸易手册》，又重新申报设立《加工贸易手册》的。

5. 海关事务担保

海关按照国家规定对加工贸易实行担保制度。需要办理担保手续的，经营企业按照规定提供担保后，再向海关申办《加工贸易手册》。

有下列情形之一的，海关应当在经营企业提供相当于应缴税款金额的保证金或者银行、非银行金融机构担保函后办理《加工贸易手册》设立手续：涉嫌走私，已经被海关立案侦查，案件尚未审结的；由于管理混乱被海关要求整改，在整改期内的。

有下列情形之一的，海关可以要求经营企业在办理《加工贸易手册》设立手续时提供相当于应缴税款金额的保证金或者银行、非银行金融机构担保函后办理《加工贸易手册》设立手续：

租赁厂房或者设备的；首次开展加工贸易业务的；《加工贸易手册》延期两次（含两次）以上的；涉嫌违规，已经被海关立案侦查，案件尚未审结的。

6. 其他规定

经营企业办理《加工贸易手册》设立手续时，申报内容、提交单证与事实不符的，海关应当按照下列规定处理：货物尚未进口的，海关注销其《加工贸易手册》；货物已进口的，一是海关责令企业将货物退运出境，二是经营企业也可以向海关申请提供相当于应缴税款金额的保证金或者银行、非银行金融机构担保函，继续履行合同。

《加工贸易手册》设立内容发生变更的，经营企业应当在《加工贸易手册》有效期内办理变更手续。需要报原审批机关批准的，还应当报原审批机关批准，另有规定的除外。

 技能训练 8.2

某服装进出口公司（加工贸易一般认证企业）于某年12月与美国公司签订了一份来料加工合同，合同规定由美方免费提供全棉印花布料，我方根据美方要求加工5 000件女式内衣（该料件属加工贸易限制类商品），我方收取加工费。合同签订后，该服装进出口公司应怎样办理报关手续？

分析：

三、《加工贸易手册》的核销

加工贸易手册核销是指加工贸易经营企业加工复出口或者办理内销等海关手续后，凭规定单证向海关报核，海关按照规定进行核查以后办理**解除监管手续**的行为。

海关对加工贸易手册核销的管理要求在《加工贸易货物监管办法》及相关公告中有明确规定。其主要内容如下。

1. 原则要求

加工贸易项下进口料件实行保税监管的，加工成品出口后，海关根据单耗关系与实际加工复出口的数量予以核销。

加工贸易货物的核销，应采用纸质单证、电子数据的形式。

对于加工工艺需要使用非保税料件的，加工贸易经营企业应当向海关如实申报使用非保税料件的比例、品种、规格、型号、数量。加工贸易经营企业按规定向海关申报非保税料件的，海关核销时应当在出口成品总耗用量中予以核扣。

2. 报核时限

加工贸易经营企业应当在规定的期限内将进口料件加工复出口，并且自《加工贸易手册》项下最后一批成品出口或者《加工贸易手册》到期之日起30日内向海关报核。加工贸易经营企业对外签订的合同提前终止的，应当自合同终止之日起30日内向海关报核。

3. 报核申报内容

加工贸易经营企业报核时应当向海关如实申报进口料件、出口成品、边角料、剩余料件、残次品、副产品以及单耗等情况，并且按照规定提交相关单证。

加工贸易经营企业按照规定向海关报核，单证齐全、有效的，海关应当受理报核。

4. 海关核销方法及时限

（1）海关核销可以采取纸质单证核销、电子数据核销的方式，必要时可以下厂核查，企业应当予以配合。

（2）加工贸易经营企业因故将加工贸易进口料件退运出境的，海关凭有关退运单证核销。

（3）加工贸易经营企业在生产过程中产生的边角料、剩余料件、残次品、副产品和受灾保税货物，按照海关对加工贸易边角料、剩余料件、残次品、副产品和受灾保税货物的管理规定处理，海关凭有关单证核销。

（4）海关应当自受理报核之日起，在规定的时间内予以报核。特殊情况需要延长的，经直属海关关长或其授权的隶属海关关长批准可以延长报核的期限。

（5）对经核销结案的《加工贸易手册》，海关向加工贸易经营企业签发加工贸易核销结案通知书。

5. 其他要求

（1）加工贸易手册的设立和核销单证自《加工贸易手册》核销结案之日起留存 3 年。

（2）加工贸易企业出现分立、合并、破产、解散或者其他停止正常生产经营活动情形的，应当及时向海关报告，并办结海关手续。

（3）加工贸易货物被人民法院或者有关行政执法部门封存的，加工贸易企业应当自货物被封存之日起，在规定时间内向海关报告。

（4）加工贸易经营企业已经办理担保的，海关在核销结案后按照规定解除担保。

海关审核经营企业报核数据及相关单证后，如通过审核，将对比手册核销结案。核销结案后，海关将签发加工贸易结案通知书。《加工贸易手册》报核的基本流程如图 8.3 所示。

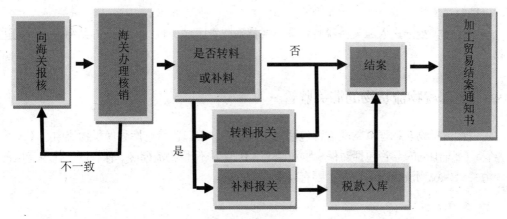

图 8.3　《加工贸易手册》报核的基本流程

第三节 保税物流货物报关

一、保税物流货物概述

保税物流货物是指**经海关批准**未办理纳税手续进境，在境内储存后复运出境的货物，也称作**保税仓储**货物。已办结海关出口手续尚未离境，经海关批准存放在海关专用监管场所或特殊监管区域的货物，亦带有保税物流货物的性质。

保税物流货物的通关管理主要包括两个方面：一个是**许可证管理**，另一个是**通关管理**。

（一）保税物流货物的特征

相对于其他进出口货物，保税物流货物有以下几个特征。

（1）进境时暂缓缴纳进口关税及进口环节海关代征税，复运出境免税，内销应当缴纳进口关税和进口环节海关代征税，不征收缓税利息。

（2）除国家另有规定外，进出境时免交验进出口许可证件。

（3）进境海关现场放行不是结关，进境后必须进入海关保税监管场所或特殊监管区域，运离这些场所或区域时必须办理结关手续。

（二）保税物流货物的范围

保税物流货物的范围如下。

（1）进境经海关批准进入海关保税监管场所或特殊监管区域，保税储存后转口境外的货物。

（2）已经办理出口报关手续尚未离境，经海关批准进入海关保税监管场所或特殊区域储存的货物。

（3）经海关批准进入海关保税监管场所或特殊监管区域保税储存的加工贸易货物，供应国际航行船舶和航空器的油料、物料和维修用零部件，供维修外国产品所进口寄售的零配件，外商的进境暂存货物。

（4）经海关批准进入海关保税监管场所或特殊监管区域保税的其他未办结海关手续的进境货物。

（三）保税物流货物的海关监管

保税物流货物非物理围网的监管包括对保税仓库、出口监管仓库、保税物流中心（A型）的监管；物理围网的监管包括对保税物流中心（B型）、保税物流园区、保税区、保税港区的监管。海关对保税物流货物的监管主要有以下五个方面。

1. 设立审批

保税物流货物必须存放在经过法定程序审批设立的专用场所或者特殊区域。未经法定程序审批同意设立的任何场所或者区域都不得存放保税物流货物。

　　保税仓库、出口监管仓库、保税物流中心（A型）、保税物流中心（B型），要经过海关审批并核发批准证书，凭批准证书设立及存放保税物流货物；保税物流园区、保税区、保税港区要经过国务院审批，凭国务院同意设立的批复文件设立，并经海关等部门验收合格才能存放保税物流货物。

2. 准入保税

　　保税物流货物的报关，在任何一种监管模式下，都没有备案程序，而是通过准予进入来实现批准保税的。这样，准予进入便成为海关保税物流货物监管目标之一。这个监管目标通过对专用场所或者特殊区域的监管来实现。

法律法规
保税物流中心
设立审批规定

3. 纳税暂缓

　　凡是进境进入保税物流监管场所或特殊监管区域的保税物流货物在进境时都可以暂不办理进口纳税手续，等到运离海关保税监管场所或特殊监管区域时才办理纳税手续，或者予以征税，或者予以免税。在这一点上，保税物流监管制度与保税加工监管制度是一致的，但是保税物流货物在运离海关保税物流监管场所或特殊监管区域征税时不需同时征收缓税利息，而保税加工货物（特殊监管区域内的加工贸易货物和边角料除外）内销征税时要征收缓税利息。

　　除易制毒化学品、监控化学品、消耗臭氧层物质等特殊商品外，其他保税物流货物免予交验进口许可证；复运出境时，无须办理出口纳税手续，除特殊商品外，免予交验出口许可证。

4. 监管延伸

　　对保税物流货物的监管延伸，表现为监管地点延伸和监管时间延伸。

　　监管地点延伸是指对已办结海关出口手续但尚未离境的货物的监管从出口申报地海关现场，延伸到专用监管场所或者特殊监管区域。

　　监管时间延伸有以下几种情况。

　　（1）保税仓库存放保税物流货物的时间是1年，可以申请延长，延长的时间最长为1年。

　　（2）出口监管仓库存放保税物流货物的时间是6个月，可以申请延长，延长的时间最长为6个月。

　　（3）保税物流中心（A型）存放保税物流货物的时间是1年，可以申请延长，延长的时间最长为1年。

　　（4）保税物流中心（B型）存放保税物流货物的时间是2年，可以申请延长，延长的时间最长为1年。

　　（5）保税物流园区、保税区、保税港区存放保税物流货物的时间没有限制。

5. 运离结关

　　除了保税物流货物的所有人及其代理人向海关办理报核外，经营保税物流的单位也应当定期以电子数据、纸质单证，向海关申报保税物流货物的进、出、存、销等情况。除外发加工和暂准运离（维修、测试、展览等）的货物需要被继续监管以外，运离专用监管场所或者特殊监管区域，都必须根据货物的实际流向办结海关手续。办结海关手续后，该批货物就不再是"运离"的专用监管场所或者特殊监管区域范围的保税物流货物。

保税物流货物监管程序由货物进境、保税储存、货物出境等环节组成，一般经过进境（申报、查验、放行），保税储存、出境，保税流转，或转为一般进口、保税加工、特定减免税等环节，办结相关手续后，才能完成全部监管过程。

二、保税物流货物报关程序

（一）保税仓库储存货物

保税仓库是指**经海关批准**设立的专门存放保税货物及其他未办结海关手续货物的仓库。

经海关核准，进口货物（尚未确定最终去向或待复出口）可以暂缓缴纳进口关税存入专门仓库，并在规定期限内复运出口或办理正式进口手续或用作保税加工。但在货物存储期间必须保持货物的原状，除允许在海关监管下进行一些以储存和运输为目的的简单处理外，不得进行任何加工。

保税仓库所存货物属于海关监管物，未经海关批准并按规定办理有关手续，任何人不得出售、转让、抵押、质押、留置、移作他用或者进行其他处置。货物在仓库储存期间发生损毁或者灭失的，除不可抗力原因外，保税仓库应当依法向海关缴纳损毁、灭失货物的税款，并承担相应的法律责任。

保税仓库所存保税货物，应于每月前 5 日内向海关办理核销手续，并将上月转存货物的收、付、存等情况列表报送当地海关核销。保税货物出库批量少、批次频繁时，经海关批准，可以定期集中办理报关手续。

1. 进仓报关

货物在保税仓库所在地进境时，除国家另有规定外，免领进口许可证件，由收货人或其代理人办理进口报关手续，海关进境现场放行后存入保税仓库。

货物在保税仓库所在地以外其他口岸入境时，经海关批准，收货人或其代理人可以按照转关运输的程序办理报关手续，也可以直接在口岸海关办理报关手续。

2. 出仓报关

保税仓库货物出库可能出现进口报关和出口报关两种情况。根据货物出库情况保税仓库可以逐一报关，也可以集中报关。出仓报关的具体规定如下。

（1）保税仓库货物出库用于加工贸易的，按加工贸易货物的报关程序办理进口报关手续。

（2）保税仓库货物出库用于可以享受特定减免税的特定地区、特定企业、特定用途的，按特定减免税货物的报关程序办理进口报关手续。

（3）保税仓库货物出库进入国内市场或用于境内其他方面的，按一般进口货物的报关程序办理进口报关手续。

（4）保税仓库货物为转口或退运到境外而出库的，按一般出口货物的报关程序办理出口报关手续，免缴出口关税，免交验出口许可证件。

保税仓库货物的进仓与出仓报关方式比较参见表 8.3。

表 8.3　保税仓库货物的进仓与出仓报关方式比较

进仓报关	进口报关	在保税仓库所在地入境	办理进口报关手续
		在保税仓库所在地之外口岸入境	按照进口货物转关程序报关或直接在入境口岸报关
		出库用于加工贸易	按照加工贸易货物报关程序报关
		出库用于特定减免税	按照特定减免税报关程序报关
		出库用于国内市场销售	按照一般进出口货物报关程序报关
出仓报关	出口报关	出库出口	按照一般出口货物报关程序报关
		退运出口	按照一般出口货物报关程序报关

（二）保税物流中心货物

保税物流中心的功能是保税仓库和出口监管仓库功能的叠加，保税物流中心既可以存放进口货物，也可以存放出口货物，还可以开展多项增值服务。

保税物流中心存放货物的范围：①国内出口货物；②转口货物和国际中转货物；③外商暂存货物；④加工贸易进出口货物；⑤供应国际航行船舶和航空器的物料、维修用零部件；⑥供维修外国产品所进口寄售的零配件；⑦未办结海关手续的一般贸易进口货物；⑧经海关批准的其他未办结海关手续的货物。

保税物流中心开展的业务范围：①保税存储进出口货物及其他未办结海关手续的货物；②对所存货物开展流通性简单加工和增值服务；③全球采购和国际分拨、配送；④转口贸易和国际中转业务；⑤经海关批准的其他国际物流业务。

保税物流中心不得开展的业务范围：①商业零售；②生产和加工制造；③维修、翻新和拆解；④存储国家禁止进出口货物，以及危害公共安全、公共卫生或者健康、公共道德或者秩序的国家限制进出口货物；⑤存储法律、行政法规明确规定不能享受保税政策的货物；⑥其他与物流中心无关的业务。

1. 保税物流中心与境外之间进出的货物报关

物流中心与境外之间进出的货物，应当在物流中心主管海关办理相关手续。物流中心与口岸不在同一主管海关的，经上级海关批准，可以在口岸海关办理相关手续。

物流中心与境外之间进出的货物，除实行出口被动配额管理和中华人民共和国参加或者缔结的国际条约及国家另有明确规定的以外，不实行进口配额、许可证管理。

从境外进入物流中心内的货物，凡属于规定存放范围内的货物予以保税；属于保税物流中心企业进口自用的办公用品、交通运输工具、生活消费品等，以及物流中心开展综合物流服务所需进口的机器、装卸设备、管理设备等，按照进口货物的有关规定和税收政策办理相关手续。

2. 保税物流中心与境内之间的进出货物报关

保税物流中心内的货物运往所在关区外，或者跨越关区提取保税物流中心内的货物，可以在物流中心主管海关办理进出中心的报关手续，也可以按照境内监管货物转关运输的方式办理相关手续。企业根据需要，经主管海关批准，可以分批进出货物，月度集中报关，但集中报关不得跨年度办理。

保税物流中心与境内之间的进出货物报关按下列规定办理：第一，保税物流中心内的货物出中心后，再进入关境内的其他地区视同进口，按照货物进入境内的实际流向和实际状态办理进口报关手续；属于许可证管理的商品，企业还应向海关出具有效的许可证件。第二，货物从境内进入保税物流中心视同出口，办理出口报关手续。如需缴纳出口关税的，企业应当按照规定纳税；属于许可证管理的商品，还应当向海关出具有效的出口许可证件。

（三）保税区货物

保税区货物报关可分为进出境报关和进出区报关。进出境报关采用报关制和备案制相结合的运行机制，即保税区与境外之间的进出境货物，属于自用的，采取报关制，填写进出口报关单；属于非自用的，包括加工出口、转口、仓储和展示，采取备案制，填写进出境备案清单。进出区报关要根据不同的情况按不同的报关程序报关。

1. 保税加工货物进出区的报关

货物进区，要按出口报关，提交《加工贸易手册》或者《加工贸易电子账册》，填写出口报关单，提供有关的许可证件，海关不签发出口货物报关单退税证明联。货物出区，要按进口报关，按不同的流向填写不同的进口货物报关单。保税加工货物进出区报关的具体规定如下。

（1）出区进入国内市场的，按一般进口货物报关，填写进口货物报关单，并提供有关的许可证件。

（2）出区用于加工贸易的，按加工贸易货物报关，填写加工贸易进口货物报关单，并提供《加工贸易手册》或者《加工贸易电子账册》。

（3）出区用于可以享受特定减免税企业的，按特定减免税货物报关，提供"进出口货物征免税证明"和应当提供的许可证件，免缴进口关税。

2. 进出区外发加工货物的报关

保税区货物外发到区外加工，或区外货物发到保税区加工，需经主管海关核准；进区时应提交外发加工合同向保税区海关备案，加工出区后核销，不填写进出口货物报关单，不缴纳税费；出区外发加工的，须由区加工企业在其所在地海关办理加工贸易备案手续，需要建立银行保证金台账的，应当设立台账；加工期限最长为6个月，情况特殊的，经海关批准可以延长，延长的最长期限是6个月；备案后按加工贸易货物出区进行报关。

3. 进出区设备的报关

不管是施工设备还是投资设备，进出区均需向保税区海关备案，设备进区不填写报关单，不缴纳出口关税，海关不签发出口货物报关单退税证明联，设备系从国外进口已征进口关税的，不退进口关税；设备退出区外的，不必填写报关单，但要报保税区海关核销结案。

本 章 小 结

保税货物是经海关批准未办理纳税手续进境，在境内储存、加工、装配后，复运出境的货物。保税货物根据其功能或用途可以分为保税加工货物和保税物流货物两种。

保税加工货物是经海关批准未办理纳税手续进境，在境内加工、装配后，复运出境的货物。保税加工货物通常被称为加工贸易保税货物。对保税加工货物实施手册管理是海关保税加工管理的重要措施。

保税物流货物是经海关批准未办理纳税手续进境，在境内储存后复运出境的货物，也称作保税仓储货物。海关对于保税物流货物的管理采用的是许可证管理和通关管理。

基础与能力训练

一、单选题

1．加工贸易经营单位委托异地生产企业加工本企业委托加工的产品并出口，办理合同备案手续的海关是（　　）。

  A．加工企业所在地主管海关　　　　　B．经营单位所在地主管海关

  C．海关总署　　　　　　　　　　　　D．进口料件进境地海关

2．（　　）属于国家禁止开展加工贸易的商品，不得办理来料加工业务。

  A．废旧汽车、摩托车及其主要部件的拆解、翻新

  B．金银制品

  C．为出口商品所生产的纸质包装物料

  D．天然牛黄、白金

3．某保税工厂办理属许可证管理商品进料加工料件进口申报手续时，在向海关提交相关的单据和证明文件中，不必递交的是（　　）。

  A．登记手册　　　　　　　　　　　　B．加盖保税生产企业戳记的报关单

  C．进口货物许可证　　　　　　　　　D．进口该批料件的随附单据

4．根据海关的规定，应由（　　）向海关办理加工贸易合同备案手续。

  A．进口料件的卖方　　　　　　　　　B．加工贸易经营单位

  C．出口料件的买方　　　　　　　　　D．承接加工料件的加工企业

5．保税加工进口料件在境内的流转过程一般主要包括（　　）环节。

  A．储存—直接加工—国内销售　　　　B．料件进口—储存—国内销售

  C．料件进口—直接加工—国内销售　　D．料件进口—直接加工—成品出口

6．保税物流不包括（　　）业务。

  A．储存　　　　　B．配送　　　　　　C．销售　　　　　　D．分拨

7．适用保税通关制度的是（　　）。

  A．展览品

  B．进料加工外商免费提供的加工贸易设备

  C．暂时进口的施工机械

  D．来料加工中外商免费提供的加工贸易设备

8．（　　）不属于海关非物理围网监管模式的监管。

  A．来料加工　　　B．进料加工　　　　C．出口加工区　　　D．保税工厂

9．（   ）不属于保税物流货物的范围。

　　A．经海关批准，进入海关特定监管场所后保税储存转口境外的货物

　　B．经海关批准，进入海关保税监管场所储存的货物

　　C．已办理出口报关手续，因各种原因尚未出境的货物

　　D．经海关批准，进入海关保税监管场所尚未办结海关手续的进境货物

10．按照海关规定，加工装配和进料加工出口货物应在办理了（   ）后，才能结关。

　　A．料件进口海关放行手续

　　B．成品出口海关放行手续

　　C．海关对备案的加工贸易合同核销手续

　　D．海关核查企业报送的报表

二、多选题

1．属出口许可证管理的商品在（   ）的情况下不能免领出口许可证。

　　A．进料加工项下出口产品

　　B．来料加工、加工装配项下复出口产品

　　C．对外经济技术交流中提供的试验性货样

　　D．租赁贸易项下的出口商品

2．根据我国《海关法》的规定，保税区内企业可以开展的业务有（   ）。

　　A．出口加工，保税仓储

　　B．国际转口贸易

　　C．与上述业务相关配套服务业务

　　D．储存国家禁止进出口的货物、物品

3．国家对进料加工成品出口，许可证管理上的要求有（   ）。

　　A．进料加工贸易合同项下的制成品出口均免领取出口许可证

　　B．属于国家许可证管理的商品应申领交验出口许可证

　　C．属于国家实行被动配额管理的纺织品，应申领并交验纺织品出口许可证

　　D．加工后的金银制品出口时应交验金银制品出口许可证

4．根据进料加工的有关管理规定，进料加工经营单位必须是商务部或其授权的有关主管部门批准的有进出口经营权的企业。这些企业包括（   ）。

　　A．国有外贸、工贸公司　　　　　　　　　　B．具有法人资格的出口生产企业

　　C．中外合作经营企业　　　　　　　　　　　D．中外合资及外商独资企业

5．从境外进入保税区的货物，以下说法正确的是（   ）。

　　A．进口自用的生产设备、物资免税　　　　B．进口加工贸易货物全额保税

　　C．转口货物保税　　　　　　　　　　　　D．进口自用交通工具、生活物资征税

6．从境外进入物流园区的货物，以下说法正确的是（   ）。

　　A．园区从境外进口的自用设备、物资免税

　　B．园区企业为开展业务进口的自用设备、装卸设备、仓储设备、管理设备免税

　　C．园区企业、行政机构及其经营主体进口的自用合理数量的办公用品免税

　　D．园区企业、行政机构及其经营主体进口的自用交通工具和生活物资，照章征税

7.（　　）属于加工贸易禁止类商品。

　　A．国家列明的禁止进出口的商品　　　　B．易制毒化学品

　　C．监控化学品　　　　　　　　　　　　D．烧制木炭的木材

8．在保税加工贸易业务中，来料加工与进料加工的相同之处是（　　）。

　　A．料件都需要进口　　　　　　　　　　B．加工成品需出口

　　C．备案的进口料件都全额保税　　　　　D．料件进口和成品出口都免领许可证

9．进出海关特殊监管区域办理海关手续时不适用保税通关制度的是（　　）。

　　A．物流园区货物出区运往境内区外用于消费的货物

　　B．境内区外加工贸易货物进入物流园区

　　C．出口加工区货物出区运往境内区外用于特定减免税的货物

　　D．保税区货物出区运往境内区外用于加工成产品后出口

10．从境外进口的区内自用的机器设备可以享受特定减免税待遇的是（　　）。

　　A．出口加工区　　　　　　　　　　　　B．保税区

　　C．保税物流中心（B型）　　　　　　　D．保税物流园区

三、判断题

1．因为来料加工进口的料件和加工的成品所有权属外商，外商有权在我国境内直接提取加工后的成品。（　　）

2．某公司与美国客商签订了一份进口5 000台分体空调成套散件进料加工合同，欲在国内组装成成品后出口。此批散件进口时海关按95%予以保税，5%不能出口部分予以征税。企业为减少资金占用，先把海关征税部分组装成成品内销，这样做是符合规定的。（　　）

3．对于经过批准以加工贸易方式保税进口的原材料转为内销时，在向海关办理纳税手续时，其税率适用向海关申报转为内销之日的税则税率。（　　）

4．保税加工进口料件在进口报关时，暂缓纳税，加工成品出口报关时再征税。（　　）

5．凡是海关准予备案的加工贸易料件一律可以不办理纳税手续，保税进口。（　　）

6．来料加工和进料加工是加工贸易的两种形式。（　　）

7．保税加工货物也就是通常所说的加工贸易保税货物。（　　）

8．纳税暂缓是海关对保税加工货物监管的特征之一。（　　）

9．保税加工的料件离开进境地口岸海关监管场所后进行加工、装配的地方，都属海关监管的范围。（　　）

10．保税物流中心（A型）和保税物流中心（B型）存放保税货物的时间相同，只是审批流程不同。（　　）

四、名词解释

1．保税制度　　2．保税储存　　3．保税加工　　4．保税物流货物

5．进料加工　　6．出料加工　　7．保税仓库　　8．保税物流中心

五、简答题

1．简述保税货物的形式。

2．简述保税货物的基本特点。

3．简述保税货物报关的基本流程。

4．什么是保税加工货物？来料加工与进料加工有什么不同？

5．如何取得《加工贸易手册》？

6．《加工贸易手册》如何报核？

7．简述保税仓库货物的进仓报关与出仓报关。

8．简述保税区货物的进区报关与出区报关。

六、实训项目

星火公司是一家专营进料加工集成电路块出口的外商投资企业，属于适用海关一般信用管理的企业。该公司于某年5月对外签订了主料硅片（非限制类商品）等原料的进口合同，按合同约定，企业30%的加工成品内销，70%的加工成品外销，原料于6月底交货。8月份与外商订立了集成电路块出口合同，交货期为12月底。11月底产品全部出运。

试分析：

1．如果你是星火公司的报关人员，该怎样办理这笔进料加工业务的报关手续？

2．如果你是星火公司的代理报关人员，该怎样办理这笔进料加工业务的报关手续？

补充习题及实训

扫描二维码做更多练习，
巩固本章所学知识。

第九章
特殊形式下进出口货物报关

【学习目标】

知识目标：掌握特定减免税货物的基本特征及海关监管要求；掌握暂时进出境货物的范围、基本特征及海关监管要求；熟悉转关的含义、海关监管的要求及报关程序；掌握跨境电商零售进出口相关概念、通关流程及税收政策；了解过境、转运、通运货物的不同点；熟悉过境、转运、通运货物的报关程序；熟悉无代价抵偿货物、退运与退关货物、转关运输货物的含义、海关监管的要求及报关手续。

技能目标：能完成特定减免税货物报关工作；能完成不同类别暂时进出境货物的报关工作；能完成转关运输货物报关工作；能完成跨境电商零售进出口货物报关工作；能完成过境货物、转运货物、通运货物、无代价抵偿货物、退运与退关货物、转关运输货物报关工作。

【引 例】

新余海关查获一起违规处置减免税设备案件

据海关总署官网 2016 年 6 月 16 日消息 近日，新余海关在"国门利剑 2016"联合专项行动中查获一起擅自违规处置减免税设备案件，涉及货值 2 700 余万元。经查，辖区内某纺织企业将仍在海关监管期限内的减免税设备擅自抵押给某银行贷款，并且将该设备擅自转让给其他企业，涉及货值 2 700 余万元。

思考讨论：

1．为什么减免税设备不能被擅自处置？

2．什么是特定减免税货物？海关对特定减免税货物的监管方式是什么？

3．什么是暂时进出境货物？海关用什么方式对暂时进出境货物进行监管？

4．什么是转关运输货物？海关对转关运输货物的监管方式是什么？

5．什么是跨境电商零售进出口货物？海关对跨境电商零售进出口货物的监管方式是什么？

6．什么是过境、转运、通运货物？海关用什么方式对过境、转运、通运货物进行监管？

按照《海关法》的一般原则，货物进出口，不论其原产地是外国还是本国，都应征收关税和其他税费。但货物暂时（准）进出口制度是这种一般原则的例外，它通过有条件地准予免纳关税和其他税收来体现海关法所给予的便利和优惠，从而形成了一项单独的海关业务制度。另外，特定减免税货物进口的报关，从特定减免税的申请到海关核销后解除海关监管，报关的时限长于进出口一般货物的报关时限要求，由此就必然要对其制定一些特殊的报关规则。

第一节 特定减免税货物报关

一、特定减免税货物概述

1. 特定减免税货物定义

特定减免税货物（也称特定减免税进口货物）是指根据国家政策规定，进口时减纳或免纳进口关税，进口后在特定地区、特定企业、特定用途上使用，在规定的期限内接受海关监管的监管规程或准则的货物。

"特定地区"是指我国关境内由行政法规规定的某一特别限定区域。享受减免税优惠的货物只能在专门限定的区域内使用。例如，保税区、出口加工区、保税物流园区、保税港区、自贸试验区等特定区域生产性基础设施所需的机器、设备和基建物资等，区内企业进口自用的生产、管理设备等，区内管理机构自用合理数量的管理设备和办公用品等进口货物。

"特定企业"是指由《海关法》特别规定的企业，主要是指在我国境内设立的中外合资经营企业、中外合作经营企业和外商独资经营企业，这三类企业统称为外商投资企业。外商投资企业在投资总额内进口的生产、管理设备属于"特定企业"的进出口货物。

"特定用途"的进出口货物主要包括：科研机构和学校进口的专用科教用品；残疾人专用及残疾人组织和单位进口的货物；用于国家重点项目的进口货物；用于通信、港口、铁路、公路、机场建设的进口设备等。

2. 特定减免税货物的海关监管适用原则

为鼓励与支持某些产业项目的开发，促进科学、教育、文化、卫生事业的建设发展，特定减免税是国家无偿向符合条件的进口货物使用单位提供的税收优惠。特定减免税货物的海关监管适用原则主要包括：①减免税申请人应具备规定的资格；②进口货物的使用范围或用途符合规定的要求；③进口货物不属于国家规定《不予免税的进口商品目录》的范围。

特定减免税货物主要包括具备资格的科研机构和大专院校进口的国内不能生产或者性能不能满足需要的科学研究和教学用品，残疾人专用品及残疾人组织和单位进口的货物等。

3. 特定减免税货物与保税货物的区别

特定减免税货物只有在特定条件或规定范围内使用才可减免进口关税和增值税，且原则上受各项进出境管制规定的约束，货物进口验放后仍受海关监控。一旦脱离特定范围使用，便须补缴进口关税和增值税。

特定减免税进口货物与保税货物在进口时均不缴纳税款，但海关对这两类货物的进口有不同的办理程序和管理方法。特定减免税货物与保税货物的区别参见表9.1。

表 9.1 特定减免税进口货物与保税货物的区别

项目	性质	海关手续	海关监管方式
保税货物	在境内储存、加工、装配后，复运出境的货物	办理保税合同登记备案，海关核发《加工贸易手册》	海关监管方式实行核销管理，以复出口为解除监管的依据。经营者不仅要承担不得擅自转口、出售的法律义务，还要履行复出口的义务
特定减免税进口货物	国家对特定地区、特定企业、特定用途的进口货物，为支持、鼓励其在国内使用或消费而给予的税收优惠	办理减免税申请，海关签发征免税证明	海关实行时效管理，以监管年限为解除监管的依据，经营者承担不得擅自转让、出售的法律义务

二、特定减免税货物报关的特点

1. 在特定条件或规定范围内使用可减免进口关税和增值税

特定减免税政策是我国海关关税优惠政策的重要组成部分，是国家向符合条件的进口货物使用企业提供的关税优惠，其目的是优先发展特定地区的经济，鼓励外商在我国直接投资，促进国有大中型企业和科学、教育、文化、卫生事业的发展。因此，只能在国家行政法规规定的特定条件和范围内减免进口货物的关税和增值税。

2. 不豁免进口许可证

特定减免税货物是实际进口货物，按照国家有关进出境管理的法律、法规，凡属于进口需要交验许可证件的货物，除另有规定外，进口货物的收货人或其代理人应在进口货物申报期限内向海关提交进口许可证件。

3. 特定的海关监管期限

海关放行的特定减免税进口货物进入关境后，在规定的期限内，只能在规定的地区、企业内和规定的用途范围内使用，并接受海关的监管。各类特定减免税货物的海关监管期限见表9.2。

特定减免税货物进口后，在海关监管期限内，未经海关许可，未补缴原减征或免征的税款，擅自在境内出售牟利的，属于走私行为。特定减免税货物监管期限到期时，进口货物的收货人或其代理人应向海关申请解除对特定减免税货物的监管。

表 9.2　各类特定减免税货物的海关监管期限

特定减免税货物种类	海关监管期限
船舶、飞机	自进口放行之日起 8 年
机动车辆	自进口放行之日起 6 年
其他货物	自进口放行之日起 3 年

4. 超过特定适用范围应补税

特定减免税货物在海关监管期限内，需要将货物移至特定范围以外的，进口货物的收货人或其代理人应事先向海关申请，经海关批准，按货物使用年限折旧后补缴原减征或免征的税款。

三、特定减免税货物报关程序

特定减免税货物的报关程序有以下四个步骤。

1. 进口前减免税审核确认

特定减免税货物在进口前，须向企业所在地海关备案。

特定减免税货物申请人按照有关进出口税收优惠政策的规定申请减免税进出口相关货物的，应当在货物申报进出口前，取得相关政策规定的享受进出口税收优惠政策资格的证明材料，向主管海关申请办理减免税审核确认手续，并提供以下材料：进出口货物征免税申请表；事业单位法人证书或者国家机关设立文件、社会团体法人登记证书、民办非企业单位法人登记证书、基金会法人登记证书等证明材料；进出口合同、发票以及相关货物的产品情况资料。

主管海关应当自受理减免税审核确认申请之日起 10 个工作日内，对减免税申请人主体资格、投资项目和进出口货物相关情况是否符合有关进出口税

实物展台
进出口货物减免税备案申请表

收优惠政策规定等情况进行审核，并出具进出口货物征税、减税或者免税的确认意见，制发《中华人民共和国海关进出口货物征免税确认通知书》（以下简称"征免税确认通知书"）。

"征免税确认通知书"有效期为6个月，持证人应在自海关签发"征免税确认通知书"的6个月内进口经批准的特定减免税货物。如果情况特殊，可以向海关申请延长，延长期限最多为6个月。

"征免税确认通知书"实行"一证一批"的原则，即一份"征免税确认通知书"上的货物只能在一个进口口岸一次性进口。如果一批特定减免税货物需要分两个口岸进口，或者分两次进口，持证人应事先分别申领"征免税确认通知书"。

2. 货物进口报关

特定减免税货物运抵口岸后，收货人或其代理人应向入境地海关办理进口手续，填写进口货物报关单，交验相关单证，包括"征免税确认通知书"，海关按一般报关程序经有选择的查验无误后，免税放行，由收货人或其代理人提货。特定减免税货物报关由进口申请、陪同查验、缴纳税费和提取货物四个作业环节构成。

 小知识

特定减免税货物报关

1．特定减免税货物进口报关时，货物收货人或其代理人除了向海关提交报关单等必要的单据以外，还应向海关提交"进出口货物征免税确认通知书"，海关在审单时从计算机调阅征免税证明的电子数据，核对纸质的"进出口货物征免税确认通知书"。

2．特定减免税货物一般应提交进口许可证件，但对某些外商投资和某些许可证件种类，国家规定有特殊优惠政策的，可以豁免进口许可证件。

3．特定减免税货物享受减税或免税优惠，但一般要缴纳海关监管手续费，而对某些货物根据规定也可以免予征收。

4．填报特定减免税货物进口报关单时，报关人员要特别注意报关单下"备案号"栏目的填写。"备案号"栏内应填写"进出口货物征免税确认通知书"上的12位编码，若将该编码写错，则不能通过计算机逻辑审核，且在提交纸质报关单时不能通过海关审单。

3. 在海关监管期限内接受监督和核查

我国《海关法》规定，特定减免税货物的收货人有将其用于特定企业、特定用途的义务，未经海关许可并办理相关手续，不得将特定减免税货物出售、转让或移作他用。特定减免税货物虽经海关放行，但仍属海关监管货物，在法律规定的海关监管期限内应接受海关的核查和监督。特定减免税货物在海关监管年限内，减免税申请人应当于每年6月30日（含当日）以前向主管海关提交《减免税货物使用状况报告书》，报告减免税货物使用状况。超过规定期限未提交的，海关按照有关规定将其列入信用信息异常名录。

对监管期限内因故出售、转让和移作他用的，收货人或其代理人须提前向海关报告并补缴进口关税。在海关监管年限内，减免税申请人发生分立、合并、股东变更、改制等主体变更情形的，或者因破产、撤销、解散、改制或者其他情形导致其终止的，当事人未按照有关规定，向原减免税申请人的主管海关报告主体变更或者终止情形以及有关减免税货物的情况的，海关予以警告，责令其改正，可以处 1 万元以下罚款。

4. 监管期限届满后解除监管，核销结关

特定减免税货物的监管期限到期后，如货物由原使用单位继续使用，通常即可自行结关。但对监管期满后需出售、转口的，则应在办理解除海关监管的手续后结关。

实物展台
免税货物解除监管申请表

特定减免税货物在监管期限内，原使用单位如要出售、转让或者作为企业破产清算的特定减免税货物，应向主管海关报核，由海关核销后解除海关监管，使货物可自由流通。

技能训练 9.1

某外商投资企业分别于 5 年前和 1 年前免税进口了两批生产设备，现企业提出解除两批免税进口生产设备海关监管的要求。试分析对这两批免税进口生产设备的海关监管要求都有哪些。

分析：

四、特定减免税货物报关应用

（一）科教用品进口报关

科教用品免税进口只适用于以下四类单位：国务院各部委、直属机构和省、自治区、直辖市、计划单列市所属专门从事科研开发的机构；教育部承认学历的大专以上全日制高等院校；财政部会同国务院有关部门批准的其他科研开发机构和学校；国家有关部门核定的技术中心、国家工程研究中心、国家重点实验室、国家工程技术研究中心等。

法律法规
科教用品备案、审批手续

1. 科教用品进口的减免税申请

凡首次申办科教用品免税进口的科教单位，应持上级主管部门的批准文件向所在地海关办理资格认定手续，经海关审核符合法定条件的，发给《科教用品免税进口登记手册》。申请科教用品进口的单位在每次进口前，应填写"进出口货物征免税证明"，携带《科教用品免税进口登记手册》及有关单证向海关申请免税，海关审核后在《科教用品免税进口登记手册》上批注，并在"进出口货物征免税证明"上加盖印章后退还给原申请单位，作为货物进口免税的凭证。

2. 科教用品进口的报关手续

科教用品进入关境后，由收货人或其代理人向海关办理进口报关手续，按一般进口货物报关程序经海关查验后，免税放行。按照《海关法》的有关规定，免税进口的科教用品必须用于特定用途，不得出售、转让或移作他用，在用满规定期限后解除海关监管。

（二）残疾人专用品和专用设备的进口报关

1. 残疾人专用品的报关

残疾人专用品是指：肢残者用的支辅具、假肢及其零部件、假眼、假鼻、内脏托带、矫形器、矫形鞋、非机动步行器、代步工具、生活自助工具、特殊卫生用品；视力残疾者用的盲杖、导盲镜、助视镜、盲人阅读器；语言、听力残疾者用的语言训练器；助力残疾者用的行为训练器、生活能力训练用品。

上述残疾人专用品由进口货物的收货人或其代理人填写"进出口货物征免税证明"并报关，由海关审核并查验无误后予以免税放行。

2. 残疾人专用设备的报关

残疾人专用设备是指：残疾人康复及专用设备，包括病房监护设备、中心监护设备、生化分析仪和超声诊断仪；残疾人特殊教育设备和职业教育设备；残疾人职业能力评估测试设备；残疾人专用劳动设备和劳动保护设备；残疾人文化活动专用设备；假肢专用生产、装配、检测设备等。上述国内不能生产的残疾人专用设备，由民政部所属企业、事业单位，省、自治区、直辖市民政部所属福利机构、假肢厂、军医院及中国残疾人联合会（简称中国残联）和省、自治区、直辖市所属残疾福利、康复机构，报经民政部、中国残联批准，并报海关总署审核同意后，凭批准文件向货物入境地海关报关，经查验无误后免税放行。进口残疾人专用品和专用设备的单位，不得将其擅自移作他用。

第二节　暂时进出境货物报关

一、暂时进出境货物概述

暂时进出境货物是指为了**特定的目的**暂时进境或暂时出境，**有条件免纳进境税并豁免进出口许可证**，在特定的期限内除因使用中使货物产生正常的损耗外，按原状复运出境或进境，并办结海关手续的货物。

1. 暂时进出境货物的范围

暂时进出境货物是指由其货主或其代理人向海关提供担保，进境后**按照规定的用途使用**，在规定期限内按**原状复运出境或进境的货物**，在暂时进境或出境时暂时免税。暂时进出境货物主要包括以下13类。

（1）在展览会、交易会、会议以及类似活动中展示或者使用的货物。

（2）文化、体育交流活动中使用的表演、比赛用品。

（3）进行新闻报道或者摄制电影、电视节目使用的仪器、设备以及用品。

（4）开展科研、教学、医疗活动使用的仪器、设备和用品。

（5）在上述第（1）项至第（4）项所列活动中使用的交通工具以及特种车辆。

（6）货样。

（7）慈善活动使用的仪器、设备以及用品。

（8）供安装、调试、检测、修理设备时使用的仪器以及工具。

（9）盛装货物的包装材料。

（10）旅游用自驾交通工具及其用品。

（11）工程施工中使用的设备、仪器以及用品。

（12）测试用产品、设备、车辆。

（13）海关总署规定的其他暂时进出境货物。

法律法规
《暂时进出境货物
管理办法》

2. 暂时进出境货物的通关特点

暂时进出境货物的通关是一项单独的海关报关业务，它有以下几个特点。

（1）货物进出境是为了**特定的目的**。暂时进出境货物的进出境主要是为达到特定的目的，一旦预定的特定目的实现或达到后，货物将复运出境或复运进境。未经海关同意并办理相关海关手续，使用单位不得将暂时进出境货物移作他用或转让。海关会不定期对暂时进境货物进行检查，对此，使用单位应予接受和配合。

思考与讨论

对暂时进出境的集装箱箱体有什么样的报关要求？

（2）暂时进出境货物应**按原状复运出境或复运进境**。暂时进出境货物报关的基本条件就是应按原状复运出境或复运进境。除因使用使货物产生正常的耗损（如陈旧、粗糙）外，一般来说，货物不能发生物理形态的变化。

（3）在**提供担保后**暂时免纳关税。暂时进出境货物收发货人或其代理人向海关提供担保后暂免缴纳税费。这是暂时进出境货物暂时免纳关税进出境的前提条件和必要保障。

（4）在规定的期限内使用后**复运出境或复运进境**。暂时进出境货物应当在 6 个月的期限内复运出境或复运进境，因特殊情况需要延期的，收发货人或其代理人应向海关提出申请，经核准后方能延期，延期最多不超过 3 次，每次延期不超过 6 个月。国家重点工程、国家科研项目使用的暂时进出境货物及参加展期在 24 个月以上展览会的展览品，在 18 个月延长期届满后需要继续延期的，由主管直属海关报海关总署审批。

（5）**免予提交**进出口许可凭证。不是实际进出口，按照暂时进出境有关法律、行政法规办理进出境手续的货物，可免予交验进出口许可证件；涉及公共道德、安全、卫生的暂时进出境货物应凭进出口许可证进出境。

（6）按货物**实际使用情况**办结海关手续。在规定期限内，货物使用单位须根据货物的不同使用情况向海关办理核销手续。

二、暂时进出境货物报关管理

1. 货物进出境前向海关办理暂时进出境核准手续

适用于暂时进出境监管的货物进出境前，货物收发货人或其代理人须向主管海关提出暂时进出境的申请，直属海关或其授权的隶属海关按照海关行政许可程序受理和核准申请。海关对于非 ATA 单证册项下暂时进出境货物的暂时进出境申请批准同意的，制发"海关暂时进/出境申请批准决定书"；对于 ATA 单证册项下暂时进出境货物的暂时进出境申请批准同意的，应在 ATA 单证册上予以签注。

2. 货物进出境时向海关提供担保

适用于暂时进出境监管的货物进出境时收货人或其代理人须向海关提供担保，海关凭担保和相关单证材料放行。

根据我国加入的相关国际公约，ATA 单证册项下暂时出境货物由担保机构予以担保。其中，中国国际商会签发的 ATA 单证册项下的暂时出境货物，统一由其向海关总署提交总担保。根据我国相关法律、法规及规章，非 ATA 单证册项下暂时进出境货物的收发货人或其代理人应当向海关提交相当于进出口税款的保证金或者其他海关依法认可的担保。

3. 货物复运进出境或按最终的实际流向办理海关手续后销案结关

暂时进出境货物原则上须在规定的期限内复运出境或者复运进境。确需实际进出口的，暂时进出境货物收发货人或其代理人应当在货物复运出境、进境期限届满 30 日前向主管地海关申请，经主管地直属海关批准后，按照规定办理进出境手续。收发货人或其代理人按复运进出境或者实际流向办理海关手续后，凭相关材料向海关办理暂时进出境核销手续，货物结关。

三、暂时进出境货物报关程序

（一）使用 ATA 单证册报关的货物

使用 ATA 单证册报关的货物仅限于我国加入的《关于货物暂准进口的 ATA 单证册海关公约》（简称《ATA 公约》）中规定的货物。

1. 进境申报

报关人员持 ATA 单证册向海关申报进境展览品时，应先将 ATA 单证册上的内容预录入海关与中国国际商会联网的 ATA 单证册电子核销系统，然后向展览会主管海关提交纸质 ATA 单证册、提货单等单证。进境时海关在白色进境单证上签注，并留存白色进境单证（正联），发还其存根联和 ATA 单证册其他各联给货物收货人或其代理人。

2. 出境申报

报关人员持 ATA 单证册向海关申报出境展览品时，应向出境地海关提交国家主管部门的批准文件、纸质 ATA 单证册、装货单等单证。海关在绿色出境单证和黄色出境单证上签注，并留存黄色出境单证（正联），发还其存根联和 ATA 单证册其他各联给出境货物发货人或其代理人。

3. 过境申报

报关人员持 ATA 单证册向海关申报，货物通过我国转运至第三国参加展览会的，不必填制过境货物报关单。海关在两份蓝色过境单证上分别签注后，留存蓝色过境单证正联，发还其存根联和 ATA 单证册其他各联给运输工具承运人或其代理人。

4. 异地复运出境/进境申报

使用 ATA 单证册报关的货物异地复运出境/进境申报的，报关人员应当持主管地海关签章的海关单证向复运出境、进境地海关办理手续。货物复运出境/进境后，主管地海关凭复运出境/

进境地海关签章的海关单证办理核销结案手续。

5. 结关

报关人员在规定期限内将进境展览品、出境展览品复运出境/进境的，海关在白色复出境单证或黄色复进境单证上分别签注后，留存单证（正联），发还其存根联和 ATA 单证册其他各联给报关人员，正式核销结关。

（二）不使用 ATA 单册报关的货物

暂时进出境货物进出境要经过海关的核准。暂时进出境货物进出境核准属于海关行政许可范围的，应当按照海关行政许可的程序办理。

暂时进出境货物应当自进境或出境之日起 6 个月内复运出境或者复运进境。因特殊情况不能在规定期限内复运出境或者复运进境的，货物收发货人或其代理人应当向海关申请延期，经批准可以适当延期，每次延期不超过 6 个月。

1. 暂时进出境货物的进境申报

暂时进境货物进境时，报关人员应当向海关提交主管部门允许货物为特定目的而暂时进境的批准文件、进口货物报关单、商业及货运单据等，向海关办理暂时进境申报手续。暂时进境货物在进境时，免予缴纳进口关税，但报关人员必须向海关提供担保。

2. 暂时进出境货物的出境申报

暂时出境货物出境时，报关人员应当向海关提交主管部门允许货物为特定目的而暂时出境的批准文件、出口货物报关单、货运和商业单据等，向海关办理暂时出境申报手续。暂时出境货物除易制毒化学品、监控化学品、消耗臭氧层物质和有关核出口、核两用品及相关技术的出口管制条例管制的商品以及其他国际公约管制的商品按正常出口提交有关许可证件外，不需交验许可证件。

3. 暂时进出境货物的结关

暂时进境货物复运出境，或者转为正式进口，或者放弃出境后，暂时出境货物复运进境，或者转为正式出口后，收发货人应向海关提交经海关签注的进出口货物报关单或者处理放弃货物的有关单据以及其他有关单证，申请报核。海关经审核，情况正常的，退还其保证金或办理其他担保销案手续，予以结关。

暂时进出境货物因不可抗力的原因受损，无法原状复运出境、进境的，收发货人应当及时向主管海关报告。凭有关部门出具的证明材料办理复运出境、进境手续；因不可抗力的原因灭失或者失去使用价值的，经海关核实后可以视为货物已经复运出境、进境。因不可抗力以外的其他原因灭失或者受损的，收发货人应当按照货物进出口的有关规定办理海关手续。

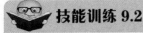 **技能训练 9.2**

上海市公安局邀请境外一无线电设备生产厂商到上海展览馆展出其价值 100 万美元的无线电设备，并委托上海红天公司办理相关手续。该厂商在上海展出后又决定把其中价值 40 万美元的设备运

到杭州展出。这些设备从杭州返回后，上海市公安局决定购买其中20万美元的设备。境外厂商为了感谢上海市公安局，赠送了 5 万美元的设备给上海市公安部门，其余设备复运出境。红天公司的报关人员应当办理哪些手续？

分析：

1．上海展出手续

2．杭州展出手续

3．展品闭馆出境前的仓储手续

4．20万美元的留购展品手续

5．5万美元的赠送展品手续

6．其他手续

第三节　转关运输货物报关

一、转关运输货物概述

转关运输货物是指：由进境地入境后，运往另一设关地点办理进口海关手续的货物；在启运地已办理出口海关手续运往出境地，由海关放行的货物；由国内一设关地点转运到另一设关地点的应受海关监管的货物。转关运输货物属海关监管货物。承运转关运输货物的国内运输工具也受海关监管。

一般进口商品经主管地海关和进境地海关同意并备案后均可办理转关手续。

属于海关限制转关物品清单范围的下列进出口货物不能办理转关运输手续：进口易制毒化学品、监控化学品、消耗臭氧层物质；进口汽车整车，包括成套散件和二类底盘；必须在口岸检验检疫的商品。

（一）转关运输货物的种类

转关运输货物包括进口转关货物、出口转关货物和境内转关货物三类。

进口转关货物是指货物由进境地入境后，向海关申请运往另一个设关地点（指运地）办理进口海关手续的进口货物。其中，进境地是指货物进入关境的口岸，指运地是指进口转关货物运抵的报关地点。

出口转关货物是指在境内某一设关地点（启运地）办理出口海关手续，后运往出境地，由出境地海关监管放行的出口货物。其中，出境地是指货物离开关境口岸的地点，启运地是指出口转关货物报关发运的地点。

境内转关货物是指从境内某一设关地点运往另一设关地点的海关监管货物。

（二）转关运输货物的条件

进出口货物经收发货人或其代理人向海关提出申请，且进出口货物满足**下列条件者**，可核准办理转关运输。

（1）多式联运货物，以及具有全程提（运）单需要在境内换装运输工具的进出口货物，其收发货人可以向海关申请办理多式联运手续，有关手续按照联程转关模式办理。

（2）易受温度、静电、粉尘等自然因素影响或者因其他特殊原因，不宜在口岸海关监管区实施查验的进出口货物，满足以下条件的，经主管地海关（进口为指运地海关，出口为启运地海关）批准后，可按照提前报关方式办理转关手续：①收发货人为高级认证企业的；②转关运输企业最近一年内没有因走私违法行为被海关处罚的；③转关启运地或指运地与货物实际进出境地，不在同一直属关区内的；④货物实际进境地已安装非侵入式查验设备的。

（3）邮件、快件、暂时进出境货物（含 ATA 单证册项下货物）、过境货物、中欧班列载运货物、市场采购方式出口货物、跨境电子商务零售进出口商品、免税品以及外交、常驻机构和人员公自用物品，可按照现行相关规定向海关申请办理转关手续，开展转关运输。

除上述情况外，海关不接受转关申报。

（三）转关运输货物的海关监管

转关运输货物的海关监管主要包括以下内容。

（1）转关运输货物未经海关许可，不得开拆、改装、调换、提取、交付；对海关加封的运输工具和货物，申请人和承运人应当保持海关封志的完整，不得擅自开启或损坏。

（2）转关运输货物必须存放在经海关备案的仓库、场所。存放转关运输货物的仓库、场所的经营人应依法向海关负责，并按照规定办理收存、交付手续。

（3）海关需要派员押运转关运输货物时，申请人应当按规定向海关缴纳规费，并为执行监管任务提供方便。

（4）保税仓库间的货物转关运输，应经海关核准，申请人除应办理正常的货物进出保税仓库手续外，还应填写转关进境申报单，并在指运地栏内注明货物将要存入的保税仓库名称，不需填写进出口货物报关单。

（5）转关运输货物在国内储运中发生损坏、短少、灭失情况时，承运人、申请人和保税仓库负责人应当及时向有关海关报告。对所损坏、短少、灭失的货物，除因不可抗力外，承运人、申请人和保税仓库负责人应承担纳税责任。

二、转关运输货物报关程序

海关对企业向海关申报的**转关申报单或者汽车载货清单**采取的是**电子数据进行审核、放行、核销**的转关作业方式。企业无需提交纸质转关申报单或者汽车载货清单、《汽车载货登记簿》《中国籍国际航行船舶进出境（港）海关监管簿》《司机签证簿》。但若海关需要验核相关纸质单证资料的，企业则应当按照要求提供。

1. 转关运输车辆要求

承运转关货物的厢式货车车厢或者集装箱箱门施加有完整商业封志的，企业应当在转关申报单或者汽车载货清单电子数据"关锁号"数据项中填入商业封志号，并在"关锁个数"数据项中填入商业封志个数。

承运转关货物的厢式货车车厢或者集装箱箱门施加有安全智能锁的，企业应当在转关申报单或者汽车载货清单电子数据"安全智能锁号"数据项中填入安全智能锁号。

2. 转关运输报关要求

转关货物的收发货人或其代理人、承运人或其代理人，以及监管作业场所经营人，凭海关转关货物电子放行信息，办理转关货物的提货和发运手续。

进口转关货物运抵指运地海关监管作业场所、出口转关货物运抵启运地海关监管作业场所后，监管作业场所经营人应当向海关申报转关运抵报告电子数据。

出口转关货物运抵出境地海关监管作业场所后，出境运输工具名称、航次（班）、提/运单号待定或者已发生变化时，企业可以向海关申请将相关电子数据项变更为实际出境的运输工具名称、航次（班）、提/运单号。

转关申报单或者汽车载货清单已通过系统放行后，无法修改变更转关电子数据或者因故不开展转关运输的，企业应当向海关申请办理转关退运或者作废手续。

如遇网络故障或其他不可抗力因素，企业无法向海关申报转关货物电子数据的，经海关同意，可以凭相关纸质单证材料办理转关手续；待故障排除后，企业应当及时向海关补充传输相关电子数据。

进口转关货物应当直接运输至收货人所在地，出口转关货物应当直接在发货人所在地启运。

技能训练9.3

　　江苏连云港A公司向我国香港B公司出口叉车，经海关批准，该批货物运抵连云港海关监管现场前，先向该海关录入出口货物报关单电子数据。货物运至海关监管现场后，办理有关手续转关至上海吴淞口岸装运出境。请问：该批出口货物的转关运输应采用什么方式？海关对这批转关货物有哪些管理上的规定？

　　分析：

第四节　跨境电商零售商品进出口报关

　　跨境电商就是指分属于不同关境的交易主体，以互联网为媒介，经电商平台达成交易、进行结算，并通过跨境物流营运者送达商品，完成交易的一种国际商业活动。

　　从政府监管角度可将跨境电商分为"批发"和"零售"两类。因为"批发"类跨境电商仍属于"传统贸易"，应按现有相关贸易政策进行监管，所以本书主要介绍"零售"跨境电商的进出口报关。

一、跨境电商零售概述

（一）跨境电商交易企业与服务平台

　　1. 从事跨境电商交易的相关企业

从事跨境电商交易的相关企业包括以下几种。

　　（1）跨境电商企业，是指利用电子商务形式，自境外向境内消费者零售进口商品的境外注册企业（不包括在海关特殊监管区域或保税物流中心内注册的企业），或者在境内利用电子商务形式，向境外消费者零售出口商品的企业，为商品的货权所有人。

　　（2）跨境电商平台企业，是指在境内办理工商登记，为交易双方（消费者和跨境电商企业）提供网页空间、虚拟经营场所、交易规则、信息发布等服务，设立供交易双方独立开展交易活动的信息网络系统的经营者。

　　（3）跨境电商支付企业，是指在境内办理工商登记，接受跨境电商平台企业或跨境电商企业境内代理人委托为其提供跨境电商零售进出口支付服务的银行、非银行支付机构。

　　（4）跨境电商物流企业，是指在境内办理工商登记，接受跨境电商平台企业、跨境电商企业或其代理人委托为其提供跨境电商零售进出口物流服务的企业。

　　（5）跨境电商企业境内代理人，是指开展跨境电商零售进口业务的境外注册企业所委托的境内代理企业，由其在海关办理注册登记，承担如实申报责任，依法接受相关部门监管，并承担民事责任。

2. 服务平台

服务平台，即跨境电商通关服务平台，是指由电子口岸搭建，可实现企业、海关以及相关管理部门之间数据交换与信息共享的平台。

（二）跨境电商零售进出口业务类型

1. 进口

跨境电商零售进口有网购保税进口和直购进口两种业务类型。

网购保税进口，是指跨境电商企业先以"入区保税"模式整批进口跨境电商零售商品，存入海关特殊监管区域或物流中心（B型）内，再根据境内消费者的网购订单，办理订单商品的出区申报手续，并配送给消费者的跨境电商零售进口业务。

直购进口，是指跨境电商企业根据境内消费者的网购订单，直接从境外启运订单商品，从跨境电商零售进口监管场所申报进口，并配送给消费者的跨境电商零售进口业务。

2. 出口

跨境电商零售出口有一般出口和特殊区域出口两种业务类型。

一般出口，是指跨境电商企业根据境外消费者的网购订单，直接从境内启运订单商品，从跨境电商零售出口监管场所申报出口，并配送给消费者的跨境电商零售出口业务。

特殊区域出口，是指跨境电商企业以"入区退税"的模式将整批跨境电商零售商品存入海关特殊监管区域物流中心（B型）内，再根据境外消费者的网购订单，办理订单商品的出口申报手续，并配送给消费者的跨境电商零售出口业务。

二、跨境电商零售商品报关规范

（一）跨境电商企业备案

电商平台企业、物流企业、支付企业等参与跨境电商零售进口业务的企业，应当依据海关报关单位注册登记管理相关规定，向所在地海关办理注册登记；境外电商企业境内代理人应向该代理人所在地海关办理注册登记。

跨境电商企业、物流企业等参与跨境电商零售出口业务的企业，应当向所在地海关办理信息登记；如需办理报关业务的，应向所在地海关办理注册登记。

开展跨境电商零售进出口业务的经营者应向海关注册时须提交以下材料：①企业法人营业执照副本复印件；②企业情况登记表，具体包括统一社会信用代码、中文名称、工商注册地址、营业执照注册号，法定代表人（负责人）姓名、身份证件类型、身份证件号码，海关联系人、移动电话、固定电话，跨境电子商务网站网址等。企业按照前款规定提交复印件的，应当同时向海关交验原件。如需向海关办理报关业务，应当按照海关对报关单位注册登记管理的相关规定办理注册登记。

参与跨境电商零售进出口业务并在海关注册登记的企业，纳入海关信用管理，海关根据信用等级实施差异化的通关管理措施。

（二）跨境电商零售进出口商品报关

海关应对跨境电商零售进出口商品及其装载容器、包装物按照相关法律法规实施检疫，并根据相关规定实施必要的监管措施。除特殊情况外，海关跨境电子商务零售进出口商品申报清单（简称"申报清单"）、"进（出）口货物报关单"应当采取通关无纸化作业方式进行申报。

跨境电商零售企业零售进出口商品前，应当分别通过国际贸易"单一窗口"或跨境电子商务通关服务平台向海关传输交易、支付、物流等电子信息，并对数据真实性承担相应责任。零售商品进出口时，应提交 "申报清单"。

1. 进口报关

直购进口商品及适用网购保税进口（监管方式代码1210）政策的商品，按照个人自用进境物品监管，不执行有关商品首次进口许可批件、注册或备案要求。但对相关部门明令暂停进口的疫区商品和对出现重大质量安全风险的商品启动风险应急处置时除外。

直购进口模式下，邮政企业、进出境快件运营人可以接受跨境电商平台企业或跨境电商企业境内代理人、支付企业的委托，在承诺承担相应法律责任的前提下，向海关传输交易、支付等电子信息。直购进口业务采取"清单核放"方式办理报关手续，其通关流程与网购保税进口业务通关流程的差异主要是少了入境入区报关及电子账册管理，其余流程及监管要求基本相同。

网购保税进口业务通关流程如图9.1所示。

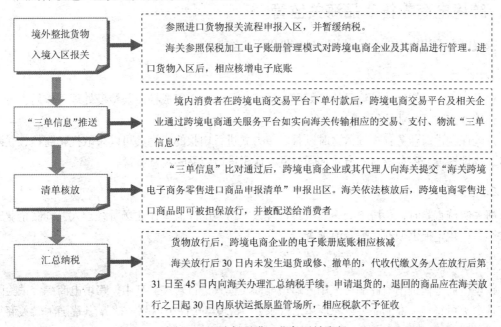

图9.1　网购保税进口业务通关流程

2. 出口报关

一般跨境电商零售商品出口时，跨境电商企业或其代理人应提交"申报清单"，采取"清单核放、汇总申报"方式办理报关手续，报关流程如图 9.2 所示；跨境电商综合试验区内符合条件的跨境电商零售商品出口，可采取"清单核放、汇总统计"方式办理报关手续。

以"清单核放、汇总统计"方式报关的通关流程与"清单核放、汇总申报"方式的差异主要是不需要以汇总方式形成"出口货物报关单"。

特殊区域出口，跨境电商企业可充分利用海关特殊区域或保税监管场所"入区退税"的政策优势，其通关流程与一般出口的差异主要是出口退税手续办理时间提前。

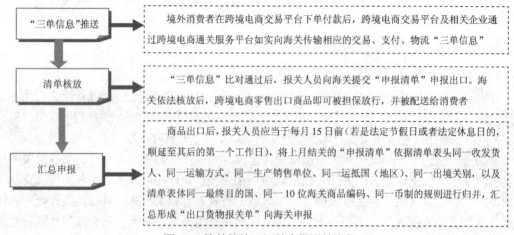

图9.2　清单核放、汇总申报通关流程

三、跨境电商零售商品海关监管

跨境电商零售进出口商品海关监管包括以下内容。

1. 检疫

对需在入境口岸实施检疫及检疫处理的进口商品，应在完成检疫及检疫处理工作后，方可运至跨境电商监管作业场所。

网购保税进口业务：一线入区时以报关单方式进行申报的，海关可以采取视频监控、联网核查、实地巡查、库存核对等方式加强对网购保税进口商品的实货监管。

2. 查检

海关实施查验时，跨境电商企业或其代理人、跨境电商监管作业场所经营人、仓储企业应当按照有关规定提供便利，配合海关查验。

3. 物流管理

跨境电商零售进出口商品可采用"跨境电商"模式进行转关。其中，跨境电商综合试验区所在地海关可将转关商品品名以总运单形式录入"跨境电子商务商品一批"，并需随附转关商品详细电子清单。

网购保税进口商品可在海关特殊监管区域或保税物流中心（B 型）间流转，按有关规定办理流转手续。以"网购保税进口"（监管方式代码为 1210）海关监管方式进境的商品，不得转入适用"网购保税进口 A"（监管方式代码为 1239）的城市继续开展跨境电子商务零售进口业务。网购保税进口商品可在同一区域（中心）内的企业间进行流转。

跨境电商企业不得进出口涉及危害口岸公共卫生安全、生物安全、进出口食品和商品安全、侵犯知识产权的商品以及其他禁限商品，同时应当建立健全商品溯源机制并承担质量安全主体责任。

第五节　其他进出口货物报关

一、过境、转运、通运货物报关

过境、转运和通运货物的**共同特点**都是从境外启运，通过我国境内继续运往境外。这类货物，仅在我国境内运输或短暂停留，不在境内销售、加工、使用以及贸易性储存。按照《海关法》第三十六条的规定："过境、转运和通运货物，运输工具负责人应当向进境地海关如实申报，并应当在规定期限内运输出境。"从这个意义来说，这类货物也具有暂时进境的性质，但我国海关规定这三类货物不属暂时进出口通关制度的适用范围，适用特别通关制度，这三类货物的异同如表9.3所示。

表 9.3　过境、转运、通运货物的异同

类别	运 输 形 式	是否在我国境内换装运输工具	启 运 地	目 的 地
过境	通过我国境内陆路运输	不论是否换装运输工具	境外	境外
转运	不通过我国境内陆路运输	换装运输工具		
通运	随原航空器或船舶进出境	不换装运输工具		

（一）过境货物的报关

过境货物是指从国外启运，通过我国境内**陆路**运输，继续运往境外的货物。过境货物的过境期限为 6 个月，如有特殊原因货主或其代理人可以向海关申请延期，经海关同意后，可延期 3 个月。过境货物超过规定期限 3 个月仍未过境的，海关依法提取变卖，变卖后的货款按有关规定处理。

1. 准许过境货物

准许过境货物包括以下两类。

（1）与我国签有过境货物协定国家的过境货物，或与我国签有铁路联运协定的国家收、发货的过境货物，按有关协定准予过境。

（2）对于同我国未签有上述协定国家的过境货物，应当经国家商务、运输主管部门批准，并向入境地海关备案后准予过境。

准许过境货物的装载过境运输工具，应当具有**海关认可**的加封条件或装置。海关认为必要时，可以对过境货物及其装载装置施加封志，未经海关许可，任何单位或个人不得开拆、提取、交付、发运、调换、抵押、转让或者更换标记。运输部门和经营人应当持主管部门的批准文件和工商行政管理部门核发的营业执照，向海关申请办理报关注册登记手续，并负责保护海关封志的完整，任何人不得擅自开启或损毁。

2. 禁止过境货物

禁止过境的货物包括以下几类。

（1）来自或运往我国停止或禁止贸易的国家和地区的货物。

（2）各种武器、弹药、爆炸物品及军需品（通过军事途径运输的除外）。

（3）各种烈性毒药、麻醉品和鸦片、吗啡、海洛因、可卡因等毒品。

（4）微生物、人体组织、生物制品、血液及其制品等特殊物品。

（5）我国法律、法规禁止过境的其他货物、物品。

对过境货物实施海关监管的目的：防止过境货物在我国境内运输过程中滞留国内，或将我国货物混入过境货物出境；防止禁止过境货物从我国过境。

3. 过境货物的海关监管

一般过境货物的海关监管主要有以下内容：①过境货物进境后因换装运输工具等原因需卸地储存时，应当经海关批准并在海关监管下存入经海关指定或同意的仓库或场所；②过境货物在进境以后、出境以前，应当按照运输主管部门规定的路线运输，运输主管部门没有规定的，由海关指定；③海关派员押运过境货物时，经营人或承运人应免费为其提供交通工具和监管的便利。

特殊过境货物的海关监管主要有以下内容：民用爆炸品、医用麻醉品等过境运输，应经海关总署的有关部门批准后，方可过境；有伪报货名和国别，借以运输我国禁止过境的货物以及其他违反我国法令的情形，货物将被海关依法扣留处理；海关在对过境货物的监管过程中，除发现有违法或者可疑情形外，一般在做外形查验后，即予以放行；海关查验过境货物时，经营人或承运人应当到场，负责搬移货物、开拆和重封货物的包装；过境货物在境内发生灭失和短少时（除不可抗力的原因外），经营人应当负责向出境地海关补办进口纳税手续。

4. 过境货物报关程序

过境货物进境时，经营人应当向**进境地海关**如实申报，并递交"海关过境货物报关单"以及海关规定的其他单证，办理进境手续的过境货物经进境地海关审核无误后，海关在运单上加盖"海关监管货物"戳记，并将过境货物报关单和过境货物清单制作关封后加盖"海关监管货物"专用章，连同上述运单一并交经营人。经营人或承运人应当负责将进境地海关签发的关封完整及时地带交出境地海关。

过境货物复出境时，经营人应当向**出境地海关**申报，并递交进境地海关签发的关封和海关需要的其他单证，经出境地海关审核有关单证、关封和货物无误后，由海关在运单上加盖放行章，**在海关监管下出境**。

（二）转运货物的报关

转运货物是指由境外启运，通过我国境内**设立海关的地点换装**运输工具，**不通过境内陆路运输**，继续运往境外的货物。

1. 转运货物准予办理转运手续的条件

进境运输工具载运的货物必须具备下列条件之一，方可办理转运手续。

（1）持有转运或联运提货单的。

（2）进口载货清单上注明是转运货物的。

（3）持有普通提货单，但在启卸前向海关声明转运的。

（4）启卸的进口货物，经运输工具经理人提供确实证件的。

（5）因特殊情由申请转运，经海关批准的。

2. 转运货物的海关监管

海关对于转运货物的监管主要包括以下几个方面。

（1）外国转运货物在中国口岸存放期间，不得开拆、改换包装或进行加工。

（2）转运货物必须在 3 个月内办理海关手续并转运出境。超过限期的，海关将按规定提取变卖。

（3）海关对转运的外国货物有权检查，如果没有发现违法或可疑情形的，海关将只作外形查验。

3. 转运货物的报关程序

海关对转运货物实施监管，主要是防止货物在口岸换装过程中混卸进口或混装出口。为此，海关规定转运货物的报关程序如下。

（1）转运货物承运人的责任就是确保货物继续运往境外，载有转运货物的运输工具进境后，承运人应当在进口载货清单上载明转运货物的名称、数量、启运地和到达地，并向海关申报进境。

（2）转运货物换装运输工具时，申报经海关同意后，在海关指定的地点接受并配合海关的监装、监卸至货物装运出境为止。

（3）转运货物应当在规定时间内运送出境。

（三）通运货物的报关

通运货物是指从境外启运，不通过我国境内陆路运输，运进境后由原运输工具载运出境的货物。通运货物需要办理以下报关手续。

（1）运输工具进境时，运输工具的负责人应凭注明通运货物名称和数量的"船舶进口报告书"或国际民航机使用的"进口载货舱单"向进境地海关申报。

（2）进境地海关在接受申报后，在运输工具抵、离境时对申报的货物予以核查，并监管货物实际离境。

（3）运输工具因装卸货物需搬运或倒装货物时，应向海关申请并在海关的监管下进行。

二、无代价抵偿货物报关

（一）无代价抵偿货物概述

无代价抵偿货物是指进口货物在征税或免税放行之后，发现货物残损、短少、品质不良或规格不符，而由境外承运人、发货人或保险公司免费补偿或更换的与原货物相同或与合同相符的货物。

1. 无代价抵偿货物的特征

（1）无代价抵偿货物是执行合同的过程中发生的损害赔偿，即买卖双方在执行交易合同中，买方根据货物损害的事实状态向卖方请求偿付，而由卖方进行的赔偿。对于违反进口管理规定而索赔进口的，不能按无代价抵偿货物办理。

（2）海关已经放行，即被抵偿进口的货物已办理了进口手续，并已经按规定缴纳了关税或者享受减免税的优惠经海关放行之后发现损害而索赔进口的。

（3）仅抵偿直接损失部分。根据国际惯例，除合同另有规定外，抵偿一般只限于成交商品所发生的直接损失（如残损、短少、品质不良等）以及合同规定的有关方面（如对迟交货物罚款等）。对于所发生的间接损失（如因设备问题所发生的延误投产所造成的损失），一般不包括在抵偿的范围内。

2. 无代价抵偿货物的抵偿形式

（1）补缺，即补足短少部分。

（2）更换错发货物，即退运错发货物，换进应发货物。

（3）更换品质不良货物，即退运品质不良货物，改换质量合格的货物。

（4）因品质不良而削价的补偿。

（5）补偿备件，即对残损的补偿，由买方自行修理。

（6）修理，即因残损，原货物运到境外修理后再进口。

收发货人申报进出口的无代价抵偿货物，与退运出境或者退运进境的原货物不完全相同或者与合同规定不完全相符的，经收发货人说明理由，海关审核认为理由正当且税则号列未发生改变的，仍属于无代价抵偿货物范围。

收发货人申报进出口的免费补偿或者更换的货物，其税则号列与原进出口货物的税则号列不一致的，不属于无代价抵偿货物范围，属于一般进出口货物范围。

（二）无代价抵偿货物的报关程序

1. 无代价抵偿货物的海关监管

（1）进出口无代价抵偿货物免予交验进出口许可证件。

（2）进口无代价抵偿货物，不征收进口关税和进口环节海关代征税；出口无代价抵偿货物，不征收出口关税。但是进出口与原货物或合同规定不完全相符的无代价抵偿货物，应当按规定计算与原进出口货物的税款差额，高出原征收税款数额的应当征收超出部分的税款，低于原征收税款的，原进出口货物的发货人、承运人或者保险公司同时补偿货款的，应当退还补偿货款部分的税款，未补偿货款的，不予退还。

（3）现场放行后，海关不再进行监管。

2. 申报办理无代价抵偿货物进出口手续的期限

向海关申报进出口无代价抵偿货物应当在原进出口合同规定的索赔期内，而且自原货物进出口之日起不超过 3 年。

3. 无代价抵偿货物报关时应提供的单证

无代价抵偿货物报关时除应当填制报关单和提供基本单证外，还应当提供以下特殊单证。

（1）进口申报单证：①原进口货物报关单；②原进口货物退运出境的出口货物报关单，或者原进口货物交由海关处理的货物放弃处理证明，或者已经办理纳税手续的单证（短少抵偿的除外）；③原进口货物税款缴纳书或者进出口货物征免税证明；④买卖双方签订的索赔协议。海关认为必要时，纳税义务人还应当提交具有资质的商品检验机构出具的原进口货物残损、短少、品质不良或者规格不符的检验证明书或者其他有关证明文件。

（2）出口申报单证：①出口货物报关单；②原出口货物退运进境的进口货物报关单或者已经办理纳税手续的单证（短少抵偿的除外）；③出口货物税款缴纳书；④买卖双方签订的索赔协议。海关认为必要时，纳税义务人还应当提交具有资质的商品检验机构出具的原出口货物残损、短少、品质不良或者规格不符的检验证明书或者其他有关证明文件。

4. 残损、品质不良或规格不符的无代价抵偿货物进出口报关

残损、品质不良或规格不符的无代价抵偿货物，进出口前应当先办理被更换的原进出口货物中残损、品质不良或规格不符货物的有关海关手续。

（1）退运进/出境。原出口货物的发货人或其代理人应当办理被更换的原出口货物中残损、品质不良或规格不符货物的退运进境的报关手续。被更换的原出口货物退运进境时不征收进口关税和进口环节海关代征税。被更换的原进口货物退运出境时不征收出口关税。

（2）不退运出境而交由海关处理。被更换的原进口货物中残损、品质不良或规格不符货物不退运出境，原进口货物的收货人愿意放弃，交由海关处理的，海关应当依法处理并向收货人提供依据，凭以申报进口无代价抵偿货物。

（3）不退运出境，也不放弃交由海关处理。被更换的原出口货物中残损、品质不良或规格不符的货物不退运进境，原出口货物的发货人应当按照海关接受无代价抵偿货物申报出口之日适用的有关规定申报出口，并按照海关对原出口货物重新估定的价格计算的税额缴纳出口关税，属于许可证管理的商品还应当交验相应的许可证件。

三、退运货物报关

退运货物是指货物因品质不良或交货时间延误等原因，被买方拒绝退运或因错发、错运造成的溢装、漏卸而退运的货物。退运货物包括一般退运货物和直接退运货物。

一般退运货物是指已办理申报手续且海关已放行出口或进口，因各种原因造成退运进口或退运出口的货物。

直接退运货物是指进口货物收发货人、原运输工具负责人或者其代理人（以下统称当事人）在有关货物进境后，海关放行前，由于各种原因依法向海关申请将全部或者部分货物直接退运境外，或者海关根据国家有关规定责令直接退运的货物。

（一）一般退运货物的报关

1. 退运出口

进口货物海关放行后，因故退运出口报关时，原收货人或其代理人应填写货物报关单申报出境，并提供原进境时的进口货物报关单，以及商品检验证书，保险公司、承运人溢装、漏卸证明，与国外发货人索赔的业务函电等有关资料，经海关核实无误后，验放有关货物出境。因品质或者规格原因，进口货物自进口之日起1年内原状复运出境的，不征收出口关税；已征进口关税的货物，因品质或者规格原因，原状退货复运出境的，纳税义务人自缴纳税款之日起1年内，可以向海关书面申请并提供原缴税凭证及相关资料办理退税。

2. 已收汇的原出口货物退运进口

出口货物被境外退运进口的，若该批出口货物已收汇、核销，原出口货物的发货人在向海关申报进口时，应提供原出口货物报关单，并提供税务机关的"出口商品退运已补税证明"，保险公司证明或境外收货人退运的业务函电、承运人溢装、漏卸的证明等资料，办理退运报关手续，同时海关签发进口货物报关单，经海关核查属实，验放货物进境。

已收汇、核销的原出口货物退运进口的，报关时应提交如下单证：进口货物报关单；原出口货物报关单；国家税务机关出具的"出口商品退税已补税证明"；境外收货人退运的业务函电；税收（出口货物专用）缴款书；海关需要的其他单证。

3. 未收汇的原出口货物退运进口

原出口货物退运进口时，若该批货物未收汇，原出口货物的发货人或其代理人在向海关办理退运进口报关手续时，应向海关提供原出口货物报关单、报关单退税联、境外收货人退运的函电等资料，经海关核实，签发进口货物报关单，验放货物进境。

未收汇、核销的原出口货物退运进口时，报关时应提交如下单证：进口货物报关单；原出口货物报关单；原出口退税专用出口货物报关单；税收（出口货物专用）缴款书；海关需要的其他单证。

4. 税收

因品质规格原因，进口货物自进口之日起1年内原状退运出境的，经海关核实，可不征收出口关税，已经征收进口关税的，自缴纳进口税款之日起1年内退还。

（二）直接退运货物的报关

申请办理直接退运手续的进口货物已向海关申报的，当事人应提交"进口货物直接退运表"，原报关单或者转关单和证明进口实际情况的合同、发票、装箱清单、提运单或者载货清单等相关单证、证明文书等资料，向所在地海关申请批准。

对于申请办理直接退运手续的进口货物未向海关申报的，由当事人提交"进口货物直接退运表"，证明进口实际情况的合同、发票、装箱清单、提运单或者载货清单等相关单证、证明文书，向所在地海关申请批准。

当事人收到海关签发的"海关责令直接退运通知书"之日起 30 日内，应当按照海关要求办理进口货物直接退运的申报手续。

当事人办理进口货物直接退运申报手续的，除另有规定外，应当先行申报出口报关单，然后填写进口报关单办理直接退运申报手续，进口报关单应在"关联报关单"栏填报出口报关单号。由于承运人的责任造成货物错发、误卸或者溢卸的，当事人办理直接退运手续时可以免予填制报关单。

进口货物直接退运应当从原进境地口岸退运出境。由于运输原因需要改变运输方式或者由另一口岸退运出境的，应当经由原进境地海关审核同意后，以转关运输方式监管出境。

 技能训练 9.4

某加工贸易企业专业从事各种计算机显示器的研发、制造和销售业务，产品 70%外销。该企业出口的显示器保修期为 3 年，保修期间接受客户无理由退货。因此该企业每年均有少量的外销显示器由于各种原因从欧美国家和地区退回工厂维修。请问：该企业应如何为退货的成品办理报关手续？

分析：

四、退关

退关是指向海关申报出口并获准**放行**的货物，因故未能装上运输工具，经发货人请求，退运境内不再出口。

海关对出口退关货物的监管如下：出口货物的发货人及其代理人应在海关规定的期限内向海关办理申请退关手续；经海关核准且撤销出口申报后方能将货物运出海关监管场所；已缴纳出口关税的退关货物，可在缴纳税款之日起 1 年内向海关申请退税。

本 章 小 结

特定减免税是指依照国务院规定的范围和办法，针对特定地区、特定企业和特定用途的进口货物而给予的关税优惠。特定减免税货物的报关包括四个阶段性步骤：进口前减免税备案和审批；货物进口报关；海关监管期限内接受监督和核查；海关监管期限届满后解除监管、核销结关。

暂时进出境货物是指为了特定的目的暂时进境或暂时出境，有条件免纳进境税并豁免进出口许可证，在特定的期限内除因使用中使货物产生正常的损耗外，按原状复运出境或进境的货物。

转关运输货物是指：由进境地入境后，运往另一设关地点办理进口海关手续的货物；在启运地已办理出口海关手续运往出境地，由出境地海关放行的货物；由国内一设关地点转运到另一设关地点的应受海关监管的货物。转关运输货物和承运转关运输货物的国内运输工具都要接受海关监管。转关运输货物包括进口转关货物、出口转关货物和境内转关货物三类。

跨境电商是指分属于不同关境的交易主体，以互联网为媒介，经电子商务平台达成交易、进行结算，并通过跨境物流营运者送达商品，完成交易的一种国际商业活动。

过境、转运和通运货物都是从境外启运，经过我国境内继续运往境外的货物。这类货物，仅经过我国境内运输或短暂停留，不在境内销售、加工、使用以及贸易性储存。

无代价抵偿货物是指进口货物在征税或免税放行之后，发现货物残损、短少、品质不良或规格不符，而由境外承运人、发货人或保险公司免费补偿或更换的与原货物相同或与合同相符的货物。

退运货物是指货物因品质不良或交货时间延误等原因，被买方拒收退运或因错发、错运造成的溢装、漏卸而退运的货物。

退关是指向海关申报出口并获准**放行**的货物，因故未能装上运输工具，经发货人请求，退运境内不再出口。

基础与能力训练

一、单选题

1. 作为特定减免税货物的机动车辆，海关的监管年限为（   ）年。

    A．1   B．5   C．6   D．8

2. （   ）不按照暂时进出境货物进行管理。

    A．进出境修理货物   B．参加国外展览会的出境货物

    C．来华参加国际展览会的进境货物   D．国外来华演出团的进境货物

3. 进口的（   ），可以申请转关运输。

    A．木制品废料   B．废纸

    C．废电机、电器产品   D．纺织品废物

4. A企业与B企业都属于享受进口减免税优惠的企业，A企业将特定减免税货物转让给B企业，应当由（   ）先向主管海关申领"征免税证明"，凭以办理货物的结转手续。

    A．A企业   B．B企业   C．其他企业   D．以上答案都不对

5. 特定减免税货物在海关监管期内销售、转让的，企业应向海关办理（   ）。

    A．缴纳进口税费的手续   B．缴纳出口税费的手续

    C．不需要办理纳税手续   D．以上答案都不对

6. 在海关监管期限内不能申请解除海关监管的特定减免税货物是（   ）。

    A．在海关监管期限内在境内出售的货物

    B．在海关监管期限内在境内转让给同样享受进口减免税优惠的企业，接受货物的企业可以凭"征免税证明"办理结转手续，继续享受特定减免税优惠待遇的货物

    C．可以申请退运出境的特定减免税货物

  D．可以书面申请放弃交海关处理的货物

 7．不适用暂时进出境通关制度的货物或物品的是（　　　）。

  A．展览会期间出售的小卖品

  B．在展览会中展示或示范用的进口货物、物品

  C．承装一般进口货物进境的外国集装箱

  D．进行新闻报道使用的设备、仪器

 8．参与跨境电商零售进口业务的企业，应当向（　　　）办理注册登记。

  A．入境地海关 B．出境地海关   C．所在地海关   D．销售地海关

 9．（　　　）不得向海关申请放弃。

  A．保税货物   B．在海关监管期限内的特定减免税货物

  C．捐赠进口的医学废物   D．暂时进境货物

 10．从境外启运，在我国境内不论是否换装运输工具，通过我国陆路运输，继续运往国外的货物称为（　　　）。

  A．转运货物 B．通运货物   C．过境货物   D．以上答案都不对

二、多选题

 1．关于特定减免税货物的管理，以下表述正确的是（　　　）。

  A．应按实际去向办理相应的报关和纳税手续

  B．在特定条件和规定范围内使用可减免进口税费

  C．原则上免予交验进出口许可证件

  D．货物进口验放后仍需受海关监管

 2．海关规定特定减免税货物的海关监管期限是（　　　）。

  A．飞机、船舶8年   B．机动车辆6年

  C．机器设备5年   D．其他货物5年

 3．特定减免税货物在海关监管期限内申请解除海关监管的，应按以下方法办理（　　　）。

  A．在海关监管期限内，在境内出售的，海关可免征进口关税

  B．在海关监管期限内，在境内转让给同样享受进口减免税优惠的企业，接受货物的企业可以凭"征免税证明"办理结转手续，继续享受特定减免税优惠待遇

  C．可以申请将特定减免税货物退运出境

  D．可以书面申请放弃，交海关处理

 4．属于暂时进出境货物范围的是（　　　）。

  A．在展览会、交易会、会议及类似活动展示的货物

  B．文化、体育交流活动中使用的表演、比赛用品

  C．货样

  D．盛装货物的容器

 5．下列货物与展出活动有关，但不是展览品，不按展览品申报进境的是（　　　）。

  A．展览会期间出售的小卖品

  B．展览会期间使用的含酒精的饮料、烟叶制品、燃料

  C．参展商随身携带进境的含酒精饮料、烟叶制品

D．供各种国际会议使用或与其有关的档案、记录、表格及其他文件

6．北京某企业将一批机械设备销往南非，该批货物采用出口直转的方式，已向北京海关办理了相关转关手续，并用汽车运至天津口岸，在天津口岸出境时，报关人员应该向天津海关出具（　　　）等单证资料。

A．北京海关签发的出口货物报关单　　　　B．出口转关货物申报单

C．出境汽车载货清单　　　　　　　　　　D．汽车载货登记簿

7．下列货物不得申请转关运输的是（　　　）。

A．易制毒化学品　　　　　　　　　　　　B．监控化学品

C．消耗臭氧层物质　　　　　　　　　　　D．汽车类，包括成套散件和二类底盘

8．申请转关运输应符合的条件要求是（　　　）。

A．指运地和启运地设有海关机构

B．转关的指运地和启运地应当设有经海关批准的监管场所

C．承运转关运输货物的企业是经海关核准的运输企业

D．按海关对转关路线范围和途中运输时间所作的限定，将货物运往指定的场所

9．无代价抵偿货物进口，在向海关申报时，应提供（　　　）。

A．原进口货物报关单

B．买卖双方的索赔协议

C．原进口货物税款缴纳书

D．原进口货物退运出境的"出口货物报关单"

10．禁止过境的货物包括（　　　）。

A．各种烈性毒药、麻醉品和毒品

B．与我国签有铁路运输联运协议的国家的过境货物

C．来自或运往我国停止或禁止贸易的国家和地区的货物

D．与我国签有过境货物协定的国家的过境货物

三、判断题

1．广州市某企业进口一批特定减免税货物，分两批装运，向有关部门申领了"征免税证明"，在进口报关的时候，可以凭着一份"征免税证明"对进口的货物分两次报关。（　　　）

2．企业要求放弃特定减免税货物的，可以口头方式向主管海关提出放弃货物的申请。（　　　）

3．某经济特区内的一家外商投资企业以企业自用的名义进口了一辆旅行车，进口后即捐赠给当地的一个社会福利院，半年后被海关发现，因该企业将进口的汽车用于公益活动，海关不得对此进行处罚。（　　　）

4．特定减免税货物，除另有规定外，一般不豁免进口许可证件。（　　　）

5．企业破产清算时仍在海关监管期限内的特定减免税货物，应在破产清算之前，向海关申请办理解除海关监管手续，有关货物才能进入破产清算、变卖、拍卖程序。对进入法律程序的特定减免税货物，如属于进口许可证管理的货物，原进口时未向海关提交进口许可证件的，海关可凭人民法院的判决书和国家仲裁机关的仲裁证明免交进口许可证件。（　　　）

6．展览会期间使用的含酒精的饮料、烟叶制品、燃料，海关对这些商品不征收关税。（　　　）

7．直接退运货物的报关手续，应先申报进口，后申报出口。（　　　）

8．过境货物自入境时起至出境时属于海关监管货物，未经海关许可不得开拆、提取、交付、发运、调换、转让、更换标记或是移作他用，但允许在海关监管下在边境换装运输工具。（　　　）

9．船舶或航空器装载从一国境外启运，经该国设立海关地点，不换装运输工具，继续运往其他国家的货物，称为转运货物。（　　　）

10．对于过境、转运和通运货物，运输工具负责人应当向进境地海关如实申报，并应当在规定期限内运输出境。（　　　）

四、名词解释

1．ATA　　　　2．暂时进出境货物　　　3．转关运输货物　　　4．过境货物

5．转运货物　　6．通运货物　　　　　7．无代价抵偿货物　　8．退运货物

五、简答题

1．特定减免税货物适用于哪几类货物？

2．特定减免税进口货物与保税货物的异同点表现在哪些方面？

3．简述暂时进出境货物的通关特点。

4．什么是转关？转关运输货物的转关条件是什么？

5．简述转关运输货物海关监管的内容。

6．我国禁止过境的货物有哪些？

7．转运货物的申报条件是什么？

8．通运货物应如何报关？

六、实训项目

1．凡在国外正规大学（学院）注册学习结（毕）业的和进修（包括出国进修、合作研究），期限在 1 年以上回国工作的留学人员，经海关批准，可用现汇购买供个人自用的免税国产小汽车 1 辆。

要求：试写出回国人员购买自用免税国产小汽车的步骤。

2．查阅相关资料，写出科教用品免税进口业务所指的科学研究机构和学校。

3．昆明某日资企业系高级认证加工贸易企业，于某年 8 月接到日本某公司的订单，订购计算机摄像头。因生产需要，该企业有一部分料件从日本公司进行采购，金额为 8 000 美元。成品生产完成后销往日本。

请问：报关人员应如何完成该项进出口业务的报关？

补充习题及实训　　　扫描二维码做更多练习，巩固本章所学知识。

第十章

进出口货物报关单及其填报

【学习目标】

知识目标：熟悉并掌握进出口货物报关单的基本格式、填报要求、填报方法。

技能目标：具有根据《进出口货物报关单填制规范》和已知的原始单据正确填报进出口货物报关单的能力。

【引　　例】

眉山丹棱查获全省首例篡改海关报关单造假案

据四川在线眉山频道讯（记者 李江 袁洋）2016 年 4 月 27 日，四川在线眉山频道记者从眉山市丹棱县工商质监局获悉，县工商质监局查获了一起全省首例涉嫌通过篡改海关报关单内容来伪造产地、冒用他人厂名的两款"假进口"肥料产品，总价值 15 万余元。

思考讨论：

1．篡改、伪造报关单的"假进口"会对社会造成什么影响？

2．海关对进出口货物报关单填报的基本要求是什么？

3．报关人员在填报进出口货物报关单时需注意哪些要求？

进出境货物的收发货人或其代理人向海关申报进出口货物时必须按海关要求填写并递交进出口货物报关单。报关单是进出境货物的收发货人或其代理人向海关报告其进出口货物情况的证明，是海关审查、放行货物的必要法律文书，是对进出口货物进行全面监控处理的主要依据，是海关统计的原始资料。申报人在填报报关单时，必须做到真实、准确、齐全、清楚，并对所填报的进出口货物报关单的真实性和准确性承担法律责任。

第一节　进出口货物报关单填报要求

一、基本格式

1．按流向分类

按进出口货物的流向，可将报关单分为进口货物报关单（参见实物展台和示例 10.1）和出口货物报关单（参见实物展台和示例 10.2）。《海关法》规定："办理进出口货物的海关申报程序，应当采用纸质报关单和电子数据报关单的形式。"这从法律上确定了纸质报关单和电子数据报关单都是办理进出口货物海关申报手续的法定形式，这两种报关单具有相同的法律效力。目前，进出口收发货人或其代理人多采用电子数据报关单，纸质报关单的使用已经很少，可以在需要时向海关申请。

 示例 10.1

中华人民共和国海关进口货物报关单

预录入编号：　　　　　　　　　　海关编号：　　　　　　　　　　页码/页数：

境内收货人（　）	进境关别（　）		进口日期	申报日期	备案号
境外发货人（　）	运输方式（　）		运输工具名称及航次号	提运单号	货物存放地点
消费使用单位（　）	监管方式		征免性质（　）	许可证号	启运港（　）
合同协议号	贸易国（地区）（　）		启运国（地区）（　）	经停港（　）	入境口岸（　）
包装种类（　）	件数	毛重（千克）	净重（千克）	成交方式（　）	运费	保费	杂费

随附单证及编号

标记唛码及备注

项号　商品编号　商品名称及规格型号　　数量及单位　单价/总价/币制　原产国（地区）　最终目的国（地区）　境内目的地　征免

特殊关系确认：　　　　价格影响确认：　　　　支付特许权使用费确认：　　　　自报自缴：

报关人员　报关人员证号　电话　兹声明对以上内容承担如实申报、依法纳税之法律责任	海关批注及签章
申报单位　（　　　　　　　） 　　　　　　　　　　　　　　申报单位（签章）	

示例 10.2

中华人民共和国海关出口货物报关单

预录入编号：　　　　　　　　　　　海关编号：

境内发货人（　）	出境关别（　）		出口日期		申报日期	备案号
境外收货人（　）	运输方式（　）		运输工具名称及航次号		提运单号	
生产销售单位（　）	监管方式		征免性质（　）		许可证号	
合同协议号	贸易国（地区）（　）		运抵国（地区）（　）		指运港（　）	离境口岸（　）
包装种类（　）	件数	毛重（千克）	净重（千克）	成交方式（　）	运费	保费　杂费

随附单证及编号
标记唛码及备注

项号	商品编号	商品名称及规格型号	数量及单位	单价/总价/币制	原产国（地区）	最终目的国（地区）	境内货源地	征免

特殊关系确认：　　　　价格影响确认：　　　　支付特许权使用费确认：　　　　自报自缴：	
报关人员　报关人员证号　电话　兹声明对以上内容承担如实申报、依法纳税之法律责任	海关批注及签章
申报单位　（　　　　　　）　　　　　　　　　　申报单位（签章）	

2. 按表现形式分类

（1）纸质报关单。纸质进口货物报关单为一式五联：海关作业联、海关留存联、企业留存联、海关核销联和证明联（进口付汇用）；纸质出口货物报关单为一式六联：海关作业联、海关留存联、企业留存联、海关核销联、证明联（出口收汇用）、证明联（出口退税用）。

（2）电子报关单。电子进口货物报关单申报界面如图 10.1 所示，电子出口货物报关单申报界面如图 10.2 所示。

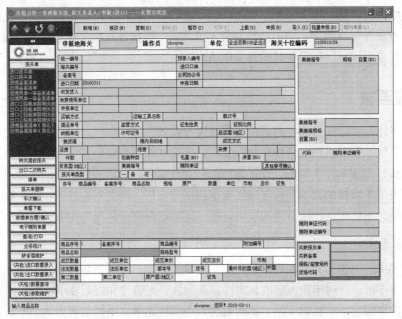

图 10.1　电子进口货物报关单申报界面

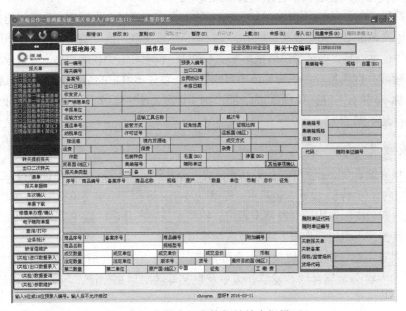

图 10.2　电子出口货物报关单申报界面

3. 按使用性质分类

按使用性质，可将报关单分为进料加工进（出）口货物报关单、来料加工及补偿贸易进（出）口货物报关单和一般贸易及其他贸易进（出）口货物报关单。

目前，进（出）口货物报关单通过中国电子口岸向海关申报，实现了进（出）口货物报关单在各行政管理部门之间的数据联网核查，进出口收发货人或其代理人使用电子口岸平台，在网上直接向海关、国检、外贸、外汇、工商、税务、银行等申办各种进出口手续。因此，进（出）

口货物报关单具有"海关作业、加工贸易核销、进口货物付汇、出口货物收汇、出口退税、海关留存、企业留存"等用途。进出口收发货人可凭电子数据进行相关作业。纸质报关单证明联在流通中已经减少，可以在需要时向海关申请。

二、填报要求

进出口货物报关单既是海关对进出口货物进行监管、征税、统计以及开展稽查和调查的重要依据，又是加工贸易进出口货物核销以及出口退税和外汇管理的重要凭证，还是海关处理进出口货物走私、违规案件及税务、外汇管理部门查处骗税和套汇犯罪活动的重要书证。因此，申报人对报关单所**填报的**真实性和准确性要承担法律责任。海关对有违章、走私行为的申报人除依法处理外，还将根据违法行为的轻重，在一定时期内停止其报关业务、吊销其报关资格。

1. 基本要求

填报报关单时需遵循的**基本要求**是真实、准确、齐全、清楚。申报人在填写报关单时，应当依法向海关申报，并对申报内容的真实性、准确性、完整性和规范性承担相应的法律责任。

（1）分单填报。不同运输工具、不同航次、不同提运单、不同监管方式、不同备案号、不同征免性质的货物，应分别填报进出口货物报关单。

一份原产地证书，只能用于同一批次进口货物。含有原产地证书管理商品的一份报关单，只能对应一份原产地证书；同一批次货物中，实行原产地证书联网监管的，如涉及多份原产地证书或含非原产地证书商品，应该分单填报。享受不同协定税率和减免税的商品，应该分单填报。

（2）分项或分栏填报。一份报关单申报的货物，须分项填报的情况主要有：商品编码不同的、商品名称不同的、计量单位不同的、原产国（地区）/最终目的国（地区）不同的、币制不同的、征免性质不同的。

2. 具体要求

（1）填报必须真实。报关单填报时必须真实，应做到两个相符：一是**单证相符**，即报关单中所列各项填报内容与合同、发票、装箱单、提单以及批文等相符；二是**单货相符**，即报关单中所列各项填报内容与实际进出口货物情况相符，特别是货物的品名、数（重）量、原产国、价格等内容必须真实，不得出现伪报、瞒报或虚报等情形。

（2）填报要完整、清楚。填报的内容要准确、齐全，字迹要清楚、整洁、端正；所填报关单各栏目的内容必须与合同、发票、提单及批文等随附单据相符，与实际进出口货物的情况相符。

（3）填报有误时须向海关提出更正。向海关申报的进出口货物报关单，事后由于各种原因而出现实际进出口货物与原来填报的内容不一致时，须立即向海关办理更正手续，填写报关单更正单，更改内容必须清楚。

（4）填报后不可随意修改。海关接受申报后，报关单及其内容不得修改或者撤销；确有正当理由的，须经海关同意，方可修改或者撤销。

（5）运输工具配载有误的须向海关递交"出口货物报关单更改申请"。对于海关接受申报并放行的出口货物，由于运输工具配载等原因，全部或部分货物未能装载上原申报的运输工具的，发货人应向海关递交"出口货物报关单更改申请"。

第二节　进出口货物报关单填报

一、检验检疫主动触发申报栏目

当进出口货物属于实施检验检疫的进出境商品目录内货物和其他按照有关法律、法规须实施检验检疫的情况时，系统会自动触发以下检验检疫申报栏目。

1. 检验检疫受理机关

根据海关规定的检验检疫机关代码表中的相应检验检疫机关的名称及代码，填报提交报关单和随附单据的检验检疫机关。

2. 企业资质类别及编号

选择填报货物的生产商/进出口商/代理商必须取得的资质类别。

小知识

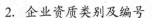
进口货物有多个资质的填报要求

（1）进口食品、食品原料类货物填写：进口食品境外出口商代理商备案、进口食品进口商备案。

（2）进口水产品填写：进口食品境外出口商代理商备案、进口食品进口商备案、进口水产品储存冷库备案。

（3）进口肉产品填写：进口肉类储存冷库备案、进口食品境外出口商代理商备案、进口食品进口商备案、进口肉类收货人备案。

（4）进口化妆品填写：进口化妆品收货人备案。

（5）进口水果填写：进境水果境外果园/包装厂注册登记。

（6）进口非食用动物产品填写：进口非食用动物产品生产、加工、存放企业注册登记。

（7）进口饲料及饲料添加剂填写：饲料进口企业备案、进口饲料及饲料添加剂生产企业注册登记。

（8）进口可用作原料的固体废物填写：进口可用作原料的固体废物国内收货人注册登记、国外供货商注册登记号及名称，两者须对应准确。

（9）其他填写：进境植物繁殖材料隔离检疫圃申请、进出境动物指定隔离场使用申请、进境栽培介质使用单位注册、进境动物遗传物质进口代理及使用单位备案、进境动物及动物产品国外生产单位注册、进境粮食加工储存单位注册、境外医疗器械捐赠机构登记、进出境集装箱场站登记、进口棉花境外供货商登记注册、对出口食品包装生产企业和进口食品包装的进口商实行备案。

3. 领证机关

根据海关规定的检验检疫机关代码表中的相应检验检疫机关的名称及代码，填报领取证单的检验检疫机关。

4. 口岸检验检疫机关

根据海关规定的检验检疫机关代码表中的相应检验检疫机关的名称及代码，填报口岸检验检疫机关。入境填报入境第一口岸所在地检验检疫机关。运往陆港或入境转关货物，选择陆港或指运地对应的机关。出境填报货物离境口岸的检验检疫机关，运往陆港或出境转关货物，选择陆港或启运地对应的机关。

5. 启运日期

装载入境货物的运输工具离开启运口岸的日期。本栏目需填8位数字，顺序为年（4位）、月（2位）、日（2位）。

6. B/L号

填报入境货物的承运人开出的提单/运单号的总单号或直单号。该项目不得为空，如空时系统自动提取提运单号返填。

7. 目的地检验检疫机关

根据海关规定的检验检疫机关代码表中的相应检验检疫机关的名称及代码，需要在目的地实施检验检疫的，填报对应的检验检疫机关。

8. 关联号码及理由

若货物不涉及检验检疫，免予填报。进出口货物报关单有关联报关单时，在本栏目中填报关联报关单号码，并在下拉菜单中选择关联报关单的关联理由。

9. 使用单位联系人及使用单位联系电话

本栏目为选填项目。填报进境涉检货物销售、使用单位联系人名字和电话。

10. 原箱运输

本栏目为选填项目。申报使用集装箱的涉检货物，根据是否是原集装箱运输，勾选"是"或"否"。

11. 特殊业务标识

本栏目为选填项目。属于国际赛事、特殊进出军工物资、国际援助物资、国际会议、直通放行、外交礼遇、转关等特殊业务，报关人员根据实际情况勾选。

12. 所需单证

本栏目为选填项目。进出口企业申请出具检验检疫单证时，根据相关需要，在"所需单证"项下的"检验检疫签证申报要素"中，勾选申请出具的检验检疫单证类型。

13. 检验检疫签证申报要素

报关人员在确认境内收发货人名称（外文）、境外收发货人名称（中文）、境外收发货人地址、卸毕日期和商品英文名称后，根据现行相关规定和实际需要，勾选申请单证类型，确认申请单证正本数和申请单证副本数后保存数据。

14. 检验检疫货物规格

申请检验检疫商品时，在"检验检疫货物规格"项下，填报"成分/原料/组分""产品有效期""产品保质期""境外生产企业""货物规格""货物型号""货物品牌""生产日期""生产批次"和"生产单位代码"等栏目。

小知识

检验检疫货物规格的填报要求

（1）"成分/原料/组分"栏：填报货物含有的成分、货物原料或化学品组分。

（2）"产品有效期"栏：有质量保证期的填写质量保证的截止日期。

（3）"产品保质期"栏：有质量保证期的填写质量保证的天数，天数按照生产日期计算。

（4）"境外生产企业"栏：填写入境货物的国外生产厂商名称，默认为境外发货人。

（5）"货物规格"栏：填写货物的规格。

（6）"货物型号"栏：填写货物的所有型号，多个型号的，以"；"分隔。

（7）"货物品牌"栏：填写货物的品牌名称，品牌以合同或装箱单为准，需要录入中英文品牌的，录入方式为"中文品牌/英文品牌"。

（8）"生产日期"栏：填写货物的生产加工日期。

（9）"生产批次"栏：填写本批货物的生产批资，多个批次的，以"；"分隔。

15. 产品资质

对国家实施进出口许可/审批/备案等管理的进出境货物，填写本项货物必须取得的许可/审批/备案名称、编号，需要核销的须填写核销货物序号、核销数量、核销数量单位。

16. 货物属性

根据进出口货物的商品编码和货物的实际情况，报关人员按照海关规定的货物属性代码表，在本栏目下拉菜单中勾选货物属性的对应代码，有多种属性的要同时选择。

17. 用途

根据进出境货物的使用范围或目的，按照海关规定的货物用途代码表在本栏目下拉菜单中填报。

18. 危险货物信息

危险货物信息申报项目为项目组。申报商品编号涉及危险品时为必填。危险货物按照系统提示填写 UN 编码、危险货物名称、危包类别及包装规格。

技能训练 10.1

某公司进口一批货物向海关申报进境时，报关人员应准备哪些单证？其中主要单证是什么？填报时要注意哪些要求？是否承担法律责任？

分析：

二、进出口货物报关单各项目填报规范

报关单各项内容填报不规范，一是会影响报关速度，二是会影响企业的配额和税率的计征，三是会影响企业的出口退税和收结汇核销。因此，按海关的规定和要求正确填报报关单是海关对企业和报关人员的基本要求，也是报关人员的基本义务。

1. 预录入编号

预录入编号是指预录入报关单的编号，一份报关单对应一个预录入编号，由系统自动生成。

2. 海关编号

海关编号是指海关接受申报时给予的报关单编号，应标示在报关单的每一联上。

海关编号为18位数字（字母），其中第1~4位代码为接受申报海关的代码（《关区代码表》中相应的海关代码），第5~8位代码为海关接受申报的公历年份，第9位代码为进出口标志（"1"为进口，"0"为出口；集中申报清单"I"为进口，"E"为出口），后9位代码为顺序编号。如：

5302	2019	1	029886456
罗湖海关	年份	进口	报关单顺序编号

3. 境内收/发货人

境内收/发货人是指对外签订并执行进出口贸易的公司或个体工商户。

境内收/发货人栏目中应填报在海关备案的对外签订并执行进出口贸易合同的中国境内法人、其他组织或个人的名称及编码。编码可选填18位统一社会信用代码，没有统一社会信用代码的，填报其在海关的备案编码。境内收/发货人代码是指进出口企业向企业所在地海关办理注册登记手续时，由海关给企业设置的注册登记编码，由进出口企业属地的行政区域代码、经济区域代码、企业经济类型（性质）代码、顺序代码组成。

统一社会信用代码的第1位是登记管理部门代码，第2位是机构类别代码，第3~8位是登记机关行政区划代码，第9~17位是主体标识码（组织机构代码），第18位是校验码。

实战操作
境内收发货人填报中常用的代码

境内收/发货人代码为10位数字，第1~4位数字为进出口企业属地的行政区划代码。其中：第1、第2位数字表示省、自治区、直辖市，第3、第4位数字表示省辖市（地区、省直辖行政单位），包括省会城市和沿海开放城市（如果第3、第4位数字为90，表示未列名的省直辖行政单位），第5位数字为经济区划代码，第6位数字为进出口企业经济类型代码，第7位数字为企业注册用海关经营类别，第8~10位数字为企业注册流水账号。

📚 小知识

特殊情况下境内收/发货人填报要求

（1）进出口货物合同的签订者和执行者非同一企业的，填报执行合同的企业。

（2）外商投资企业委托进出口企业进口投资设备、物品的，填报外商投资企业，并在标记唛码及备注栏注明"委托某进出口企业进口"，同时注明被委托企业的统一社会信用代码。

（3）有代理报关资格的报关企业代理进出口企业办理进出口报关手续时，填报委托的进出口企业。

（4）海关特殊监管区域收发货人填报该货物的实际经营单位或海关特殊监管区域内经营企业。

（5）免税品经营单位经营出口退税国产商品的，填报免税品经营单位名称。

4. 进/出境关别

<u>进/出境关别是指货物实际进出我国关境口岸的海关名称。</u>

进/出境关别栏目下应根据货物实际进出关境的口岸海关名称，填报《关区代码表》中相应的口岸海关名称及代码。

进口转关运输货物应填报货物进境地海关名称及代码，出口转关运输货物应填报货物出境地海关名称及代码。按转关运输方式监管的跨关区深加工结转货物，出口报关单填报转出地海关名称及代码，进口报关单填报转入地海关名称及代码。在不同海关特殊监管区域或保税监管场所之间转运的货物，填报对方海关特殊监管区域或保税监管场所所在的海关名称及代码。其他无实际进出境的货物，填报接受申报的海关名称及代码。

 小知识

进/出境关别填报注意事项

（1）应填写的是进出境口岸海关的名称而不是口岸的名称，一定要加"海关"二字。例如，一批货物于××××年9月16日抵达九洲港，报关人员向海关填报该批货物的进境关别应是"九洲海关"，而不是"九洲港"。

（2）关区代码由四位数字组成，前两位采用海关统计的直属海关关别代码，后两位为隶属海关代码。直属海关和隶属海关的代码特征是：直属海关关别代码后两位为00，隶属海关代码后两位不是00。

（3）《关区代码表》中只有直属海关关别和代码的，填报直属海关名称和代码，如在西宁海关办理货物进出口报关手续，应填报"西宁海关"（9700）；若有隶属海关关别和代码时，则必须填报隶属海关名称和代码，如在珠海九洲海关办理货物进出口报关手续时，不得填报"拱北海关"（5700），而必须填报"九洲海关"（5750）。

（4）进口货物应填报货物进境的第一个口岸海关名称，出口货物应填报货物出境的最后一个口岸海关名称。

（5）无法确定进出口口岸以及无实际进出口的报关单，如保税结转和后续补税报关单，应填报接受申报的海关名称或代码。

5. 进口日期/出口日期

<u>进口日期是指运载所申报货物的运输工具申报进境的日期。</u>

<u>出口日期是指运载所申报货物的运输工具办结出境手续的日期。</u>

 小知识

进口日期/出口日期填报注意事项

（1）本栏目为8位数。顺序为年（4位）、月（2位）、日（2位）。

（2）进口日期以运载进口货物的运输工具申报进境日期为准。海关与运输企业实行舱单数据联网管理的，系统会自动生成。

（3）出口日期以运载出口货物的运输工具申报离境日期为准。海关与运输企业实行舱单数据联网管理的，系统会自动生成。

（4）集中申报的报关单，进出口日期以海关接受报关单的日期为准。

（5）无实际进出境的报关单填报向海关办理申报手续的日期，以海关接受申报的日期为准。

6. 申报日期

申报日期是指海关接受进出口货物的收发货人或受其委托的报关企业申报的日期。

 小知识

申报日期填报的注意事项

以电子数据报关单方式申报的，申报日期为海关计算机系统接受申报数据时记录的日期；以纸质报关单方式申报的，申报日期为海关接受纸质报关单并对报关单进行登记处理的日期。

例：2019年10月18日进口，次日填报报关单并向海关申报时，进口日期填报应为2019.10.18，申报日期填报应为2019.10.19。

申报日期是海关接受申报的日期，如果由于报关单填报不规范，海关不接受申报，那么申报日期应以海关最终受理申报的日期为准。除特殊情况外，进口货物申报日期不得早于进口日期，出口货物申报日期不得晚于出口日期。

实战操作
备案号标记代码

7. 备案号

备案号栏目用以填报进出口货物收发货人、消费使用单位、生产销售单位在海关办理加工贸易合同备案或征、减、免税备案审批等手续时，海关核发的《加工贸易手册》、"征免税证明"或其他备案审批文件的编号。

 小知识

备案号填报注意事项

一份报关单只允许填报一个备案号。具体填报要求如下。

（1）加工贸易项下货物，除少量低值辅料按规定不使用《加工贸易手册》及以后续补税监管方式办理内销征税的外，其他货物均应填报《加工贸易手册》编号。

使用《异地直接报关分册》和《异地深加工结转出口分册》在异地口岸报关的，本栏目应填报分册号；《本地直接报关分册》和《本地深加工结转分册》限制在本地报关的，本栏目应填报总册号。

加工贸易成品凭"征免税证明"转为减免税进口货物的，进口报关单填报"征免税证明"编号，出口报关单填报《加工贸易手册》编号。

对加工贸易设备之间的结转，转入和转出企业分别填报进、出口报关单，在报关单"备案号"栏目中填报《加工贸易手册》编号。

（2）涉及征、减、免税备案审批的报关单，填报"征免税证明"编号。

（3）减免税货物退运出口的，填报"海关进口减免税货物准予退运证明"的编号；减免税货物补税进口的，填报"减免税货物补税通知书"的编号；减免税货物进口或结转进口（转入）的，填报"征免税证明"的编号；减免税货物出口或结转出口（转出）的，填报"海关出口减免税货物结转联系函"的编号。

（4）免税品经营单位经营出口退税国产商品的，免予填报。

8. 境外收/发货人

境外收货人通常是指签订并执行出口贸易合同中的买方或合同指定的收货人，境外发货人通常是指签订并执行进口贸易合同中的卖方。

境外收/发货人的名称一般填报英文名称，检验检疫要求填报其他外文名称的，在英文名称后填报，以半角括号分隔；对于 AEO 互认国家（地区）企业，编码填报 AEO 编码，填报"国别（地区）代码＋海关企业编码"，例如，新加坡 AEO 企业 SG123456789012（新加坡国别代码＋12 位企业编码）；非互认国家（地区）AEO 企业等其他情形，免予填报编码。

特殊情况下无境外收发货人的，名称及编码填报"NO"。

9. 运输方式

进出口货物报关单所列的"运输方式"栏专指货物实际进出境的运输方式和海关规定的特殊运输方式。货物实际进出境的运输方式，按进出境所使用的运输工具分类；特殊运输方式（货物无实际进出境），按货物在境内的流向分类。

运输方式栏目下应根据货物实际进出境的运输方式或货物在境内流向的类别，按照海关规定的《运输方式代码表》填报相应的运输方式。

货物实际运输方式是指用于载运实际进出关境货物的方式，主要有水路运输、铁路运输、公路运输、航空运输、邮件运输及其他运输。

特殊运输方式是指无实际进出境，而只是在境内的海关监管下，在不同企业或不同的区域流转或改变报关地点的货物，主要有非保税区、监管仓库、保税区、保税仓库、出口加工等货物和其他无实际进出境的货物。

实战操作
实际运输方式代码及填报注意事项

运输工具名称及航次号填报注意事项

10. 运输工具名称及航次号

运输工具名称及航次号是指载运货物进出境的运输工具的名称及航次号。本栏目下填报的内容应与运输部门向海关申报的载货清单所列相应内容一致。

11. 提运单号

提运单号是指进出口货物提单或运单的编号。该编号必须与运输部门向海关提供的载货清单所列相应内容（包括数码、英文大小写、符号、空格等）一致。

一份报关单只允许填报一个提运单号，一票货物对应多个提运单时，应分单填报。

 小知识

提运单号填报注意事项

（1）直接在进出境地或采用区域通关一体化通关模式办理报关手续的，填报注意事项如下。

① 水路运输：填报进出口提单号。如有分提单的，填报进出口提单号＋"*"＋分提单号。

② 公路运输：启用公路舱单前，免予填报；启用公路舱单后，填报进出口总运单号。

③ 铁路运输：填报运单号。

④ 航空运输：填报总运单号＋"_"＋分运单号，无分运单的填报总运单号。

⑤ 邮件运输：填报邮运包裹单号。

（2）转关进口运输货物的报关单，填报注意事项如下。

① 水路运输：直转、中转货物填报提单号。提前报关免予填报。

② 铁路运输：直转、中转货物填报铁路运单号。提前报关免予填报。

③ 航空运输：直转、中转货物填报总运单号＋"＿"＋分运单号。提前报关免予填报。

④ 其他运输方式：免予填报。

⑤ 以上运输方式进境货物，在省内用公路运输转关的，填报车牌号。

（3）转关出口运输货物的报关单，填报注意事项如下。

① 水路运输：中转货物填报提单号；非中转货物免予填报；省内汽车运输提前报关的转关货物，填报承运车辆的车牌号。

② 其他运输方式：免予填报。省内汽车运输提前报关的转关货物，填报承运车辆的车牌号。

（4）采用"集中申报"通关方式办理报关手续的，填报归并的集中申报清单的进出口起止日期［按年（4 位）月（2 位）日（2 位）—年（4 位）月（2 位）日（2 位）］，例如，20200101-20200131。

（5）无实际进出境货物的，本栏目免予填报。

12. 货物存放地点

货物存放地点栏目下填报货物进境后存放的场所或地点，包括海关监管作业场所、分拨仓库、定点加工厂、隔离检疫场、企业自有仓库等。进口报关单中，本栏目为必填项，出口报关单中，本栏目为选填项。

13. 消费使用单位/生产销售单位

消费使用单位是指已知的进口货物在境内的最终消费、使用单位，包括自行从境外进口货物的单位及委托进出口企业进口货物的单位。

生产销售单位是指出口货物在境内的生产或销售单位，包括自行出口货物的单位及委托进出口企业出口货物的单位。免税品经营单位经营出口退税国产商品的，填报该免税品经营单位统一管理的免税店名称。

 小知识

消费使用单位/生产销售单位填报注意事项

（1）填报 18 位统一社会信用代码。

（2）无 18 位统一社会信用代码的，填报"NO"。

（3）减免税货物报关单的消费使用单位/生产销售单位应与征免税证明的"减免税申请人"一致；保税监管场所与境外之间的进出境货物，消费使用单位/生产销售单位填报保税监管场所的名称[保税物流中心（B 型）填报物流中心内的企业名称]。

（4）进口货物在境内的最终消费或使用以及出口货物在境内的生产或销售的对象为自然人的，填报身份证号、护照号、台胞证号等有效证件号码及姓名。

14. 监管方式

监管方式是以国际贸易中进出口货物的交易方式为基础，结合海关对进出口货物的征税、统计及监管条件综合设定的海关对进出口货物的管理方式。本栏目应根据实际对外贸易情况按海关规定的《监管方式代码表》填报相应的监管方式简称及代码。代码由4位数字构成，前两位数字是按照海关监管要求和计算机管理需要划分的分类代码，后两位数字是参照国际标准编制的贸易方式代码。一份报关单只允许填报一种监管方式。

实战操作
常见监管方式代码及填报注意事项

征免性质简称及代码

15. 征免性质

征免性质是指海关对进出口货物实施征、减、免税管理的性质类别。

征免性质栏目下应根据实际情况按海关规定的《征免性质代码表》填报相应的征免性质简称及代码，持有海关核发的"征免税证明"的，应按照"征免税证明"中批注的征免性质填报。一份报关单只允许填报一种征免性质。

小知识

报关单的监管方式与征免性质填报的逻辑关系

（1）"一般贸易"成交货物，确认按一般进出口通关制度报关的：监管方式是一般贸易，征免性质是一般征税。

（2）"来料加工"或"进料加工"进出口货物，确认按保税通关制度通关的：监管方式是来料加工/进料加工，征免性质是来料加工/进料加工。

（3）"来料/进料深加工结转"货物，确认按保税通关制度报关的：监管方式是来料深加工/进料深加工，征免性质是为空。

（4）外商投资企业在投资额度内进口设备/物品，确认按特定减免税通关制度报关的：监管方式是合资合作设备/外资物品，征免性质是鼓励项目。

（5）外商投资企业在投资额度外利用自有资金进口设备/物品，确认按特定减免税通关制度报关的：监管方式是一般贸易，征免性质是自有资金。

16. 许可证号

许可证号栏目下填报以下许可证的编号：进（出）口许可证、两用物项和技术进（出）口许可证、两用物项和技术出口许可证（定向）、纺织品临时出口许可证。

一份报关单只允许填报一个许可证号。

小知识

许可证号填报注意事项

（1）应申领进（出）口许可证的货物，必须在此栏目填报商务部及其授权发证机关签发的进（出）口货物许可证的编号，不得为空。

（2）本栏目填报的是"许可证"号，不是许可证件的编号。一份报关单只允许填报一个许可证号。许可证号为10位数字（字母），第1、2位数字代表年份，第3、4位代表发证机关（"AA"代表部级发证，"AB""AC"等代表特派员办事处发证，"01""02"等代表地方发证），后6位数字为顺序号。

17. 启运港

启运港栏目下填报进口货物在运抵我国关境前的第一个境外装运港。

根据实际情况，按海关规定的《港口代码表》填报相应的港口名称及代码，未在《港口代码表》列明的，填报相应的国家名称及代码。货物从海关特殊监管区域或保税监管场所运至境内区外的，填报《港口代码表》中相应海关特殊监管区域或保税监管场所的名称及代码，未在《港口代码表》中列明的，填报"未列出的特殊监管区"及代码。

其他无实际进境的货物，填报"中国境内"及代码。

18. 合同协议号

合同协议号是指在进出口贸易中，买卖双方或数方当事人根据国际贸易惯例或国家有关法律、法规，自愿按照一定条件买卖某种商品签订的合同（包括协议或订单）的编号。

合同协议号栏目下填报进出口货物合同（包括协议或订单）的编号。未发生商业性交易的免予填报。

19. 贸易国（地区）

贸易国（地区）栏目下填报对外贸易中与境内企业签订贸易合同的外方所属的国家（地区）。进口的填报购自国，出口的填报售予国。未发生商业性交易的填报货物所有权拥有者所属的国家（地区）。本栏目应按海关规定的《国别（地区）代码表》填报相应的贸易国（地区）或贸易国（地区）中文名称及代码。无实际进出境的，填报"中国"（代码142）。

实战操作
主要国家/地区代码表

20. 启运国（地区）/运抵国（地区）

启运国（地区）栏目下填报进口货物起始发出后直接运抵我国或者在运输中转国（地）未发生任何商业性交易的情况下运抵我国的国家（地区）。

运抵国（地区）栏目下填报出口货物离开我国关境直接运抵或者在运输中转国（地区）未发生任何商业性交易的情况下最后运抵的国家（地区）。

🕮 小知识

启运国（地区）/运抵国（地区）填报注意事项

（1）不经过第三国（地区）转运的直接运输进出口货物，以进口货物的装货港所在国（地区）为启运国（地区），以出口货物的指运港所在国（地区）为运抵国（地区）。

（2）经过第三国（地区）转运的进出口货物，如在中转国（地区）发生商业性交易，则以中转国（地区）作为启运/运抵国（地区）。

（3）本栏目应按海关规定的《国别（地区）代码表》填报相应的启运国（地区）或运抵国（地区）的中文名称及代码。

（4）能确定货物最终目的国的，按海关规定的《国别（地区）代码表》选择填报相应的启运国（地区）或运抵国（地区）的中文名称或代码。无实际进出境的，本栏目填报"中国"（代码142）。

21. 经停港/指运港

经停港是指进口货物在运抵我国关境前的最后一个境外装运港。如：江西某进出口公司从悉尼装运澳大利亚羊毛运至马来西亚的吉隆坡，再从吉隆坡转船运达广州黄埔港时，经停港栏目下应填报吉隆坡。

指运港是指出口货物运往境外的最终目的港；最终目的港不可预知的，可按尽可能预知的目的港填报。

经停港/指运港栏目下应根据实际情况按海关规定的《港口代码表》填报相应港口的中文名称及代码。经停港/指运港在《港口代码表》中无港口中文名称及代码的，可填报相应国家的中文名称或代码。无实际进出境的，本栏目填报"中国境内"（代码 142）。

22. 入境口岸/离境口岸

入境口岸栏目下填报进境货物从跨境运输工具卸离的第一个境内口岸的中文名称及代码；采取多式联运跨境运输的货物，填报多式联运货物最终卸离的境内口岸中文名称及代码；过境货物填报货物进入境内的第一个口岸的中文名称及代码；从海关特殊监管区域或保税监管场所进境的货物，填报海关特殊监管区域或保税监管场所的中文名称及代码。其他无实际进境货物的，填报货物所在地的城市名称及代码。

离境口岸栏目下填报装运出境货物的跨境运输工具离境的第一个境内口岸的中文名称及代码；采取多式联运跨境运输的货物，填报多式联运货物最初离境的境内口岸中文名称及代码；过境货物填报货物离境的第一个境内口岸的中文名称及代码；从海关特殊监管区域或保税监管场所离境的货物，填报海关特殊监管区域或保税监管场所的中文名称及代码。其他无实际出境货物的，填报货物所在地的城市名称及代码。

入境口岸/离境口岸的类型包括港口、码头、机场、机场货运通道、边境口岸、火车站、车辆装卸点、车检场、陆路港、坐落在口岸的海关特殊监管区域等。按海关规定的《国内口岸编码表》填报相应的境内口岸中文名称及代码。

23. 包装种类

运输包装是指提运单所列货物件数单位对应的包装，其他包装包括货物的各类包装，以及植物性铺垫材料等。

包装种类是指运输过程中货物运输外包装的种类。如裸装、件货等。包装种类代码见表10.1。

包装种类栏目应根据进出口货物的实际外包装种类，按海关规定的《包装种类代码表》填报相应的包装种类代码。

表 10.1　包装种类代码

代码	中文名称	代码	中文名称
00	散装	32	纸制或纤维板制盒/箱
01	裸装	33	木制或竹藤等植物性材料制桶
04	球状罐类	39	其他材料制桶
06	包/袋	92	再生木托
22	纸制或纤维板制盒/箱	93	天然木托
23	木制或竹藤等植物性材料制盒/箱	98	植物性铺垫材料
29	其他材料制盒/箱	99	其他包装

24. 件数

件数栏目下应填报有外包装的进出口货物的实际件数（按运输包装计）。

报关单件数填报数量要求与舱单件数相同。件数填报数量大于舱单数量时，海关系统会做退单处理，须修改后重新发送；件数填报数量小于舱单数量时，舱单核销将出现异常。

同一提运单下，需要多个报关单申报时，要求所有报关单的件数合计数量与舱单件数相同。舱单件数为集装箱的，填报集装箱个数。舱单件数为托盘的，填报托盘数。本栏目不得填报为 0，裸装货物填报为 1。

25. 毛重（千克）

毛重是指货物及其包装材料的重量之和。计量单位为千克，不足 1kg 的填报为 1。

毛重栏目不得为空。毛重填报数量大于舱单数量时，海关系统会做退单处理，毛重填报数量小于舱单数量时，舱单核销将出现异常。

同一提运单下，需要多个报关单申报时，要求所有报关单的毛重合计数量与舱单件数相同。

26. 净重（千克）

净重是指货物的毛重减去外包装材料后的重量，即商品本身的实际重量。部分商品的净重还包括直接接触商品的销售包装物料的重量（如罐头、化妆品、药品及类似品等）。净重的计量单位为千克，净重应大于或等于 1，不足 1kg 的填报为 1。本栏目填报进出口货物的实际净重，不得为空。以毛重作为净重计价的货物，可填毛重，如大宗散装或裸装货物。按照国际惯例，以公量重计价的货物，填报公量重。

27. 成交方式

成交方式是指在进出口贸易中，进出口商品的价格构成和买卖双方各自应承担的责任、费用和风险，以及货物所有权转移的界限。成交方式包括两方面的内容：一是交货条件，二是成交价格的构成因素。成交方式代码与名称见表 10.2。

表 10.2 成交方式代码与名称

成交方式代码	成交方式名称	成交方式代码	成交方式名称
1	CIF	5	市场价
2	CFR/CNF/C&F	6	垫仓
3	FOB	7	EXW
4	C&I		

小知识

成交方式填报注意事项

（1）成交方式栏目下应根据实际成交价格条款按海关规定的《成交方式代码表》填报相应的成交方式代码。无实际进出境货物的，进口填报 CIF 价，出口填报 FOB 价。

（2）我国规定进口货物按 CIF 价统计，出口货物按 FOB 价统计。因此，凡进口成交价不是 CIF 价的，都必须按规定填写运费、保费或杂费，以便转换成 CIF 价统计；凡出口成交价不是 FOB 价的，都必须按照规定填写运费、保费或杂费，以便转换成 FOB 价统计。

（3）进口贸易中，FOB 价，按公式"CIF＝FOB＋I＋F"转换成 CIF 价，在运费栏填写运费费率、单价或总价，在保费栏填写保险费费率或总价；CFR 价，按公式"CIF＝CFR＋I"转换成 CIF 价，在保费栏填写保险费费率或总价。出口贸易中，CIF 价，按公式"FOB＝CIF－I－F"转换成 FOB 价；在运费栏填写运费费率、单价或总价，在保费栏填写保险费费率或总价；CFR 价，按公式"FOB＝CFR－F"转换成 FOB 价，在运费栏填写运费费率、单价或总价。

《2010 通则》11 种贸易术语与报关单"成交方式"栏的对应关系如表 10.3 示。

表 10.3 11 种贸易术语与报关单"成交方式"栏的对应关系

组别	E 组	F 组			C 组				D 组		
术语	EXW	FCA	FAS	FOB	CFR	CPT	CIF	CIP	DAT	DAP	DDP
成交方式		FOB			CFR		CIF				

28. 运费

运费是指进出口货物从始发地至目的地的国际运输所需要的各种费用。

进口货物填报运抵我国境内输入地点起卸前的运输费用，出口货物填报运至我国境内输出地点装载后的运输费用。当进口货物成交价格不包含前述运输费用或者当出口货物成交价格含有前述运输费用，即进口成交方式为 FOB、C&I、EXW 或出口成交方式为 CIF、CFR 的，应在本栏填报运费。进口货物成交价格包含前述运输费用或者出口货物成交价格不包含前述运输费用的，本栏目免填。

 小知识

运费填报注意事项

对于成交价格中不包含运费的进口货物或成交价格中含有运费的出口货物，应在运费栏目中填报该份报关单所含全部货物的国际运输费用。可按运费单价、总价或运费费率 3 种方式之一填报，同时注明运费标记，并按海关规定的《货币代码表》填报相应的币种代码。

运保费合并计算的，运保费填报在本栏目。运费标记填写在运费标记处，运费价格填写在运费价格处，运费币制填写在运费币制处。

运费标记："1"表示运费费率，"2"表示每吨货物的运费单价，"3"表示运费总价。

运费率填报格式：1/运费费率。

运费单价填报格式：2/运费单价/币制代码。

运输总价填报格式：3/运费总价/币制代码。

免税品经营单位经营出口退税国产商品的，免予填报。

29. 保费

对于成交价格中不包含保险费的进口货物或成交价格中含有保险费的出口货物，应在保费栏目中填报进口货物运抵我国境内输入地点起卸前的保险费用，出口货物运至我国境内输出地点装载后的保险费用。该栏目可按保险费总价或保险费费率两种方式之一填报，同时注明保险费标记，并按海关规定的《货币代码表》填报相应的币种代码。

 小知识

保费填报注意事项

保费合计计算的，运保费填报在运费栏目中，保费标记填写在保费标记处，保费总价填写在保费总价处，保费币制填写在保费币制处。

运费标记："1"表示保险费费率，"3"表示保险费总价。

保险费费率录入格式：1/保险费费率。

保费总价录入格式：3/保险金额/币制代码。

免税品经营单位经营出口退税国产商品的，免予填报。

实战操作
运费、保费、杂费之间的填报关系

30. 杂费

杂费是指成交价格以外的，按照《进出口关税条例》相关规定应计入完税价格或应从完税价格中扣除的费用。

 小知识

杂费填报注意事项

杂费可按杂费总价或杂费费率两种方式之一填报，同时注明杂费标记，并按海关规定的《货币代码表》填报相应的币种代码。

应计入完税价格的杂费填报为正值或正率，应从完税价格中扣除的杂费填报为负值或负率。杂费标记填写在杂费标记处，杂费总价填写在杂费总价处，杂费币制填写在杂费币制处。

杂费标记："1"表示杂费费率；"3"表示杂费总价。

杂费费率（计入或扣除）录入格式：1/杂费费率。

杂费总价（计入）录入格式：3/杂费金额/币制代码。

杂费总价（扣除）录入格式：3/-杂费金额/币制代码。

免税品经营单位经营出口退税国产商品的，免予填报。

实战操作
监管证件名称及随
附单证填报要求

唛码填报注意事项

31. 随附单证及编码

随附单证及编码是指随进（出）口货物报关单一并向海关递交的单证或文件。合同、发票、装箱单、进出口许可证等必备的随附单证不在本栏目填报。

随附单证及编码栏目根据海关规定的《监管证件代码表》和《随附单据代码表》填报除本条规定的许可证件以外的其他进出口许可证件或监管证件、随附单据代码及编号。本栏目分为随附单证代码和随附单证编号两栏，其中代码栏按海关规定的《监管证件代码表》和《随附单据代码表》选择填报相应证件代码；随附单证编号栏填报该证件的编号。

32. 标记唛码及备注

标记唛码英文表示为 Marks、Marking、MKS、Marks & Nos、Shipping Mks，它通常是由一个简单的几何图形和一些字母、数字及简单的文字组成，包括收货人代号、合同号和发票号、目的地、最终目的国（地区）、原产国（地区）、目的港或中转港、件数号码等内容。一般的唛头如图 10.3 所示。

Marks & Nos.（唛头）

HUMBURG（中转港：汉堡）

IN TRANSHIP TO ZURICH（目的港：苏黎世）

SWITZERLAND（目的国：瑞士）

C / NO .1—1533（件数：1533 件）

MADE IN CHINA（原产国：中国）

图 10.3　唛头解析（局部）

备注是指报关单的其他栏目不能填写完全以及需要额外说明的内容，或者其他需要备注、说明的事项。关联备案号、关联报关号应填写在"标记唛码及备注"栏。

实战操作
项号填报注意
事项

33. 项号

项号是指同一票货物在报关单中的商品排列号以及在备案文件上的商品序号。

项号栏目分两行填报。第一行填报报关单中的商品顺序编号；第二行专用于填报加工贸易、减免税等已备案、审批的货物在《加工贸易手册》或"征免税证明"等备案、审批单证中的顺序编号。

如：某公司加工贸易合同项下的登记手册号为 B51012300300，进口猪皮革和羊皮革料件一批，该料件分别列登记手册的第 4 项和第 10 项，那么填写格式如表 10.4 所示。

表 10.4　加工贸易合同项下的登记手册第 4 项和第 10 项的填写

项　号	商品编号	商品名称、规格型号
01（第一行：商品序号） 04（第二行：该料件在手册中的商品序号）	××××××××××	猪皮革
02（第一行：商品序号） 10（第二行：该料件在手册中的商品序号）	××××××××××	羊皮革

34. 商品编号

商品编号是指按商品分类编码规则确定的进出口货物的商品编号。填报的商品编号由 10 位数字组成。前 8 位数字为《进出口税则》中确定的进出口货物的税则号列，同时也是《海关统计商品目录》中确定的商品编码，后 2 位数字为符合海关监管要求的附加编号。

35. 检验检疫名称

涉及检验检疫的进出口货物，须填报本栏目。报关人员可根据系统的提示信息，选择与报关商品相符的描述或与委托单位进行确认。

36. 商品名称

商品名称是指所申报的进出口商品的规范的中文名称。

商品名称栏目分两行填报。第一行填报进出口货物规范的中文商品名称，第二行填报该商品的规格型号，必要时可加注原文。规格型号是指反映商品性能、品质和规格的一系列指标，如品牌、等级、成分、含量、纯度、大小等。如"化纤女背心"，100 % POLYETER LADIES VEST，填写格式如表 10.5 所示。

表 10.5　商品名称、规格型号填报格式

项号	商品名称
01	化纤女背心（第一行：商品名称） 100 % POLYETER LADIES VEST（第二行：规格型号＋原文）

37. 数量及单位

实战操作
商品名称及规格填报注意事项

特殊情况下数量及单位填报

数量及单位是指进出口货物的实际数量及计量单位。

数量及单位栏目下分三行填报。第一行应按进出口货物的法定第一计量单位填报数量及单位，法定计量单位以《海关统计商品目录》中的计量单位为准。凡列明有法定第二计量单位的，应在第二行按照法定第二计量单位填报数量及单位。无法定第二计量单位的，本栏目第二行为空。成交计量单位及数量应填报在第三行。

38. 单价

一份报关单中有多项商品时，每个单价只对应一个项号下的商品。单价栏目下应填报同一项号下进出口货物实际成交的单价。无实际成交价格的，本栏目填报货值。单价填报到小数点后 4 位，第 5 位及其后略去。

39．总价

<u>总价是指进出口货物实际成交的商品总价。</u>在报关单中总价和单价是相对应的，单价和其对应的数量相乘就等于总价。总价栏目下应填报同一项号下进出口货物实际成交的总价。无实际成交价格的，本栏目填报货值。总价填报到小数点后4位，第5位及其后略去。

实战操作
常见币种货币
代码

40．币制

<u>币制是指进出口货物实际成交价格的币种。</u>

币制栏目下应根据实际成交情况按海关规定的《货币代码表》填报相应的货币名称或代码，如货币代码表中无实际成交币种，需将实际成交币种按照申报的外汇折算率折算成货币代码表列明的货币填报。

41．原产国（地区）

<u>原产国（地区）是指进口货物的生产、开采或加工制造国家（地区）。</u>

原产国（地区）栏目应依据《进出口货物原产地条例》《海关关于执行〈非优惠原产地规则中实质性改变标准〉的规定》以及海关总署关于各项优惠贸易协定原产地管理规章规定的原产地确定标准填报。同一批进口货物的原产地不同的，应分别填报原产国（地区）。进口货物原产国（地区）无法确定的，填报"国别不详"（代码701）。

原产国（地区）栏目下应按海关规定的《国别（地区）代码表》填报相应的国家（地区）名称及代码。

42．最终目的国（地区）

<u>最终目的国（地区）是指已知的出口货物的最终实际消费、使用或进一步加工制造的国家（地区）。</u>如，A进出口公司与德国B公司签订一份出口合同，货物从上海装船，途经我国香港运往德国。在签订合同时，A进出口公司得知德国B公司还要将货物从德国运往英国，则该批货物的最终目的国应为英国，而不是德国。

小知识

原产国（地区）/最终目的国（地区）填报注意事项

最终目的国(地区)栏目填报已知的出口货物的最终实际消费、使用或进一步加工制造的国家(地区)。不经过第三国(地区)转运的直接运输货物，以运抵国(地区)为最终目的国(地区)；经过第三国(地区)转运的货物，以最后运往国(地区)为最终目的国(地区)。同一批出口货物的最终目的国(地区)不同的，应分别填报最终目的国(地区)。出口货物不能确定最终目的国(地区)时，以尽可能预知的最后运往国(地区)为最终目的国(地区)。

该栏目应按海关规定的《国别(地区)代码表》填报相应的国家(地区)名称及代码。

43．境内目的地/境内货源地

<u>境内目的地栏目下填报已知的进口货物在国内的消费、使用地或最终运抵地，</u>其中最终运抵地为最终使用单位的所在地。最终使用单位难以确定的，填报货物进口时预知的最终收货单位所在地。

境内货源地栏目下填报出口货物在国内的产地或原始发货地。出口货物产地难以确定的，填报最早发运该出口货物的单位所在地。

海关特殊监管区域、保税物流中心（B型）与境外之间的进境货物，境内目的地/境内货源地栏目下填报该海关特殊监管区域、保税物流中心（B型）所对应的国内地区。

境内目的地/境内货源地栏目下应按海关规定的《国内地区代码表》填报相应的国内地区名称及代码。境内目的地还需根据《行政区划代码表》填报其对应的县级行政区名称及代码，无下属区县级行政区的，可选择填报地市级行政区。

44. 征免

征免是指海关对进出口货物进行征税、减税、免税或特案处理的实际操作方式。

征免栏目下应按照海关核发的"进口货物征免税证明"或有关政策规定，对报关单所列每项商品选择填报海关规定的《征减免税方式代码表》中相应的减免税方式填报。加工贸易报关单应根据《加工贸易手册》中备案的征免规定填报，《加工贸易手册》中备案的征免规定为"保金"或"保函"的，应填报"全免"。常见的征免方式及代码见表10.6。

表 10.6 征免方式代码

代码	名称	代码	名称
1	照章征税	5	征免性质
2	折半征税	6	保证金
3	全免	7	保函
4	特案	8	折半补税

45. 原产地区

本栏目填报入境货物在原产国（地区）内的生产区域。

本栏目是选填栏目。报关人员可依照原产地区代码表填报或在下拉菜单中选择。原产地区代码由6位数组成，前3位为国别代码，后3位为地区代码。

法律法规
《海关审定进出口货物完税价格办法》

46. 特殊关系确认

根据《海关审定进出口货物完税价格办法》第十六条的规定确认进出口行为中买卖双方是否存在特殊关系，有下列情形之一的，应当认为买卖双方存在特殊关系，在特殊关系确认栏目下填报"是"，反之则填报"否"。

填报"是"的情形包括：①买卖双方为同一家族成员的。②买卖双方互为商业上的高级职员或者董事的。③一方直接或者间接地受另一方控制的。④买卖双方都直接或者间接地受第三方控制的。⑤买卖双方共同直接或者间接地控制第三方的。⑥一方直接或者间接地拥有、控制或者持有对方5%以上（含5%）公开发行的有表决权的股票或者股份的。⑦一方是另一方的雇员、高级职员或者董事的。⑧买卖双方是同一合伙的成员的。

买卖双方在经营上相互有联系，一方是另一方的独家代理、独家经销或者独家受让人的，如果符合上述的情形，也应当视为存在特殊关系。

出口货物免予填报该栏目，加工贸易及保税监管货物（内销保税货物除外）也免予填报该栏目。

47. 价格影响确认

根据《海关审定进出口货物完税价格办法》第十七条的规定确认进出口行为中买卖双方存在的特殊关系是否影响成交价格，纳税义务人如不能证明其成交价格与同时或者大约同时发生的下列任何一款价格相近的，应当视为特殊关系未对进出口货物的成交价格产生影响，在价格影响确认栏目下填报"否"，反之则填报"是"。

填报"否"的情形包括：①向境内无特殊关系的买方出售的相同或者类似进出口货物的成交价格。②按照《海关审定进出口货物完税价格办法》倒扣价格估价方法的规定所确定的相同或者类似进出口货物的完税价格。③按照《海关审定进出口货物完税价格办法》计算价格估价方法的规定所确定的相同或者类似进出口货物的完税价格。

出口货物免予填报该栏目，加工贸易及保税监管货物（内销保税货物除外）也免予填报该栏目。

48. 支付特许使用权确认

根据《海关审定进出口货物完税价格办法》第十三条的规定确认进出口行为中买方是否存在向卖方或者有关方直接或者间接支付特许权使用费。特许权使用费是指进出口货物的买方为取得知识产权权利人及权利人有效授权人关于专利权、商标权、专有技术、著作权、分销权或者销售权的许可或者转让而支付的费用。如果进出口行为中买方存在向卖方或者有关方直接或者间接支付特许权使用费的，在支付特许权确认栏目下应填报"是"，反之则填报"否"。出口货物免予填报该栏目，加工贸易及保税监管货物（内销保税货物除外）也免予填报该栏目。

49. 自报自缴

进出口企业、单位采用"自主申报、自行缴税"（自报自缴）模式向海关申报时，自报自缴栏目下填报"是"；反之则填报"否"。

法律法规
报关单填制规范
（随时更新）

50. 申报单位

自理报关的，填报进出口企业的名称及编码；委托代理报关的，填报报关企业名称及编码（统一社会信用代码）。报关人员填报在海关备案的姓名、编码、电话，并加盖申报单位印章。

51. 海关批注及签章

海关批注及签章栏目供海关作业时签注。

 小知识

报关单填报注意事项

《进出口货物报关单填制规范》中的尖括号（< >）、逗号（,）、连接符（-）、冒号（:）等标点符号及数字，填报时都必须使用非中文状态下的半角字符。

相关用语的含义如下。

报关单录入凭单：申报单位按报关单的格式填写的凭单，用作报关单预录入的依据。该凭单的编号规则由申报单位自行决定。

报关单证明联：海关在核实货物实际进出境后按报关单格式提供的，用作进出口货物收发货人向国税、外汇管理部门办理退税和外汇核销手续的证明文件。

技能训练 10.2

　　天津新月服装进出口公司（12099×××××）向韩国出口商订购进口了一批服装面料，并交由天津秀文服装有限公司（12019349××）用于加工童装。韩国出口商的供货商将该批货物于 2019 年 3 月 15 日发运，载货运输工具于 2019 年 3 月 18 日向天津新港海关（代码为 0202）申报进境，次日，天津路畅物流有限公司持登记手册、自动进口许可证（编号：2019-2020-FZ-300125）等单证向海关申报。该批货物法定计量单位为 kg，海运费为 1 450 美元，保险费费率为 5‰，该批货物在加工手册中位于第 12 项并随附海运提单、商业发票、装箱单。

　　根据示例 10.3 至示例 10.5 资料信息，在示例 10.6 中填报进口货物报关单的各个栏目。

 示例 10.3

商业发票

Issuer KOREA CHEMICAL CO., LTD	COMMERCIAL INVOICE	
To TIANJIN XINYUE GARMENTS IMPORT & EXPORT CO., LTD		
	No. KC060303	Date MAR 01,2019
Transport Details	S/C No. 06KCEXP016	L/C No.
	Terms of Payment	

Marks and Numbers	Number and Kind of Package Descriptions of Goods	Quantity	Unit Price	Amount
N/M	ELASTANE 40 DENIER TYPE 149B MERGE 171245kg TUBE	7590kg	CFR XINGANG CHINA USD18/kg	USD136620.00
			Total:	
USD136620.00				
Say Total:				

 **示例 10.4**

装箱单

Issuer					
KOREA CHEMICAL CO., LTD	PACKING LIST				
To					
TIANJIN XINYUE GARMENTS IMPO RT & EXPORT CO., LTD	Invoice No. KC060303				Date MAR 01,2019
	Terms of Payment				
Marks and Numbers	Number and Kind of Package Descriptions of Goods	Quantity	Package	G.W.	N.W.	Meas
N/M	ELASTANE 40 DENIER TYPE 149B MERGE 171245kg TUBE	70BALES	7PALLETS	8510kg	7590kg	
Total：					
Say Total：					

 **示例 10.5**

海运提单

Mitsui O.S.K. Lines, Ltd

Shipper KOREA CHEMICAL CO., LTD 1395-9, SEOCHO-DONG, SEOCHO-KU, SEOUL, KOREA		Booking No.	B/L No. APLBSXG0096
Consignee(Not negotiable unless consigned'to order') TO ORDER		COMBINED TRANSPORT BILL OF LANDING	
Notify Party TIANJIN XINYUE GARMENTS IMPORT & EXPORT CO., LTD RM919 TEDA BUILDING, TIANJIN, CHINA			
Vessel M/VBEIDAIHE VOY.0615W	Port of Loading BUSAN，KOREA		
Port of Discharge XINGANG, CHINA	Place of Delivery	Final Destination for the Merchant's reference	
Marks & Nos.	Number and Kind of Containers or Package	Kind of Package; Description of Goods	G.W.	Measurement
N/M	3 containers	ELASTANE 40 DENIER TYPE 149B MERGE 171245kg TUBE	8510kg	m³
Total No. of Container or Other Package or Units Received by the Carrier(in words) THREE CONTAINERS				
No. of Originals THREE	Place and Date of B/L Issue：	Totals & Pay at：	

Mitsui O.S.K.lines，Ltd.as Carrier

示例 10.6

中华人民共和国进口货物报关单

预录入编号：　　　　　　　　　　　　海关编号：

境内收货人（　）	进境关别（　）		进口日期		申报日期	备案号
境外发货人（　）	运输方式（　）		运输工具名称及航次号		提运单号	
消费使用单位（　）	监管方式		征免性质（　）		许可证号	
合同协议号	贸易国（地区）（　）		启运国（地区）（　）		经停港（　）	
包装种类（　）	件数	毛重（千克）	净重（千克）	成交方式（　）	运费	保费	杂费

随附单证及编号

标记唛码及备注

项号	商品编号	商品名称及规格型号	数量及单位	单价/总价/币制	原产国（地区）	最终目的国（地区）	境内目的地	征免

特殊关系确认：　　　　价格影响确认：　　　　支付特许权使用费确认：　　　　自报自缴：

报关人员　报关人员证号　电话　兹声明对以上内容承担如实申报、依法纳税之法律责任	海关批注及签章
申报单位（　　　　）	申报单位（签章）

本 章 小 结

　　进出口货物报关单是进出境货物的收发货人或其代理人向海关报告其进出口货物情况的证明，是海关审查、放行货物的必要法律文书，是海关对进出口货物进行全面监控处理的主要依据，是海关统计的原始资料。申报人对进出口货物报关单所填报的真实性和准确性须承担法律责任，进出口货物报关单的填报要做到真实、准确、齐全、清楚。

基础与能力训练

一、单选题

　　1. 我国某公司向某国出口了 500 吨散装小麦，该批小麦分装在一条船的三个船舱内，海关报关单上的"件数"和"包装种类"两个项目的正确填报内容应是（　　）。

　　　　A. 件数为 500 吨，包装种类为"吨"　　　B. 件数为 1，包装种类为"船"

　　　　C. 件数为 3，包装种类为"船舱"　　　　D. 件数为 1，包装种类为"散装"

　　2. 境内某公司从我国香港购进了一批日本某品牌电视机，其中显示屏为韩国生产，集成电路板由新加坡生产，其他零件均为马来西亚生产，最后由韩国组装成整机。该公司向海关申报进口该批电视机时，原产国应填报为（　　）。

　　　　A. 日本　　　　B. 韩国　　　　　C. 新加坡　　　　D. 马来西亚

　　3. 在韩国纺成的纱线，运到日本织成棉织物，并进行冲洗、烫、漂白、染色、印花。上述棉织物又被运往越南制成睡衣，后又经印度更换包装转销内地。我国海关应以下列哪个国家作为该货物的原产国（地）（　　）。

　　　　A. 日本，因为成衣在日本进行了第一次实质性加工

　　　　B. 韩国，因为纱线是在韩国完成制造的

　　　　C. 越南，因为制成成衣在税则归类方面已经有了改变

　　　　D. 印度，因为该货物是从印度进口的

　　4. 我国某公司出口了一批货物，成交条件为 CFR，总价为 1 000 港币，其中含运费 5%，销售佣金为 300 港币。问该批货物的 FOB 价总价应为（　　）港币。

　　　　A. 1 000　　　　B. 650　　　　　C. 1 250　　　　　D. 665

　　5. 海关规定的出口货物的出口日期是指（　　）。

　　　　A. 申报货物办结海关手续的日期

　　　　B. 向海关申报货物出口的日期

　　　　C. 运载货物的运输工具申报出境的日期

　　　　D. 所申报货物运离海关监管场地或仓库的日期

　　6. 联合国救灾协调员办事处在美国市场采购原产于加拿大的冰雪救灾物资无偿援助我国，该批物资在洛杉矶装船，在日本东京中转后运抵我国，这种情况下进口报关的"启运国（地区）"

栏应填报为（　　　）。

  A．日本   B．加拿大   C．美国   D．联合国

  7．天津某公司与新加坡某公司签订了一份进口黄金首饰的合同。该批货物从横滨海运至我国香港，再从我国香港换装火车运到内地（该批货物在日本发生商业性交易），报关单的"启运国（地区）"栏应填报为（　　　）。

  A．日本   B．新加坡   C．中国   D．中国香港

  8．重庆某中外合资企业与香港某公司签订了一份设备购买合同。该设备由华阳运输公司的HUADONG VOY302轮载运进口，该合资企业委托上海某报关行向上海海关办理转关申请手续，由"长江号"轮船运抵重庆，该设备经海关查验后放行。该中外合资企业在向海关递交的进口货物报关单"运输工具名称及航次号"栏的正确填报应为（　　　）。

  A．HUADONG/302   B．@＋16位转关申报单预录入号

  C．HUADONG/@/302   D．长江号

  9．进境货物的运输方式按货物运抵我国关境（　　　）时的运输方式填报。

  A．最后一个口岸 B．第一个口岸   C．转运   D．报关

  10．出境货物的运输方式按货物驶离我国关境（　　　）时的运输方式填报。

  A．第一个口岸 B．转运   C．报关   D．最后一个口岸

二、多选题

  1．在填制报关单"总价"时，下列（　　　）叙述是正确的。

  A．一般贸易货物应按合同上订明的实际价格填报

  B．退运进口的出口货物，应按该货物原出口价格填报

  C．免费赠送的货样、广告品，可以免予填报

  D．来料加工项下的成品出口时，只需填报加工费

  2．我国某公司（甲方）与新加坡某公司（乙方）签订了一份出口合同，合同中订明，甲方向乙方出售5 000件衬衫，于××××年4月10日在上海装船，途径中国香港运往新加坡。在签订合同时甲方得知乙方还要将该批货物从新加坡运往智利。根据上述情况填写报关单时，以下（　　　）填写不正确。

  A．运抵国（地区）为"中国香港"，最终目的国（地区）为"新加坡"

  B．运抵国（地区）为"新加坡"，最终目的国（地区）为"智利"

  C．运抵国（地区）为"中国香港"，最终目的国（地区）为"智利"

  D．运抵国（地区）为"智利"，最终目的国（地区）为"智利"

  3．在填制报关单时，海关根据进出口商品的不同情况，对商品数量的填报作出了一些规定，下列（　　　）是符合海关规定的。

  A．规范的数量和单位，应以《海关统计商品目录》上规定的数量和单位填写

  B．与海关规范的数量和单位不一致的实际成交的数量和单位也填在报关单上

  C．不能把整机和零件的数量加在一起填报数量

  D．不能把类似"一卷""一箱""一捆"等较笼统的数量和单位填在报关单上

  4．某公司从日本进口了10台联合收割机及部分附件，分装30箱，发票注明每台单价为CIF Shanghai US＄22 400，总价为US＄224 000，附件不另计价格。进口货物报关单以下栏目正

确填报的为（　　　）。

  A．成交方式：海运　　　　　　　　B．件数：30

  C．商品名称：联合收割机及附件　　　D．单价：22 400

5．我国某公司报关人员在填报一份进口报关单时，"标记唛码及备注"栏目填报正确的是（　　　）。

  A．NO MARK 字样　　　　　　　　B．付汇核销单编号

  C．商检证1份及其编号　　　　　　　D．进料加工合同共2本手册及全部编号

6．进出口货物报关单"备案号"栏是用于填写进出口企业在海关办理加工贸易合同备案或征免税审批等手续时，海关给予的备案审批文件的编号，下列属于该栏目填报内容的是（　　　）。

  A．《加工贸易手册》的编号

  B．出入出口加工区的保税货物的电子账册的编号

  C．进出口货物征免税证明的编号

  D．实行原产地证书联网管理的原产地证书的编号

7．下列关于报关单中运输方式填写规范的表述，正确的是（　　　）。

  A．非邮政方式进出口的快递货物，按实际运输方式填报

  B．进出境旅客携带的物品，按旅客所乘坐的运输工具填报

  C．转关运输货物，按载运货物抵达进境地的运输工具填报

  D．出口加工区与区外之间进出的货物，区外企业填报"出口加工区"

8．我国某公司与澳大利亚某公司签订了一份原产于加拿大的土豆进口合同，货物在旧金山装船，途经东京后换船运抵广州新风港，以下填写正确的是（　　　）。

  A．原产国：加拿大　　　　　　　　　B．启运国：美国

  C．装货港：东京　　　　　　　　　　D．境内目的地：中国

9．我国某公司（甲方）与美国某公司（乙方）签订了一份出口合同，货物在黄埔港装船运往中国香港，再从香港用飞机运至美国。在签订合同时，甲方得知该批货物到达美国后还要再运至加拿大。根据上述情况，填写报关单时，下列填报不正确的有（　　　）。

  A．运抵国（地区）为"美国"，最终目的国（地区）为"加拿大"

  B．运抵国（地区）为"中国香港"，最终目的国（地区）为"加拿大"

  C．运抵国（地区）为"加拿大"，最终目的国（地区）为"加拿大"

  D．运抵国（地区）为"中国香港"，最终目的国（地区）为"美国"

10．进出口货物报关单所列的运输方式包括实际运输方式和海关规定的特殊运输方式。其中实际运输方式主要有（　　　）等。

  A．船舶　　　　B．火车　　　　　C．飞机　　　　　　D．汽车

三、判断题

1．某企业经海关批准从保税仓库内提取一批货物内销到国内市场，由于该批货物原进入保税仓库时为空运进口，故在报关单运输方式栏应填报"航空运输"。（　　　）

2．某公司从日本松下公司购得分属三个合同的六种不同规格的精密仪器同船一并运达。由于这些货物品种单一且数量不大，申报时可以用一份进口货物报关单准确、真实、齐全、清楚

地填报。（　　　）

3．某公司进口一批总重量为 10 吨的饲料，该批饲料的外包装为纸袋，可单据上并没有标明扣除纸袋的净重。在这种情况下可以将毛重作为净重来申报。（　　　）

4．报关单上"商品名称"栏目，正确的填写内容应有中文商品名称、规格型号、商品的英文名称和品牌，缺一不可。（　　　）

5．某公司下属某厂以进料加工贸易方式进口了原料一批，经海运抵港后，进口报关单的"备案号"栏应填报为该货物在《加工贸易手册》中对应的编号。（　　　）

6．进出口货物报关单是海关对进出口货物进行监管、征税、统计和开展稽查、调查的重要依据，是加工贸易进出口货物核销、出口货物退税和外汇管理的重要凭证，也是查处进出口货物走私、违规的重要的书面依据。（　　　）

7．联合国世界卫生组织向我国提供援助一台德国产的医疗仪器。德国受联合国的委托将该批货物送往我国。在这种情况下，在进口货物报关单上应填报启运国为联合国，原产国为德国。（　　　）

8．某公司进口 50 辆德国生产小轿车，每辆车上附带一套法国生产的维修工具，进口报关时，维修工具的原产国应填报为德国。（　　　）

9．A 厂加工的鞋底经批准结转到 B 厂被加工成皮鞋复出口，由于该货物是境内厂与厂之间的结转，没有实际进出关境，因此，该批货物申报时，其报关单的"进（出）口口岸"栏应以接受申报的申报地海关来填写。（　　　）

10．某公司下属的服装加工厂以来料加工的方式进口一批布料，该批布料从中国香港用汽车运抵目的地后，其进口报关单的"随附单据"栏应填报该货物在《加工贸易手册》中对应的编号。（　　　）

四、简答题

1．简述进出口货物报关单的分类。
2．简述进出口货物报关单的内容。
3．进口货物报关单填报有什么基本要求？
4．出口货物报关单填报有什么具体要求？

五、出口货物报关单填制

根据示例 10.7 和示例 10.8 所提供的原始单据，按照《进出口货物报关单填制规范》的要求，选出最合适的答案。

1．"备案号"栏。（　　　）
　　A．1080321484554　B．C52554825254　　C．2007WAT46793　　D．HUKT557380
2．"运输方式"栏。（　　　）
　　A．水路运输　　　　B．航空运输　　　　C．航海运输　　　　D．铁路运输
3．"运输工具名称及航次号"栏。（　　　）
　　A．不填　　　　　　　　　　　　　　　B．CHANGJIANG /045 / MARCH 5, 2007
　　C．CHANGJIANG /045　　　　　　　　　D．CHANGJIANG 045

4. "提运单号" 栏。（   ）

    A. 277973874GG   B. 2007WST46793   C. 1080321484554   D. HUTKT557380

5. "监管方式" 栏。（   ）

    A. 进料对口   B. 进料加工   C. 来料加工   D. 一般贸易

6. "征免性质" 栏。（   ）

    A. 一般征税   B. 进料对口   C. 进料加工   D. 来料加工

7. "运抵国（地区）" 栏。（   ）

    A. 德国   B. 印度尼西亚   C. 新加坡   D. 上海

8. "指运港" 栏。（   ）

    A. 上海   B. 汉堡   C. 新加坡   D. 德国

9. "成交方式" 栏。（   ）

    A. CIF   B. CIP   C. FOB   D. DES

10. "运费" 栏。（   ）

    A. USD3000   B. 不填   C. 3000   D. 3.5‰

11. "合同协议号" 栏。（   ）

    A. HUKT557380   B. 2007WAT46793

    C. 1080321484554   D. 不填

12. "包装种类" 栏。（   ）

    A. 纸箱   B. 集装箱   C. 裸装   D. 木箱

13. 集装箱的号码。（   ）

    A. YMLUNK1276378929*2（2）   B. YMLUNK1276378956/29/20/2076

    C. YMLUNK1276378956/1276378929   D. YMLUNK1276378929/20/2076

14. "随附单证及编号" 栏。（   ）

    A. 装箱单   B. 发票   C. 发票、装箱单   D. 不填

15. "标记唛码及备注" 栏。（   ）

    A. YMLUNK1276378956/20/2076   B. INDONESIAN SAW TIMBER

    C. 2007WAT46793/20/2076   D. YMLUNK1276378956

16. "商品名称" 栏。（   ）

    A. 黄桐 INDONESIAN SAW TIMBER   B. 黄桐 SAW TIMBER

    C. 黄桐   D. 以上均不填

17. "原产国（地区）" 栏。（   ）

    A. 德国   B. 新加坡   C. 上海   D. 马来西亚

18. "总价" 栏。（   ）

    A. USD 20 872.95   B. USD 17 272.95

    C. USD 20 324.77   D. USD 14 272.95

六、报关单填制错误查找

根据示例 10.9 和示例 10.10，指出示例 10.11 报关单中的填制错误（标号 A～T，共 5 处）。

示例 10.7

Customs Clearance Invoice

Shipper INTERNATIONAL TRADE TIGER CO. LTD HAMBURG GERMANY	Invoice No.277973874GG　B/L No.HUTKT557380 Date：MARCH 8, 2019
For Account & Risk of Messrs 北京红都贸易有限公司 （11012563225） Notify Party SAME AS ABOVE	Contract No.: 2007WAT46793 Ship Date: 03/15/2019 Payment Terms: NET 20th PROX Inco Terms: Freight & Insurance Prepaid Country of origin: Singapore

Port of Loading KARACHI Via SHANGHAI	Final Destination BEIJING	Carrier CHANGJIANG/045	Sailing on or about MARCH 11, 2019
Marks & Nos	Description of Goods	Quantity	Unit price	Amount（US $）

Marks & Nos	Description of Goods	Quantity	Unit price	Amount（US $）
	黄桐 INDONESIAN SAW TIMBER	200 立方米	USD270.00	17 175.95

TOTAL：　　　　　　　　　　　　　200 立方米　　　USD17 175.95

手册号：　　　　　　　　　　　　　　　　　　Freight：USD3 000.00

该货列手册第三项　　　　　　　　　　　　　　Insurance：USD600

进口后全部用于加工返销

预录入号：1080321484554

 示例 10.8

PACKING LIST/WEIGHT MEMO

Ship To： 北京红都贸易有限公司	PACKING LIST NO.DATE	MARKS & NO.
	MUHY23763　　MARCH 5, 2019	
	SHIPPED PER 　　　CHANG JIANG /045 　　　SAILING ON OR ABOUT 　　　MARCH 5, 2019 FROM 　　　HAMBURG GERMANY TO 　　　BEIJING CHINA	

DESCRIPTION				
黄桐 INDONESIAN SAW TIMBER				
SIZE	UM OF P'KG	CONTENTS	N/WT	G/WT
	28 件	200 立方米	41 583 千克	43 982 千克

TOTAL：　　28 件　　　200 立方米　　　41 583 千克　　　43 982 千克

2 CONTAINERS × 20'

NO.YMLUNK1276378929

　　YMLUNK1276378956

集装箱自重：2 076kg

 示例 **10.9**

INVOICE

中韩合资

广州七只猴服饰有限公司（4401243285）

GUANGZHOU QIZHIHOU GARMENT CO., LTD   NO.: QZH07A08

FOR ACCOUNT&RISK OF MESSRS：

WAN DO APPAREL CO., LTD

500-17, YANGCHUN-GU, SEOUL, KOREA   REMRKS：

NOTIFY PARTY：   该公司在来料加工合同 991113 项下出口

SAME AS ABOVE   男、女羽绒短上衣，分列手册（编号：B09009301018）

POPT OF LOADING：   CARRIER：第 2、3 项，外汇核销单号：2000787691

GUANGZHOU CHINA   YUEHAI/432E

FINAL DESTINATION：   TERMS OF PAYMENT：

INCHON KOREA   DOCUMENTS AGAINST ACCERTANCE

MARKS AND NUM OF PKGS DESCRIPTION Q＇TY UNIT PRICE AMOUNT

TTL: 260CTNS   FOB GUANGZHOU CHINA

LADY'SJUMPER1 300PCS@$11.＿USD14 300.＿

MAN'SJUMPER1 300PCS@$11.＿USD14 300.＿

TOTAL：   USD28 600.＿

SIGNED BY：＿＿＿

 示例 **10.10**

PACKING LIST

中韩合资

广州七只猴服饰有限公司（4401243285）

GUANGZHOU QIZHIHOU GARMENT CO., LTD   INVOICE No.：QZH07A08

FOR ACCOUNT&RISK OF MESSRS：   DATE：

WAN DO APPAREL CO., LTD

500-17, YANGCHUN-GU, SEOUL, KOREA   B/L No.：

NOTIFY PARTY：   GUANGZHOU43127

SAME AS ABOVE

POPT OF LOADING：   CARRIER：YUEHAI/432E

GUANGZHOU CHINA

FINAL DESTINATION：

INCHON KOREA

MARKS AND NUM OF PKGS DESCRIPTION Q'TY   NET WEIGHT   GROSS WEIGHT   MEASUREMENT

TTL: 260CTNS   2 600PCS   3.80kg

1×20'CONTAINER NO.：

EASU9608490

WEIGHT：

LADY'SJUMPER 1 300PCS

MAN'SJUMPER 1 300PCS

计算单位：件/千克

TOTAL：260CTNS（2 600 PCS）

SIGNED BY：＿＿＿＿＿＿

注：广州七只猴服饰有限公司经营单位代码：4401243285

该公司在来料加工合同 991113 项下出口男、女羽绒短上衣，分列手册（编号：B09009301018）第 2、3 项。

外汇核销单号：2000787691

计算单位：件/千克

示例 10.11

中华人民共和国海关出口货物报关单

预录入编号：   海关编号：

境内发货人	出境关别	出口日期	申报日期	（A）备案号 B090009301018
境外收货人	运输方式	（B）运输工具名称及航次号 YUEHAI/432E	（C）提运单号 GUANGZHOU431227	
（D）生产销售单位 广州七只猴服装有限公司	（E）监管方式 进料加工	（F）征免性质 来料加工	许可证号	
（G）合同协议号 991113	贸易国（地区）	运抵国（地区）	指运港	离境口岸

（H）包装种类 纸箱	件数	毛重（千克）	净重（千克）	成交方式	运费	保费	杂费

随附单证及编号

标记唛码及备注

（I）项号商品 编号（J）商品名称及规格型号	数量及单位	单价/总价/币制	原产国（地区）（K）最终目的国（地区）境内货源地 征免
01	羽绒短上衣		韩国
02			

特殊关系确认：   价格影响确认：   支付特许权使用费确认：   自报自缴：

报关人员 报关人员证号 电话 兹声明对以上内容承担如实申报、依法纳税之法律责任	海关批注及签章
申报单位（ ）	申报单位（签章）

补充习题及实训

扫描二维码做更多练习，
巩固本章所学知识。

主要参考文献

[1] 顾永才，王斌义. 2018. 报检与报关实务 [M]. 4 版. 北京：首都经济贸易大学出版社.

[2] 农晓丹. 2018. 报检与报关实务 [M]. 2 版. 北京：北京大学出版社.

[3] 中国报关协会. 2019. 关务基础知识　2019 年版 [M]. 北京：中国海关出版社.

[4] 中国报关协会. 2019. 关务基本技能　2019 年版 [M]. 北京：中国海关出版社.

[5] 中国报关协会. 2019. 进出口商品名称与编码　2019 年版 [M]. 北京：中国海关出版社.

更新勘误表和配套资料索取示意图

说明：本书配套资料可在 http://www.ryjiaoyu.com/下载，其中配套学习资料注册后可直接下载；**教学用资料仅供采用本书授课的教师下载**，**教师身份**、**用书教师身份**需网站后台审批（咨询邮箱 13051901888@163.com）。

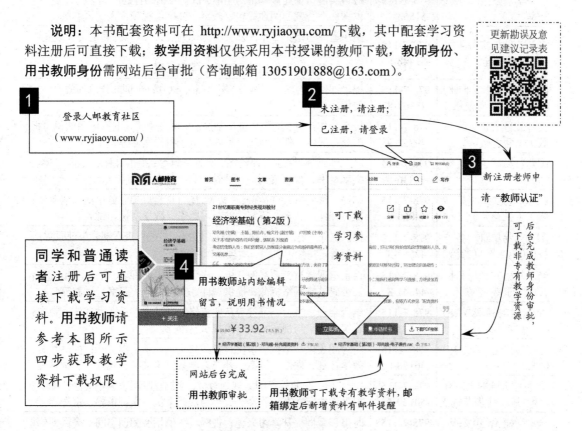

本丛书部分已出版教材推荐

（更多教材请登录人邮教育社区搜索）

书名（作者）	书　　号	特 点 简 介
管理学基础（第 3版）（季辉）	978-7-115-50742-6	正文内有丰富的课堂互动栏目；二维码链接网络学习资源；提供课件、视频教学案例、习题答案、试卷、阅读资料等
管理学基础（第 2版）（李海峰）	978-7-115-50335-0	以二维码链接视频案例、专业文章、自测试卷等；提供课件、教案、教学体会、实训说明、文字与视频案例、习题集、试卷等
人力资源管理（第 2版）（吴少华）	978-7-115-44162-1	以二维码链接新闻、案例等；以案例阅读与分析、实战演练等形式促进边学边练；提供课件、教案、实训指导、答案、案例和试卷等
生产运作管理（微课版）（王肇英）	978-7-115-46701-0	以二维码链接动画视频、操作实例；以实例解读为依托展开理论知识、操作技能的学习；提供课件、教案、答案、教学动画、试卷等
电子商务基础（第 2版）（白东蕊）	978-7-115-49698-0	涉及跨境电商、微信运营等新内容；以二维码链接视频案例、专业文章、自测试卷；提供课件、实训指导、文字与视频案例、试卷等
公共关系理论与实务（第 2版）（吴少华）	978-7-115-48340-9	以二维码链接案例、视频等网络资源；提供课件、教案、答案、案例和试卷等

续表

书名（作者）	书 号	特 点 简 介
经济学基础（第 3 版）（邓先娥）	978-7-115-51553-7	数百实例讨论连接理论与生活；百余二维码打通网络学习通道；提供课件、答案、阅读资料、教案、文字与视频案例、试卷等
会计基础与实务（第 4 版）（杨桂洁）	978-7-115-51448-6	山东省潍坊市第二十次社会科学优秀成果二等奖；满足会计从业资格考试要求；原始凭证单独成册，方便裁剪；二维码展示在线视频等学习资源；提供课件、教案、答案、试卷等
成本会计（上、下册）（第 3 版）（徐晓敏）	978-7-115-48967-8	提供课件、教案、习题及实训答案、试卷；实训部分单独成册，方便使用
会计综合实训（第 3 版）（甄立敏）	978-7-115-49752-9	校企合作开发，原始凭证单独成册；涵盖手工、电算化和纳税申报内容；提供课件、教案、答案、电子备份文件等
国际贸易理论与实务（张燕芳）	978-7-115-48236-5	以二维码链接视频、高清图、阅读资料等；提供课件、大纲、答案、文字案例、视频案例）、试卷、真实单据样本等
国际贸易实务（第 3 版）（张燕芳）	978-7-115-44060-0	扫描二维码可查询运费、税费等，还可查看真实业务单据高清照片；提供课件、教案、答案、补充习题集、教学案例、试卷
国际贸易单证实务与操作（第 2 版）（徐薇）	978-7-115-42568-3	提供课件、答案、试卷等资料；扫描二维码可查看部分单证原图；实例展示与知识巩固、实训操作相结合
商品基础知识与养护技能（于威）	978-7-115-44647-3	百余组课堂讨论、案例分析；八个自学实训+两个综合实训；近百二维码链接网络资源；提供课件、实训资料、答案、试卷等
经济法实务（第 3 版）（王琳雯）	978-7-115-50741-9	结合会计、银行、证券等从业资格的考试要求；提供课件、教案、答案、文字与视频案例、模拟试卷等
经济法概论（第 2 版）（刘磊）	978-7-115-46178-0	内容图表化、案例故事化，实践与实训源于工作实际；提供教案、教学计划、课件、答案、补充教学案例（文字、视频）、试卷等
金融法理论与实务（第 3 版）（罗艾筠）	978-7-115-50129-5	"十二五"职业教育国家规划教材；增加互联网金融相关法律知识；提供课件、教案、答案、文字与视频案例、实训指导、试卷等
金融学概论（第 2 版）（郭晖）	978-7-115-47097-3	时事、案例提升学习兴趣；视频、图例拓展阅读空间；提供课件、答案、视频案例、试卷等
金融基础知识（第 3 版）（韩宗英）	978-7-115-52015-9	"十二五"职业教育国家规划教材；提供课件、教案、答案、试卷、视频案例等
证券投资实务（孟敬）	978-7-115-43069-4	二维码拓展学习渠道；学练结合提高学习效果；涵盖证券从业资格考试知识点；提供课件、文字与视频案例、试卷等
保险基础与实务（第 3 版）（徐昆）	978-7-115-49308-8	"十二五"职业教育国家规划教材；校企合作开发，与职业资格证书考核内容和专业岗位要求相衔接；提供课件、文字与视频案例、答案、试卷和实训资料等
商务礼仪 案例与实践（王玉苓）	978-7-115-46646-4	内含实践与训练指导，即学即练；高清彩图、视频案例，边学边看；提供教案、大纲、课件、视频及文字案例、试卷等
人际关系与沟通技巧（第 2 版）（龙璇）	978-7-115-52404-1	数十组实训寓教于乐；近百实例开启思考讨论大门；五十余二维码拓展网络空间；提供课件、大纲、实训指导手册、答案、补充教学案例集等